KB174752

어린이를
기다리는
동무에게

잡지 『어린이』 (1923–1949) 완독 기념

# 어린이를
# 기다리는
# 동무에게

사단법인 방정환연구소 지음

이담북스

토끼의 귀

5월 1일이 옵니다. 어린이의 날입니다.
일 년 중에 제일 기쁜 날이 돌아옵니다.
춤추고 노래하고 한없이 기쁘게 놀 날이 돌아옵니다.
아름다운 꽃과 예쁜 새와 나비들을 모아서 우리 어린이의 날이 돌아옵니다.
이 기쁘고 즐거운 날에 이 세상 몇백만의 어린이들의 복을 빌기 위하여
우리는 축복호를 내입니다.

　잡지『어린이』2권 4호는 어린이날을 기념하는 축복호로 만들어졌
습니다. 5월 1일이 어린이날이라고 하니, 조금 낯설죠? 1922년 천도
교소년회와 여러 소년단체들이 5월 1일을 어린이날로 시작하였습니
다. 1927년부터 5월 첫째 주 일요일로 정했고, 1939년 일제의 탄압
으로 중단되었다가 1946년 해방 후 5월 5일로 부활되어 지금까지 이
어지고 있습니다.『어린이』에는 즐겁고 행복한 글도 있지만, 슬픈 이
야기도 있습니다. 그래서인지 우리는『어린이』를 읽으면서 많이 웃고
울었습니다. 원문 읽기를 하면서, 그때의 어린이들과 만났기 때문입
니다.『어린이』는 1923년 3월 20일 창간되어 1935년 봄까지 출간되

고, 1948년 복간되어 1949년 137호를 발행한 것으로 알려져 있습니다. 우리는 어떻게 『어린이』 원문 읽기를 시작하게 되었을까요?

2014년 8월, 창원에서 세계아동문학대회가 열렸습니다. 학술대회 이후, 발표자 가운데 한 분인 장정희 선생님이 아동문학 연구자들에게 메일을 보냈습니다.

어린이의 벗 방정환을 좋아하고,
그의 문학을 좋아해서 시작하는 [방정환 문학 원문 읽기] 모임.
그 첫 모임을 10월 16일 국립어린이청소년도서관에서 갖습니다.
10년 동안 계속 사업으로 묵묵하게 텍스트 읽기를 만끽하고자 합니다.
이 뜻을 함께 해 나갈 신령한 동무를 찾습니다.

10년 동안 원문 읽기를 할 신령한 동무를 찾는다는 메일이었습니다. 저도 이 메일을 받고, 여름 창원에서의 기억을 떠올렸습니다. 원문을 읽는다는 설레임과 어떻게 잘 할 수 있을까 하는 걱정, 그리고

10년이라는 긴 시간이 엉키면서 고민이 되었습니다. 하지만, 공부모임을 시작해야겠다는 막연한 생각에 답메일을 보냈습니다.

2014년 10월 16일 국립어린이청소년도서관 독서토론실에 이주영, 장정희, 박종진, 박우진, 서희경, 김명선, 김경희 등 10여 명이 모이게 되었습니다. 각자 저마다의 사정을 가지고 원문 읽기에 참여하였습니다. 이주영 선생님의 주선으로 국립어린이청소년도서관에서 원문 읽기의 첫 발을 내딛게 되었는데, 방정환이 경성도서관 어린이실에서 동화회를 정기적으로 열었기에 방정환의 동화회 정신을 계승한다는 의미가 있습니다.

2014년 가을, 『개벽』을 읽고 2015년 봄을 맞이하며 〈봄에 만나는 방정환〉 학술포럼을 개최하였습니다. 『개벽』에 나온 방정환의 수필 「공원정조公園情操-탑동공원, 장충단 공원, 한양공원」을 읽고 현장 답사를 다녀왔습니다. 2015년 7월 『사랑의 선물』을 읽고, 가을에 『사랑의 선물』 학술포럼을 열었습니다. 2015년 겨울에 근대서지학회와 함께 근대서지총서 『어린이』 총목차집(1923-1949)을 발간하였습니다. 2015년 근대서지학회에서 새로 28개호를 발굴하여 소명출판사에서 영인본이 나오게 되면서 원문 읽기도 더욱 힘을 얻게 되었습니다.

2016년 3월 24일부터 『어린이』를 읽기 시작했습니다. 이때, 활용한 기본자료는 다음과 같습니다.

영인본 『어린이』1~10, 보성사, 1976.
미공개 『어린이』1~4, 소명출판, 2015.
김경희 · 박종진 · 서희경 · 이혜영 · 장정희 · 오영식, 『『어린이』 총목차 1923-1949』, 소명출판, 2015.

『어린이』에는 동화, 동시, 소설, 소년회소식, 현상문제, 독자담화실, 그림, 노래, 놀이 등 어린이를 위한 모든 것이 들어 있습니다. 방정환은 어린이에게 돈 주지 말고 과자 주지 말고 시간과 기회가 있을 때마다 신성한 동화를 들려주라고 당부하였습니다. 이런 그의 소망이 『어린이』에 담겨있다고 볼 수 있겠죠. 또한, 식민지 시기 우리말글을 마음대로 쓸 수 없었기에 『어린이』는 우리말글을 배우고 익히고 어린이의 정서를 풍부하게 해 줄 수 있는 보물창고와 같았습니다. 원문 읽기를 한 내용을 바탕으로, 5월과 10월에 방정환과 세계아동문학사 포럼을 개최하였습니다.

2017년 5월 방정환유적답사로 탑골공원에서 서대문형무소까지 다녀왔습니다. 6월에 방정환과 세계아동문학사 포럼을 개최하고 8월에 온가족이 즐기는 방정환이야기마당극 〈토끼의 재판〉을 서울독서교육연구회 책고리이야기공연단과 함께 올렸습니다. 그해 가을 〈방정환문학과 교육유산의 계승〉 이라는 주제로 방정환 학술포럼을 열었습니다.

2018년 답사로 우유배달부 방정환을 찾아서 서대문구 답사를 진행했습니다. 5월에 방정환총서1 『신성한 동화를 들려주시오』를 발간하고, 색동회의 뿌리와 창립 인물을 재조명하는 학술대회를 열었습니다. 9월 IBBY 제36회 그리스 아테네 총회 참가 및 〈방정환과 한국 현대 어린이책 100〉 전시를 하고, 장정희 · 박형주 · 김경희가 발표를 하였습니다.

2019년 3월 1일 어린이 예술 연구 전문 학술지 『방정환연구』를 창간하여 원문 읽기를 통해 고민한 문제들을 활발하게 논의할 수 있는 마당을 만들었습니다. 만해 한용운과 소파의 만남을 회상하며 남한산성 답사를 다녀왔습니다. 9월에 『방정환연구』 2호를 발간하였습니다.

2020년 한일동요국제포럼을 열어, 한일아동문학교류를 이어나갔습니다. 『방정환연구』 3호를 발간하고 사단법인 방정환연구소 창립

총회를 개최하였습니다. 8.15광복 75주년과 한국전쟁 70주년 특별기획으로 〈전쟁과 어린이 그리고 방정환〉 학술포럼을 열었습니다. 『방정환연구』 4호가 나오고, 11월에 사단법인 방정환연구소 설립허가를 받았습니다.

2021년 2월 천도교소년회 창립100주년 기념으로 〈코로나시대 아동문학과 어린이운동의 역할〉, 『학생』 학술포럼, 방정환 서거 90주년 기념학술포럼 〈방정환과 21세기 어린이를 찾아서〉를 열었습니다. 드디어, 8월 19일 『어린이』 137호를 완독하게 되었습니다. 그동안 우리가 만났던 『어린이』의 참모습을 많은 사람들과 나누고자 이 책을 기획하게 되었습니다. 『어린이』를 읽으면서 식민지시기의 암울한 시대와 조우하였으며 그 때의 '어린이'를 통해서 지금의 '어린이'에게 우리는 무엇을 할 수 있는가를 탐색하게 되었습니다. 이렇게 원문을 읽는 사이, 10월 29일 어린이 예술 연구 전문학술지 『방정환연구』가 한국연구재단 KCI 등재후보 학술지로 선정되었습니다.

2014년 10월16일부터 2021년 8월 19일 완독을 하기까지 원문 읽기에는 많은 분들이 오고갔습니다. 아마도 제가 장정희 선생님의 메일을 받고, 고민을 했던 그때처럼 아동문학을 공부하거나 알고자 하는 분들이 원문 읽기에 참석하여 만나고, 다른 일로 소원해지는 헤어짐이 반복되었습니다. 그 가운데 가장 기억에 남는 분은 초방 신경숙 선생님입니다. 원문 읽기에 참석하여 낭독의 중요성을 이야기하였고, 2018년 IBBY 그리스 총회에 참석하도록 저희에게 많은 독려를 해 주셨습니다. 지금도 아기자기하게 소꿉놀이하듯 커피를 먹고 수다를 떨 듯, 원문 읽기에 오실 것만 같습니다.

누군가 사단법인 방정환연구소 '원문 읽기'의 문을 두드리겠지요. 또, 누군가 원문을 읽다가 떠나기도 하겠지요. 하지만, 우리는 원문을 읽고 원문에 나오는 현장을 답사하고 그것을 어린이와 소통하고 학술대회를 개최하고 논문으로 쓸 것입니다. 지금까지의 모든 일들이 원문 읽기를 통해서 이루어졌습니다. 연구는 '어떤 일이나 사물에 대하여 깊이있게 조사하고 생각하여 진리를 따져 보는 일'이라고 합니다. 아동문학을 연구한다는 것은 어린이의 삶과 현실을 떠나서 있을 수 없기 때문입니다. 때때로, 누군가는 원문 읽기 모임에 대해서 치열하게 연구하지 않는다고 이야기하기도 합니다. 하지만, 우리는 원문에만 매몰되지 않으려고 합니다. 그 원문이 나오게 된 배경, 그리고 그 원문을 읽는 어린이를 이해하고 우리가 마주한 현실 속에서 연구를 진행하고자 합니다. 그래서 우리가 열심히 읽고 고민하고 연구한 것을 여러 사람들과 나누는 작업을 지속적으로 할 예정입니다.

10년 동안 묵묵히 텍스트를 읽은 신령한 동무!

처음과 끝을 함께한 신령한 동무로 장정희, 박종진, 서희경, 김경희가 그 자리를 지켰습니다. 그리고 새로운 신령한 동무 송영숙, 김흥제, 정선혜, 유애순, 권애영, 최미선, 김창희, 김영재, 박형주, 김연옥, 최선경, 황혜순, 이정아, 박민주, 손증상과 함께 『어린이』 원문 읽기를 마쳤습니다. 아동문학을 어떻게 공부할 것인가? 고민스럽다면, 원문 읽기를 시작해 보는 것은 어떨까요? 물론 좋을 때도 있고, 나쁠 때도 있겠지요. 그렇지만, 가장 중요한 사실은 원문 속에 우리가 찾고자 하는 답이 있을지도 모른다는 점입니다. 계속해서, 우리는 열심히 원문을 읽으면서 신령한 동무를 기다리겠습니다.

2022.5.1. 어린이날 제정 100주년에
사단법인 방정환연구소 연구위원장 김경희

# - 목차 -

토끼의 귀　　　　　　　　　　　　　　　　　　　04

## 첫째마당 놀음놀이

김경희　조선 13도의 고적 명승을 찾아라!　　　　　　16
김영재　알록달록 꽃과 함께 사계절 꽃 이야기　　　　36
박민주　『어린이』는 놀이교육의 보물상자　　　　　54
박종진　메타버스 세상에서 다시 읽는『어린이』속 그림동화　71

## 둘째마당 머나먼 길을 떠나서

김창희　독자문예, 어린이의 속마음을 보여줘!　　　　92
유애순　'나'로부터 '세계'로, 방정환의『어린이독본』　114
권애영　만주로 간 아이들,『어린이』에서 만나다　　136
최미선　문화의 날개를 꺾은 검열　　　　　　　　153

# 셋째 마당 서로서로 존경하는 마음으로

서희경　공장으로 간 어린이　174

정선혜　방정환 창작동화의 비밀코드　197

박형주　해방공간에서 만난 톰 아저씨 이야기　219

이정아　지상토론회 〈봄이 좋은가 가을이 좋은가〉　241

# 넷째 마당 함께 해 보자

장정희　『어린이』에 실린 '최초'의 창작동요를 찾아서　266

김흥제　『어린이』에서 고른 24가지 이야기　286

손증상　아동극 「효창공원」, 우리도 해 볼까?　305

송영숙　'이야기마당극' 「토끼의 재판」과 「노래주머니」　325

남은 잉크　345

『어린이』 8권 10호 표지

# 놀음놀이

봄 동산 아지랑이 아래 곱게 수놓은 향기로운 꽃들도 좋습니다. 더운 여름에 녹음의 고마운 맛도 훌륭합니다. 가을바람 휘둘릴 적에 단풍 진 나뭇잎도 또한 가을이라야만 볼 수 있는 즐거운 경치입니다. 그러나 그들보다도 잎 떨어진 나뭇가지에 사뿐사뿐 내려앉은 주먹 같은 흰 눈이 나는 퍽이나 좋습니다. 겨울에 모진 바람을 무엇 하러 좋다고 하겠지만, 눈을 좋아하니 겨울이 또한 기다려집니다.

벌판에 눈이 하얗게 덮인 아침에 활기 있는 어린이들이 손끝을 호호 불어 녹여가면서도 추위를 잊어버리고 눈싸움을 하는 것을 보면 용감해도 보이고 상쾌도 합니다. 또 한편에서는 눈사람을 만들고 있는 이를 보면 마치 유명한 조각가와도 같아 보입니다. 이것이 혈기 있는 어린이들의 겨울에만 맛볼 수 있는 놀음놀이입니다.

– 박승진, 「못 잊는 여덟 살 때」, 『어린이』 8권 10호

# 조선 13도의
# 고적 명승을 찾아라!

김경희

## 조선에서 처음 보는 신기한 특별부록

요즘도 과학잡지나 만화잡지를 사면 특별부록을 주는 경우가 있지요? 혹시, 여러분은 부록을 받고 싶어서 잡지를 산 적은 없나요? 가끔 잡지에 딸려 나오는 부록이 너무 가지고 싶어서 잡지를 사 보기도 하지요. 지금으로부터 거의 100년 전인 1923년 3월 창간된 『어린이』 잡지는 어떤 모습이었을까요? 천도교소년회와 방정환이 만든 새 잡지에는 어린이에게 주는 동화, 동요, 동극, 세계 각국의 소식 등이 다채롭게 구성이 되었습니다. 어린이들은 『어린이』 잡지를 손꼽아 기다렸고, 잡지가 나오면 읽고 또 읽고 서로 돌려 보았습니다. 당시에는 학교 교육이 보편화되지 않았고, 일제가 조선을 침략하고 있었던 터라, 우리 말글을 마음대로 배울 수가 없던 시절이었어요. 우리 말글을 읽을 수 있는 사람이 많지 않아서, 글을 읽을 수 있는 사람이 소리를 내어 읽어주는 경우도 많았다고 합니다. 또한, 잡지를 사서 볼 수 있는 형편이 되지 못하여, 다른 친구의 잡지를 빌려 보기도 하였습니다. 오늘은 『어린이』 잡지에서 인기가 있었던 〈조선 13도 고적탐승말판〉 부록에 대해서 알아보려고 해요.

천도교소년회 새 잡지 어린이 창간호. 동아일보 1923.3.22.

## 『여러분의 지방 명승』 투표를 모집합니다

삼천리 금수강산! 우리 조선에는 경치 좋고 볼만한 명승이 많이 있습니다. 아직 세상에 이름이 나지 않고도 좋은 명승이 더 많이 있습니다.

우리는 우리 조선의 이 숨은 명승을 찾아내고 좀 더 조선 땅을 사랑하는 사람이 되기 위하여 우리 「어린이사」는 적지 않은 금전과 노력을 아끼지 않고 이 계획을 세우고 이제 『여러분의 지방 명승』 투표를 모집합니다.

여러분! 여러분의 시골에 넉넉히 자랑할 만한 명승이 있으면 주저하지 말고 투표용지에 적어서 투표하십시오. 전에 없던 특별상품을 드립니다.

－「새현상」, 『어린이』 4권 1호, 1926.1.

1926년 1월 『어린이』에서 독자들에게 조선의 명소를 찾아내고, 조선을 사랑하는 마음을 심어주기 위해서 명승투표를 1월부터 시작하여 4월까지 4회를 계획하였습니다. 명승투표를 하기 위해서는 잡지책에 수록된 투표용지를 사용하여 보내야만 하는 규정이 있었습니다. 원래 기획은 5등까지였지만, 실제로 많은 투표가 도착하여 10등까지로 확대되기도 하였습니다. 『어린이』는 그 결과를 모아 발표했습니다.

신년호에 발표한 『명승투표』는 조선에서 처음 되는 계획이라 실로 인기가 굉장하여 곳곳에 이 이야기요, 들어오는 이 투표라. 참말로 굉장한 수효였습니다. 이대로 넉 달 동안 계속하면 놀라운 수효에 달할 것이겠습니다. 제1회 1월 31일까지 들어온 것만 추려서 개표한 결과는 아래와 같습니다.

강원도 금강산 145표 / 개성 박연폭포 145표 / 원산 명사십리 120표
대구 달성공원 120표 / 평양 대동강변 119표 / 안변 석왕사 118표
평양 목단봉 93표 / 인천 월미도 92표 / 수원 방화수류정 88표
강원도 청룡산 63표 / 괴산 화양동 62표 / 강화 마니산 60표
정읍 내장산 60표 / 충북 단양팔경 59표 / 평강 흑금강 58표
마산 월영대 55표 / 영흥 예원전 54표 / 충북 공주산성 50표
의주 압록강철교 51표 / 의주 총군정 50표 / 진주 촉석루 51표

1월 투표결과, 50표 이상을 받은 장소가 21곳 입니다. 조선 각지의 명소가 잘 드러나 있습니다. 예로부터 문인들은 금강산을 유람하고

기록하는 것을 소망했습니다. 『어린이』 독자도 금강산을 조선에서 가장 자랑할 만한 명승으로 뽑았습니다. 또한, 명승지로 선정한 지역에는 특별한 혜택이 주어졌습니다.

> 명승투표주의
> 당신의 지방에 자랑할 명승이 있으면 그 명승 이름과 당신 성명을 적어서 본사로 보내십시오.
> ◇ 그리하여 투표 제일 많이 되는 곳을 1등 그다음을 2등 3등 이렇게 10등까지 정하여 그곳에 기자와 (방정환, 차상찬, 박달성 삼씨 중) 사진사가 출장하여 그 경치 사진과 사실을 널리 소개해 드리고 또 그곳 독자들을 위하여 동화회도 열어드립니다.
> ─「명승투표 제1회 결과발표」, 『어린이』 4권 2호, 1926.2.

위의 투표 주의 사항에서 흥미로운 부분은 투표 제일 많이 되는 곳을 1등부터 10등까지 정하여, '기자(방정환, 차상찬, 박달성 삼씨)와 사진사'가 출장하여 그 경치 사진과 사실을 널리 소개해 주고 또 그곳 독자들을 위하여 동화회도 열어준다는 것입니다. 방정환, 차상찬, 박달성은 어린이들에게 이야기를 많이 들려주었는데 그중에서도 차상찬은 역사적인 것과 박달성은 지리 부분에 대한 이야기를 주로 하였습니다. 명승투표 이후 차상찬은 서화담, 정충신 등 역사적 인물에 대한 이야기를 수록하였고, 박달성은 조선 자랑 이야기를 게재하였습니다. 두 말할 필요도 없이 방정환은 이야기, 연설 등 다방면으로 활동하였습니다. 당시에 가장 이야기를 잘하는 방정환, 차상찬, 박달성이 명승지에 방문하여 사진도 찍어서 널리 알려주고, 동화회까지 열어준다고 하니 어린이 독자들은 자신이 살고 있는 마을이 명승지로 뽑히기를 무척이나 기대했을 것 같습니다.

## 〈조선 13도 고적탐승말판〉 만들기

1920년대 식민지 조선에서 어린이들이 여행을 마음껏 갈 수 있었을까요? 당시에 여행하는 것은 지금보다 어려웠을 것입니다. 당시의 여행은 수학여행이 대표적이지 않았을까 싶습니다. 수학여행지는 주로 경성·평양·개성·경주·수원·부여·강화 등 전통도시와 인천·진남포·신의주·원산 등 일제가 건설한 신흥도시로 나뉩니다. 그런데 전통도시라 하더라도 경성·평양·개성·수원 등은 일제에 의해 신시가지가 건설되고 도심이 재개발된 곳으로 조선의 아름다움과 일제의 근대 시설이 공존하는 지역이었습니다. 1920년대 수학여행으로 평양·개성·수원 등 전통도시는 전통문화유적과 함께 근대 시설을 살펴보는 코스로 구성되었고, 경주와 강화도는 전통문화유적을 살피는 코스로 되어 있다는 것을 말해 줍니다. 수학여행은 당시 교육 당국이 제시한 교과과정에도 명시되어 있었는데, 지금도 그러하듯 가기 전에 목적지의 지리, 역사, 문화를 학습하고 갔다 와서는 으레 기행문을 썼습니다. 잘 쓴 글은 교지校誌에 실려 함께 보았다고 합니다.

1896년 8월 4일, 조선 정부는 지방 행정 구역을 종전의 조선 8도 가운데 남부의 3개 도(충청·전라·경상), 북부의 2개 도(평안·함경)를 각각 남·북도로 나누어 13도로 개편하였습니다. 13도 고적탐승말판놀이에는 '남대문, 남한산성, 선죽교, 탄금대, 부여, 한산도, 익산, 해인사, 경주, 장안사, 구월산, 청천강, 석왕사, 다복동, 평양, 백두산'의 지명이 나옵니다.

> 신년호는 굉장히 많이 인쇄했는데 그래도 금방 다 팔리고 7천 부를 계속해 더 인쇄한 것이 또 다 팔려서 한 책도 남지 않았습니다. 참말 굉장한 호평이어서 기쁘기 한이 없습니다.
>
> 그런데 신년호 부록 13도 고적 말판 중에 전라남도가 빠져서 섭섭히 되었습니다. 맨 처음에는 한산도를 전라남도에 그려 넣었는데 그림이 다 된 후에 조사해 보니 한산도가 있기는 전라도에 가깝게 있어도 실상은 경상도 땅이어서 그림을 고쳐낼 재주가 없어서 그냥 그렇게 전남이 빠지고 경남이 포개진 것입니다. 책도 미리 다 인쇄한 후라 아무 데도 잘못된 말씀을 못 하게 된 것입니다. 너그러이 용서하시기 바랍니다.
>
> － 「사고」, 『어린이』 7권 2호, 1929.2.

신년호 부록이 나온 이후 13도에서 전라남도가 빠진 것에 대한 미안함이 사고에 실렸습니다. 그런데 그 어디에도 제주도에 대한 이야기가 없습니다. 당시에 제주도는 전라남도에 포함되어 있었습니다. 지금은 서울과 경기도가 나누어져 있지만, 당시에는 서울까지 경기도 안에 포함되어 있었습니다. 그럼 『어린이』에 실린 명승지로 한번 떠나볼까요?

출발은 남대문에서 시작하여 전국을 탐색하고 백두산으로 이동을 합니다. 이 말판 놀이는 방정환이 기획을 하고 김규택이 그림을 그렸습니다.

웅초 김규택(1906-1962)

소파 방정환(1899-1931)

그런데, 방정환은 어떻게 〈조선 13도 고적탐승말판〉을 계획하였을까요? 우리가 눈여겨볼 자료가 바로 1926년 1월 이루어진 명승지 투표와 그 결과입니다. 무려 3년이나 지난 시점인 1929년 1월 〈조선 13도 고적탐승말판〉이 『어린이』 잡지 부록으로 탄생되었습니다. 1926년 1월 투표에서 1등을 차지한 금강산의 유명한 장안사가 말판에 수록되었습니다. 신영철은 『어린이』3권 11호와 4권 9호에 '천하제일 금강산'이야기를 소개합니다. 1회 투표결과가 〈조선 13도 고적탐승〉에 모두 반영된 것은 아니지만, 이러한 명승지 투표 기획이 말판을 만드는 데 좋은 자료가 되었을 것입니다.

그렇다면, 『어린이』 잡지에 〈조선 13도 고적탐승말판〉처럼, 조선 지리에 대한 내용들이 많이 소개된 이유는 무엇일까요? 1906년 2월 1일에 설치된 통감부는 대한민국에 식민지 교육 작업을 본격화하였습니다. 보통학교 1 · 2학년 〈지리, 역사〉 시간에 일본의 역사와 지리를 가르치고, 3 · 4학년 〈지리, 역사〉 시간에 일본의 역사와 외국 지리를 가르치게 되어 있었지만, 실제 수업시수를 배정하지 않았습니다. 또한, 중등교육에서 한국 지리를 외국 지리에 비해 절반 또는 삼분의 일 정도의 수업시수만 배정하여 한국 지리 교육을 의도적으로 줄여 갔습니다.

식민지 교육정책은 "충량한 국민을 육성하는 것을 본의"로 하여 제국 신민다운 자질과 품성을 가진 식민지적 인간을 육성하는 것이 목표였습니다. 이 시기 한국의 역사와 지리에 관한 교과를 보통학교 교과과정에서 완전히 배제함으로써 일제는 조선의 민족의식, 국가의식을 말살시키고자 하였습니다.

1차 조선교육령기 초중등 지리교과서는 〈보통학교 국어보충교재〉로 사용되었습니다. 내용은 지리, 역사에 관한 것으로 권말에 각 과에 참고 되는 통계자료 지도 등 부록이 수록되어 있습니다. 일제가 지리, 역사 시간을 배정하지 않아, 국어 시간에 국어독본으로 지리, 역사 수업을 하게 한 것으로 추정됩니다. 식민지 교육정책은 국어, 국사, 한국 지리의 비중을 약화시키거나 변질시키려는 것이었습니다. 반면에 사학에서는 국어, 역사, 한국 지리 교육을 강화하였습니다.

이러한 상황에서 『어린이』잡지는 한국 지리에 대한 이야기를 통해 어린이들에게 조선 민족정신을 불어넣어 주는 역할을 담당하였습니다. 『어린이』에서 지리 관련 이야기로는 〈금수강산 평양성 기린굴 이야기〉, 〈천하 제일 금강산〉, 〈내사랑 공주산성〉, 〈섬 많은 남쪽나라 요만큼 섬이 많은 조선〉, 〈남쪽 섬나라를 돌아서 군산서 부산까지〉,

〈조선은 어느 곳에 있는가〉, 〈조선지리〉, 〈조선자랑〉, 〈조선지도와 김정호〉 등의 기록이 남아 있습니다. 조선의 지리와 이야기를 읽으면서 자연스럽게 조선의 특징과 문화를 이해하게 되었고 조선인으로서의 가치관과 정체성을 마음에 새길 수 있었을 것입니다.

조선의 큰 자랑인 금강산 안에 있는 장안사 이야기를 해 볼까 합니다.

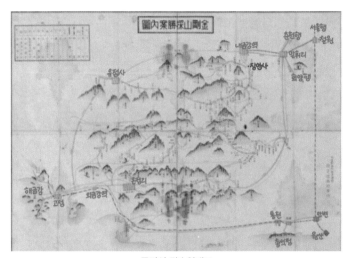

금강산 탐승안내도

금강산은 보통 세 곳으로 나누어 말하는데 안금강[내금강], 밖금강[외금강], 바다금강[해금강] 이렇게 부릅니다. 그런데 요전에는 경원선 평강역에서 하차하여 걷기도 하고 자동차로 다니기도 하였으나 지금은 철원역에서 금화까지 전차가 다닌다니 매우 편할 것입니다. 자동차나 전차나 그건 그만두고 금화서 금성을 지나고 회양땅으로 들어서서 산속으로만 산속으로만 한 이삼 일 들어가면 먼저 목파령을 넘어서게 되고 거기서부터 금강산의 산 빛을 바라보게 됩니다. 예전에는 복창이라 하고 지금은 말휘리라고 하는 조그만 길 곁 동리를 지나 얼마 아니 가면 안금강의 첫 머리인 장안사에 도달하게 됩니다.

- 신영철, 「천하 제일 금강산」, 『어린이』 3권 11호, 1925.11.

〈금강산 탐승안내도〉는 1930년대 후반, 일본의 히노데 상행에서 발행한 것입니다. 『어린이』에 수록된 내용처럼 금강산은 내금강, 외금강, 해금강으로 이루어져 있습니다. 회양에서 말휘리까지 걸어가서 장안사를 만날 수 있다고 기록되어 있습니다. 이처럼 금강산 지도를 보면서 금강산의 지리적인 특성을 이해하고 금강산의 풍경과 이야기를 통하여 우리 말글도 함께 배울 수 있게 됩니다. 조선 지리를 배우는 것은 조선 땅을 알고, 조선인으로서의 자긍심을 키워 조선을 지킬 수 있는 힘을 기르기 위한 훈련 과정으로 보입니다.

또, 흥미로운 점은 고적 말판에서 장안사의 그림이 비숍이 참고한 내금강 장안사의 전경 그림과 유사하다는 것입니다.

내금강 장안사              말판그림 장안사

장안사는 내금강 입구에서 골짜기를 따라 2km를 가면 나오는 사찰입니다. 신라 23대 왕인 법흥왕 때 창건된 이 사찰은 그 후 신라 혜공왕 9년(773) 진표율사가 중수했다고 전하고 있습니다. 금강산 제일의 사찰로 알려져 있으나, 한국전쟁으로 모두 불에 타서 현재는 몇 개의 석비와 부도만 남아 있다고 합니다.

만이천봉 금강산은
확실히 확실히
넓고 넓은 이 세상
어느 산보다도 시내보다도
훨씬 낫고요. 훨씬 곱구나

내 붓으로 내 재주로
암만 써도 암만 써도
다 쓸 수는 없고요
쓰고 쓰고 기껏 써도
목록 하나도 채 못 되고 만다

어느 모로 어느 모로
보고 보고 또다시 보아도
곱고 곱게만 되어 있는
골짜기 골짜기 봉우리 봉우리
우리 마음만 황홀케 하구나.

우리 금강산을 외국 사람으로는 제일 먼저 탐험하여 내고 그리고 금강산 이름을 세계적으로 소개하고 또는 세계적 여행가로 유명하고 그리고 그가 남자도 아니요, 여자인 영국의 비숍 부인이 지금으로부터 32년 전에 조선에 와서 금강산을 구경하고는 훌륭한 붓으로 실컷 금강산을 칭찬하여 글로 써 놓고 끝에다 한 말입니다.

– 신영철, 「조선자랑(4) 천하 제일 금강산」, 『어린이』 4권 9호, 1926.9.

영국의 이사벨라 버드 비숍(1831-1904)은 1894년부터 1897년까지 네 차례 조선을 방문하여 『조선과 그 이웃 나라들』이라는 책을 만들었습니다. 1905년 영국에서 베스트셀러가 되기도 하였습니다. 비숍은 금강산을 본 느낌으로 세상의 그 어떤 것보다도 좋고, 자신의 붓으로 표현할 수 없는 곳이라고 이야기하였습니다. 보고 또 보아도 황홀하고 좋은 그 무엇이라고도 하였습니다.

신영철은 여러 외국 사람들의 글을 인용하여 스스로 자기 자랑을 하는 것보다는 남이 먼저 알아주고 인증하여 주는 것으로 금강산 자랑을 하여 국제적으로 인정받는 금강산의 아름다움을 당당하게 밝히고 있습니다. 비록 지금은 분단이 되어 그토록 아름다운 금강산에 갈 수 없는 형편입니다. 꼭 통일이 되어 〈조선 13도 고적탐승말판〉을 직접 해 보는 꿈을 꾸어봅니다.

## 〈조선 13도 고적탐승말판〉 노는 법

조선 13도 고적탐승말판

　〈조선 13도 고적탐승말판〉은 '남대문' 칸에서 출발하여 조선 13도 의 고적을 만나고 '백두산' 칸에 먼저 도착하는 사람이 이기는 놀이 입니다. 설명서와 유사한 '말판 노는 법'에는 콩, 팥 등을 활용해 말을 지정하고 작은 윷을 만들어 놀이에 사용하라고 적혀 있습니다. 어린 이들은 말판 놀이를 하면서 고적 답사를 하고 조선의 명승을 둘러보고, 조선을 간접적으로 탐방하는 경험을 할 수 있습니다. '남대문, 남 한산성, 선죽교, 탄금대, 부여, 한산도, 익산, 해인사, 경주, 장안사, 구 월산, 청천강, 석왕사, 다복동, 평양, 백두산'으로 이어져서 조선 전체 를 유람할 수 있습니다.

『자랑말판』노는 법

이번에는 조선자랑호로『조선자랑말판』을 만들었습니다. 자랑의 설명은 이 책 속에 있는 것이니 책을 읽으면 그림 설명을 저절로 알게 됩니다. 이것을 가지고 말판을 놀려면『윷』으로 놀아도 좋고『주사위』로 놀아도 좋습니다.

윷으로 놀 때, 하나가 윷이 나오면 한 칸 나가고, 둘이 나오면 두 칸, 넷이 나오면 네 칸을 가고, 뒤집혀서 모가 되었으면 다섯 칸씩 그림 칸을 가고, 주사위로 놀면 천정을 향한 수대로 한 점이면 한 칸씩, 석 점이면 세 칸, 여섯 점이면 여섯 칸씩 나아갑니다. 자기 말이 休(휴)라고 쓴 곳에 멈추면 다음 한 차례는 쉬고 만일 또라고 쓴 칸에 가면 한 번 더 하고 나아갑니다.

한 칸에 두 사람의 말이 만나게 되면 먼저 있던 말이 나중에 온 말에게 쫓겨서 첫째 칸 은진미륵으로 내려갑니다. 이렇게 가서 제일 먼저 금강산에 들어가는 사람이 이기는 것입니다. (만일 금강산에 들어가서도 더 나아갈 수가 있어서 지나치게 되면 지나치는 수만큼 뒷걸음을 쳐서 뒤로 나옵니다. 윷 수가 꼭 알맞게 금강산에 들어가게 되어야 합니다. 그런데 이렇게 한 번 금강산에 들어갔다가 넘쳐서 뒤로 물러난 뒤에는 다른 말이 와도 쫓겨나지 않고 그냥 있으면 됩니다.)

모르겠으면 어른께 가르쳐 달라고 하고 또 놀아보아서 다른 새 법을 정해 가지고 놀아도 좋습니다.
　　　　- 알림,「조선 13도 고적탐승말판」,『어린이』7권 1호, 개벽사, 1929.1.

별 놀잇감이 많지 않았던 시절에 어린이들은 콩, 팥, 돌을 말로 삼고 윷이나 주사위를 던져 한 칸, 한 칸 옮기면서 조선의 13도를 돌면서 많은 이야기들을 하였겠지요. 이 작은 말판 놀이를 하면서 어린이들은 어떤 기분이었을까요?

하위징아는 "놀이는 정해진 범위의 시간과 공간 내에서 행해지는 자유로운 행위 또는 활동으로서, 이때는 자발적으로 정했지만 확실한 구속력을 지닌 규칙을 따른다. 놀이의 목표는 놀이에 내재적인 것으로, 놀이에는 긴장과 즐거움의 감정 그리고 '일상생활'과는 '다른 어떤 것'이라는 의식이 동반된다."라고 하였습니다.

하위징아는 놀이를 통해서 일정한 시공간 안에서 규칙에 따라 즐거움과 몰입을 누릴 수 있다고 하였습니다. 놀이라는 점에서 누구나가 재미있게 자발적 참여가 가능합니다. 그러나 놀이는 규칙을 꼭 지켜야 한다는 점에서 자유와 규제를 넘나드는 즐거움과 긴장감이 있습니다. 너무 자유만 있는 것도 재미는 없겠지요.

윷이나 주사위를 사용하여 윷이 변하는 모양의 수만큼 혹은 주사위가 나온 수만큼 한 칸씩 이동을 하다가 누군가의 말과 만나게 되면 앞에 먼저 온 말이 죽게 됩니다. 또, 말판 안에 '휴休'라는 말이나 '또'라는 말이 나오면 한 번 쉬거나, 한 번 더 할 수 있는 기회를 얻게 됩니다. '휴休'라는 말이 나오면 어린이들은 아쉬움에 한숨을 쉬겠지만, 한 번 쉬면서 다음 기회를 노릴 수밖에 없습니다. 반면에 '또'가 나오면 한 번 더 할 수 있는 행운을 얻게 되어 기쁘겠지요. 이러한 놀이는 참여자의 자유로운 행위 속에서 규칙과 약속을 지키면서 재미있게 이루어질 수 있습니다.

다 가서 백두산에 올라가게 되면 바로 들어가는 것이 아니라 '첫'부터 '끝'이라고 쓴 곳까지 지나서 백두산으로 들어갑니다. 백두산에 제일 먼저 들어가는 사람이 이기는 것입니다. 그런데 백두산 둘레를 돌다가 윷이 떨어지는 숫자가 마침 끝 칸을 지나서 백두산에 똑 떨어지게 되어야지 만일 지나치게 나오면 다시 가서 또 돌다가 들어가야 합니다. 가령 끝에 있던 말이 하나를 쳐야 하고 끝 앞자리에 있던 말이면 둘이 나와야지 백두산에 딱 떨어지지 셋이 나오면 지나치는 고로 '끝'에서 바로 '첫'으로 넘어가서 돌아오게 됩니다. 넷이 나오면 '첫'을 지나서 둘째 칸으로 갑니다.

위에서 제시한 방법이 싫증이 난다면 다른 방법도 있으니 참고해 보세요.

놀 때에 어린 동생이나 글자를 모르는 사람이 있으면 그냥 놀지만, 학생끼리 놀 때는 자기 말이 가게 된 곳 그 고적이 있는 지방 이름을 어느 도道, 어느 군郡 하고 크게 불러야만 하는 법으로 정하십시오. 그때 만일 잊어버려서 얼른 부르지 않고 어물어물하면 다른 사람이 얼른 부르십시오. 다른 사람이 부르기보다 먼저 부르지 못하면 못 나가고 잘못 불러도 못 나가고 그 자리에서 한 차례 머물러야 합니다. 이것은 대단히 유익한 일이니 꼭 그렇게 하십시오.

다른 방법으로 학생들이 놀 수 있는 방법에 대해서 제시했어요. 이때, 고적이 있는 지방이 어느 도인지 어느 군인지를 말하는 것을 새로운 규칙으로 정하고 있어요. 놀이는 재미를 추구하지만, 규칙이 새로 생길 때마다 우리는 그 규칙을 기억하고 놀이에 적용해야 하는 어려움이 있습니다. 그 규칙을 통하여 놀이는 좀 더 복잡해지고 어려워지지만, 놀이는 한층 더 흥미롭고 재미있어질 것입니다. 자신의 말이 '남한산성'에 들어가게 되었는데, 남한산성이 어느 도인지 어느 군인지 모르면 한 번을 쉬어야 하는 벌칙이 부여됩니다. 먼저 말한 학생이 있다면 그 학생은 자신의 순서가 아니지만, 기회를 한 번 더 얻는 셈이 됩니다.

말판 놀이에는 상당히 많은 규칙들이 들어 있고, 새로운 규칙을 만들어낼 수도 있습니다. 어린이들은 말판에 들어 있는 규칙을 하나씩 지켜가면서 놀이를 통하여 자유롭게 규칙의 중요성을 알게 될 것입니다. 놀이의 참가자가 규칙을 준수해야만 고적탐승말판놀이가 가능하기 때문입니다. 놀이를 하는 과정에서 여러 변수도 생길 수 있을 것입니다. 여러분도 다 아시죠? "윷이 다 돌아갔니? 다 넘어가지 않았니?" 하는 다툼들 말입니다. 이러한 논란 속에서 참가자들이 놀이를 유지할 수 있는 것은 그 안에 담긴 규칙을 공유하면서 지키기 때문입니다. 놀이는 무척이나 자유로운 것 같지만 실상은 정해진 규칙을 실행에 옮기는 대단히 질서정연한 과정입니다. 규칙 속에서 누리는 놀이의 자유로움을 마음껏 느껴보시기 바랍니다.

## 한반도 여행 말판을 새로 만들다

새로운 게임이나 신나는 놀이기구도 많은데, 100여 년 전에 인기 있었던 〈조선 13도 고적탐승말판〉이 지금의 우리에게 어떤 의미를 줄 수 있을까요? 한반도의 명승지나 고적을 찾아 떠나는 것이 100여 년 전에는 재미있는 일이었을지 모르지만 지금도 그럴까요?

100여 년 전에 어린이들은 일제강점기라는 현실에서 마음대로 여행을 다닐 수 없었을지도 모릅니다. 경제적으로 사회적으로 어려운 일이었을 것입니다. 2020년 1월 시작된 코로나19 팬데믹으로 우리는 자유로운 여행이나 친구들을 만나는 일상을 누릴 수 없게 되었습니다. 우리는 코로나19 팬데믹 상황이 끝나도 한반도 전역을 갈 수가 없습니다. 아직 남과 북이 따로 떨어져 있기 때문입니다. 하지만, 머릿속으로 마음껏 상상해 봅시다. 우리나라 삼천리강산을 두 발로 뚜벅뚜벅 걸어가는 그 순간을 말입니다.

현재는 〈조선 13도 고적탐승말판〉이 만들어질 때보다, 행정구역이 복잡해지고 새로운 지역과 명소들이 더 많이 생겼습니다. 분단으로 코로나19 팬데믹으로 지금은 갈 수 없지만, 그 아쉬움을 〈조선 13도 고적탐승말판〉놀이로 달래보는 것은 어떨까요? 그리고 새로운 한반도 여행 말판을 만들어보는 것도 재미있을 것 같습니다. 지금의 어린이들은 한반도의 어느 곳에 투표할지 궁금합니다.

# 참고한 자료

영인본 『어린이』 1~10, 보성사, 1976.
편집부, 『미공개 어린이』 1~4권, 소명출판, 2015.
김경희 · 박종진 · 서희경 · 이혜영 · 장정희 · 오영식 공편, 『『어린이』 총목차 1923~1949』, 소명출판, 2015.

구자황, 「근대교과서와 기행문 성립에 관한 연구-일제강점기 조선어 교과서에 나타난 명승고적을 중심으로」, 『한민족어문학』 69집, 한민족어문학회, 2015.
김경희, 「『어린이』에 수록된 옛이야기 DB구축을 통한 현대 어린이 콘텐츠 개발 -지역탐방 콘텐츠를 중심으로-」, 『방정환연구』 7, 방정환연구소, 2022.
이사벨라 버드 비숍, 이인화 역, 『한국과 그 이웃 나라들』, 살림, 1994.
조성운, 「1920년대 수학여행의 실태와 사회적 인식」, 『한국독립운동사연구』 42집, 독립기념관 한국독립운동사연구소, 2012.
하위징아, 김윤수 역, 『호모루덴스』, 연암서가, 2008.

국립한글박물관 https://www.hangeul.go.kr/main.do
국토지리정보원 어린이지도여행, https://www.ngii.go.kr/child
대한민국역사박물관, https://www.much.go.kr
한국민족문화대백과사전, http://encykorea.aks.ac.kr

## 저자 소개

김경희 trijing@hanmail.net

초등학교 때부터 책을 많이 읽고, 글짓기 대회에도 많이 나갔어요. 학창 시절 내내 글을 잘 쓰는 학생 중의 하나였지요. 하지만 공부를 하면 할수록 글 쓰는 일이 너무 어려워졌어요. 여전히 글을 쓰는 것이 힘들지만, 궁금한 주제를 찾아서 열심히 탐색 중입니다. 2014년 10월 16일 『어린이』 원문 읽기를 처음 시작했어요. 언제 다 읽을 수 있을까 생각했는데 2021년 그날이 왔어요. 『어린이』를 읽으면서 이야기의 중요성을 다시 깨닫게 되었지요. 그러면서 옛이야기를 더 많이 찾았어요. 여러분은 옛이야기가 어린 시절에만 읽는 이야기라고 생각하고 있지는 않나요? 옛이야기는 어릴 때 읽었을 때와 어른이 되어서 읽을 때, 매 순간 다르게 보이더라구요. 지금의 생각과 고민이 옛이야기를 통해서 공감되는 부분이 있기 때문인거 같아요. 여러분도 옛이야기 속에서 현재의 모습을 찾기 바랍니다.

# 알록달록 꽃과 함께
# 사계절 꽃 이야기

김영재

## 꽃놀이, 꽃제사를 들어보셨나요?

여러분, 봄이 되면 하는 꽃놀이를 아시지요? 혹시 꽃제사는 들어보
셨나요?

꽃철이 왔습니다. 따뜻하게 깨끗이 어여쁘게 웃는 꽃을 당신은 차마
악착스럽게 꺾겠습니까?

분명히 그것은 좋지 못한 일입니다. 꺾지 말고 상하지 말고 고대로 귀
엽게 사랑하면서 즐길 수 있는 것을 왜 꺾기까지 하겠습니까? 다 각기 마
음에 드는 것을 조그마한 분에 옮겨서 책상 위에 놓고 물을 주어가며 하
루하루 커나가는 것을 보는 재미와 유익은 결코 적지 않을 것입니다.

다 크고 꽃이 피면 각기 자기 꽃을 가지고 한 곳으로 모여서 깨끗한 방
깨끗한 상 위에 올려놓고 누구 꽃이 제일 잘 피었나 내기를 합니다. 모든

사람에게 구경을 시키고 제일 칭찬을 많이 받은 꽃이 이기는 것입니다. 그리고 그 꽃 옆에서 각기 아는 대로 꽃 이야기를 합니다. 그리고 밤에는 그 꽃 위에 오색등을 만들어 불을 켜고 놉니다. 이것을 꽃놀이라고도 하고 꽃제사라고도 합니다.

－「꽃놀이」,『어린이』1권 3호, 1923.4.

방정환 선생은 1권 1호(1923.3.) 창간호에서 "새와 같이 꽃과 같이 앵두 같은 어린 입술로 천진난만하게 부르는 노래 그것은 그대로 자연의 소리, 하늘의 소리, 죄 없고 허물없는 평화로운 하늘의 나라 그것은 우리 어린이의 나라"라고 하시며 어린이를 하늘, 꽃에 비유하셨고 또 1권 3호(1923.4.)에서는 이 꽃을 악착스레 꺾지 말라 하십니다. 어린이를 꽃과 같이 사랑하라는 방정환 선생의 마음이 고대로 담겨 있는 것 같습니다.

우리가 산이나 들이나 길을 갈 때 길가에 조그맣게 피어 있는 하얀 꽃 노란 꽃을 볼 때 저것은 무슨 꽃일까? 또 어떤 향기가 날까? 생각합니다. 백 년 전 그때의 아이들이나 어른들도 마찬가지였을 것입니다. 길가에 피어 있는 봄, 여름, 가을……. 이렇게 계절이 바뀔 때마다 다른 색깔 다른 모양으로 피어나는 꽃들의 이야기는 우리 어린이들에게 계절도 알려주고 또 자연과 더불어 자연을 사랑하는 마음을 기를 수도 있을 것입니다.

『어린이』지에는 아름다운 꽃 이야기가 다양한 모습으로 실려 있습니다. 꽃을 소재로 한 고운 동화도 많고, 꽃 유래담도 많이 실려 있고, 또 어린이들이 자연생물에 대해 배우고 익힐 수 있는 교양 지식 등도 다양하게 소개되고 있습니다.

그중에서도 재미있는 것을 골라서 요즘 어린이들도 다시 들을 수 있도록 쉽게 소개해 보려 합니다.

## 봄꽃 이야기

『어린이』 10권 3호, 1932.3.

계절이 바뀌고 눈이 녹을 즈음에 제일 먼저 피는 꽃이 바로 매화꽃이겠지요. 7권 2호(1929.3.)에 미소 이정호 선생의 매화꽃 이야기가 있습니다.

꽃 중에 제일 먼저 피는 꽃은 매화梅花꽃입니다. 다른 꽃나무는 꽃은커녕 싹도 트기 전에 "내가 제일이다." 하는 듯이 방긋이 피어나는 꽃이 매화꽃입니다. 그래서 꽃 중에는 제일 웃형님 꽃이요. 또 봄소식을 제일 먼저 전해 주는 봄날의 앞잡이 꽃입니다.

- 이정호, 「매화꽃 이야기」, 『어린이』 7권 2호, 1929.3.

이정호 선생은 매화꽃을 소개하면서, 무한한 고초와 인내를 거듭한 후에야 복을 받게 된다는 동화도 함께 소개하고 있습니다. 옛날 시골에 정직한 부부가 살고 있었는데 너무 가난했다고 합니다. 하룻밤에는 신령님이 나타나 이 부부에게 반지를 주면서 소원 한 가지를 말하면 들어줄 것이라고 하였습니다. 부인이 땅을 사자고 하자 남편은 땅은 열심히 일하면 살 수 있다고 말하며 부부는 반지에 소원을 빌지 않고 해마다 해마다 열심히 일해 농기구도 사고 땅도 사고 하였는데, 세월은 흘러도 반지는 그대로 있고 살림살이는 크게 늘어나게 되었습니다. 긴 겨울의 어려움을 이겨내고 꽃을 피운 매화꽃과 참 닮은 이야기입니다.

매해 이른 봄철에 피어나는 매화꽃을 보면서 재미있는 이야기를 나누어보는 것도 좋겠습니다.

『어린이』 창간호에 실린 「향내 좋고 빛 고운 햐-신트」는 히아신스 꽃 이야기입니다. 방정환 선생은 "곱게 피는 꽃이면 모두 좋지만 봄에 피는 꽃 중에 내가 제일 좋아하는 꽃은 히아신스와 복숭아꽃"이라고 4권 4호(1926.4.) 「봄철에 가장 좋아하는 꽃」이라는 글에서 쓴 적이 있습니다. 그러다가 이 글은 선생이 세상을 떠난 뒤 「소파 방정환이 사랑하는 복숭아꽃」이라는 제목으로 135호(1949.7.)에 다시 실렸습니다.

또 다른 봄꽃으로 8권 4호(1930.4.)에 개나리꽃, 씀바귀, 할미꽃, 8권 5호(1930.5.)에 방울꽃 이야기, 9권 4호(1931.5.)에 버찌꽃, 진달래 이야기가 실려 있습니다. '버찌꽃'은 벚나무의 꽃을 이릅니다. 특히 8권 2호(1930.2.)에는 튤립꽃 접어보기를 소개하고 있으니 어린이들과 함께 만들어보기를 권합니다.

여러 가지 봄꽃 이야기 중 개나리꽃 이야기를 소개해 봅니다. 봄철 길을 지나가면서 노랗게 핀 개나리꽃이 치렁치렁 늘어진 걸 보고 개나리꽃 이야기를 떠올려 보면 좋을 것 같습니다.

심하게 춥던 겨울도 지내고 인제는 죽은 잔디에서 새싹이 돋아날 때도 가까워 왔으련만 봄만은 늦게 오는 거 같았습니다.

개나리고개 밑에 외따로 지여 있는 쓸쓸한 초가집에는 매운바람이 한층 더 살을 에는 것같이 불어왔습니다.

작년에 아버지를 잃어버리고 지금 일주일째 한 살 된 유복자를 품에 끼고 병석에 드러누워 계신 그 어머니 곁에 다 떨어진 포대기와 홑이불을 두르고 앉아 있는 여섯 살 먹은 수동이와 네 살 된 섭섭이는 저녁도 굶고 발발 떨고 앉았습니다. (중략)

어머니는 유복자를 끌어안으신 채 차디찬 방바닥의 가장자리 위에 드러누워서 정신 빠진 사람같이 꼼짝 못 하고 계신데 오직 목 속에서 그르렁거리는 담 소리만 고요한 방 안의 공기를 흔들어 놓았습니다.

수동이는 어린 마음에도 겁이 났습니다. 제 몸이 얼어붙는 것같이 추운데 하물며 병환으로 앓고 누워계신 어머니는 얼마나 더 심하시랴 싶어서 그는 홑이불을 두른 채 방문을 열고 뜰로 내려서서 아궁이에 불을 땔 나무를 사방으로 찾았습니다.

그러나 아무것도 없고 오직 그의 눈에 뜨인 것은 쓰러져 가는 부엌 모퉁이로 축 늘어져 있는 지붕의 헌 이엉이었습니다.

그는 즉시 지게를 버티어 놓고 올라서서 그 이엉을 뜯어다가 아궁이에 쑤셔 넣고서 성냥불을 그어댔습니다.

그래서 얼마간 타다가 다 타버리게 되었을 때 수동이는 또 이엉을 뜯으러 나왔습니다. 이와 같이 왔다 갔다 하는 동안에 잘못하여 불길이 수동이의 몸에 두른 홑이불에 붙어서 마침내 수동이를 태워버리고 초가삼간까지 그냥 살라버렸습니다.

그리하여 병드신 어머니와 유복자와 섭섭이도 수동이와 같이 불 속에서 사라져 버렸습니다.

이 외따로 떨어져 있는 가난뱅이네 집에 불이 붙었다고 누구 하나 빨리 내달려 물 한 바가지 끼얹어줄 사람은 없었던 것입니다.

불쌍하게 이 세상을 떠난 개나리고개 아래에 있었던 이 수동이네 집! 재로 변한 빈터에서도 한식 철이 지나고 봄이 가까이 오자 가냘픈 가지에 조랑조랑 옹기종기 붙어 있는 샛노란 꽃이 피었습니다.

마치 수동이와 그의 동생들이 한군데 모여 앉은 것같이 귀엽다기보다는 가련하게 핀 꽃을 우리는 개나리꽃이라 합니다.

　　　　　- 실명씨,「개나리꽃 이야기」,『어린이』8권 4호, 1930.4.


이야기를 읽고 나니 마음이 한층 더 찡해집니다.

역시 봄꽃은 추운 겨울을 이겨내고 봄을 기다리는 이야기를 많이 들려줍니다.

# 여름꽃 이야기

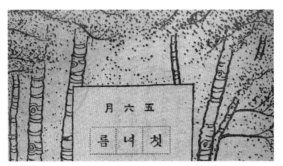

『어린이』 5권 5호, 1927.6.

이제 여름꽃 이야기입니다.

첫여름 파릇파릇하던 새싹이 함박 흐드러져서 보드라운 자리를 깐 듯한 오월의 녹음!

이야말로 옛사람이 아니라도 녹음과 풀 향기는 꽃철보다 몇 배 낫지 않습니까? 이때에 무슨 꽃? 여름에는 우거진 풀숲 속에 가려져서 꽃이 있을까? 생각이 들지만 『어린이』지에는 아름다운 여름꽃이 많이 소개되어 있습니다.

9권 5호(1931.5.)에 실린 김규창의 「초하의 화단」이라는 글에는 꽃창포, 백합꽃 이야기가 실려 있고, 필자 월견초의 창포꽃, 봉선화꽃, 백합꽃, 수련꽃 전설이 실려 있습니다.

또 여름이면 남녀노소 누구나 한 번쯤은 해 보는 봉선화로 손톱에 예쁘게 물들이기를 지나칠 수 없습니다.

봉선화꽃은 하늘 위 왕자별과 땅 위 처녀의 아름답고도 마음 아픈 이야기로 하늘 위 왕자별의 넋이 빨간 꽃으로 핀 것이라 합니다. 얼마 뒤에 그 귀여운 빨간 꽃이 바람에 불리고 비를 맞아서 뚝뚝 땅 위에 떨어져 처녀는 그 떨어진 꽃을 버리기가 아까워 그 물을 내어 손톱에 빨갛게 물들여서 왕자별을 잊지 아니하게 된 것을 그 뒤 사람들이 흉내를 내어서 지금도 처녀들은 봉선화를 손톱에 물들인답니다.

－『어린이』 9권 6호. 1931.7.

여름에 봉선화 물들일 때 이 이야기도 들려주면 더 재미있지 않을까 합니다.

그리고 창포꽃 이야기도 있지요. 어느 더운 여름날 꽃들이 서로 모여 무지개 제사를 지내는 날에 꽃들은 자줏빛 수건을 쓴 눈이 부시게 아름다운 꽃처녀를 발견합니다. 그 처녀가 고개를 들자 어느새 날이 흐려지고 비가 내리더니 곧 무지개가 피어났고 그 자리에는 자줏빛 창포꽃이 있었다고 합니다.

무지개란 말이 문득 그 자줏빛 처녀꽃의 귀에 들어가자 그는 빙긋 웃으며 머리를 가만히 들었습니다. 이때 별안간 약속이나 한 듯이 하늘이 흐리기 시작하더니 소낙비가 쏟아지다 그쳤습니다. 자줏빛 처녀는 비에 젖어서 더욱 맵시 있어 보였습니다. 그리고 공중에는 채색이 영롱한 무지개가 섰습니다. 여러 꽃들은 서로 얼굴을 보며 기쁜 듯이 한꺼번에 「아－ 무지개! 무지개! 저분은 아마 무지개의 심부름을 온 아가씨인가 보다. 우리들은 이제부터 저분을 아리스라고 부릅시다.」이 자줏빛 처녀꽃! 이것은 창포꽃이었습니다.

－ 월건초, 「창포꽃 전설」, 『어린이』 9권 5호. 1931.3.

우리가 요즘도 단옷날 창포물에 머리를 감는 이유랑 맞지 않나요?


## 가을꽃 이야기

『어린이』 3권 11호, 1925.11.

온 천지가 알록달록 고운 옷으로 갈아입는 가을이 왔습니다.

여러분은 가을 하면 어떤 꽃이 가장 먼저 생각나시나요? 단연코 국화이지 않을까요? 국화에 대한 소개는 『어린이』 7권 8호에 「과학 상식」으로, 8권 7호에는 「국화 이야기」로 소개되었습니다.


가을이다. 나뭇잎은 떨어지고 풀대는 시들어버렸다. 천지는 오직 죽은 듯이 쓸쓸할 뿐이다. 이러한 때 국화꽃은 빛 고운 살갗을 드러내며 방긋이 웃는다. 가을의 국화꽃 고결한 그 자태 영화를 한 몸에 가진 가을의 여왕이 아니고 무엇이랴.

　　　　　　　　　　　　　　- 유도순, 「국화」, 『어린이』 8권 7호, 1930.8.

가을 햇볕 좋은 날 국화 향기 진한 차를 마시면서 이야기를 곁들인 다면 참으로 좋을 듯합니다. 6권 5호(1928.9.)에는 가을꽃 이야기, 8권 7호(1930.8.)에는 여러 작가가 꽃을 비유하여 설명한 글이 실려 있습니다. 이태준은 과꽃을 "산뜻한 가을 기분을 모두는 꽃"이라 하였고, 박노아는 코스모스를 "가을 하늘과 같이 맑고 깨끗하고 슬픈 마음을 가진 흰 댕기 단 시골 처녀"라고 표현하였습니다. 최영주는 해바라기를 "해바라기하고 해님하고 왜 그리 정다운지 또 해바라기는 왜 그리 해님을 그리워하는지 해바라기가 이야기를 안 하고 해님도 이야기를 안 하니 알 수가 없다."라 했고, 김원주는 달리아를 "아담하고 아무 욕심도 없고 독살스러운 모양도 없는 것이 퍽도 귀엽다."고 하였습니다.

11권 9호(1933.9.)에 실린 꽃 이야기는 달리아, 봉숭아(봉선화), 분꽃, 과꽃, 들국화, 해바라기 꽃입니다. 이 중에 달리아, 해바라기, 과꽃, 들국화(국화)는 먼저 8권 7호(1930.8.)에 여름꽃으로 소개되기도 했습니다. 이렇게 여름에 피었다가 가을까지 계속 피는 꽃도 있습니다. 이 많은 꽃들 중에서 윤봉태가 쓴 '분꽃' 이야기는 가을꽃 이야기로 참 재미있습니다. 윤봉태는 분꽃을 "때를 알리는 벙어리 시계"라고 썼습니다. 더 재미있는 것은 씨 받을 분꽃 열매를 모두 따다가 돌멩이로 빻아서 물에 개어 분이라고 얼굴에 휘바르고는 어머니께 혼이 났었다는 경험 이야기를 들려줍니다.

『어린이』 1권 10~11호(1923.10.~11.)에는 고한승의 동화 「백일홍 이야기」가 있습니다. 백일홍은 6월부터 10월까지 피는 꽃으로 여름과 가을에 피어납니다. 이 동화는 짧은 꽃 이야기라기보다 한 편의 동화입니다. 꼭 찾아서 읽어보시고 동화의 장면 장면을 그림으로 그려보면서, 백일홍꽃 그리기 놀이도 해 보면 좋겠습니다.

## 겨울꽃 이야기

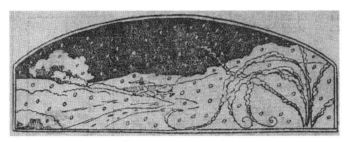

『어린이』 9권 9호, 1931.10.

어느덧 겨울입니다.

봄, 여름, 가을에만 꽃이 피고 겨울에는 꽃이 잘 보이지는 않습니다. 하지만 내년 봄에 다시 꽃을 피울 준비를 하면서 꽃들은 땅속에서 씨앗을 맺거나 뿌리로 남아서 다음 세대 꽃을 기약하며 따스한 봄 햇살을 기다리고 있습니다.

11권 3호(1933.3.)에 실린 이태준의 「겨울꽃」 이야기는 안타까운 사연을 전해 줍니다. 따스한 봄 햇살 받고 피어날 꽃이 추운 겨울 작은 화분으로 애지중지 키워지지만 꽃이란 원래 햇빛을 받아야 하기에 햇살 좋은 겨울 어느 날 볕을 쬐어주려고 화분을 바깥에 내놓았다가 그만 화분 속의 꽃이 얼어 죽었다는 이야기입니다.

겨울꽃 하면 또 눈꽃도 있습니다. 하얀 눈꽃 이불을 덮은 채 나뭇가지 끝에는 아주 작은 꽃봉오리가 웅크리고 봄을 기다리고 있을 것 같습니다.

지금까지 『어린이』지에 실린 많은 꽃 이야기를 읽었습니다. 이렇게 알록달록 아름다운 꽃 이야기가 책 속에서만 잠자고 있기에는 아깝다는 마음이 듭니다. 길을 걸어 다닐 때나 산에 오를 때, 들놀이를 할 때도 꽃 이야기를 즐기면 우리의 정서가 점점 더 풍부해지지 않을까 합니다.

학교에서는 어린이를 지도해 주시는 선생님들께서 꽃 이야기를 자주자주 들려주시면 좋겠고, 집에서는 부모님과 함께 조그만 씨앗 봉선화라든지 과꽃 씨앗을 햇빛 잘 드는 화분에 심어보고, 꽃놀이, 꽃그림 그리기, 꽃 종이접기 놀이도 해 보면서 꽃 이야기를 나누어 봅시다. 그리고 『어린이』지에 실려 있는 꽃 이야기들을 찾아 읽고, 또 친구들에게 들려주기를 해 보면 참 좋을 것입니다.

여러분, 방정환 선생이 가장 사랑했던 꽃은 무엇이었을까요? 『어린이』135호(1949.7.)에 실린 「소파 선생이 사랑하는 복숭아꽃」 글 한 편을 소개합니다.

## 소파 선생이 사랑하는 복숭아꽃

곱게 피는 꽃이면 모두 좋지만 봄에 피는 꽃 중에 내가 제일 좋아하는 꽃은 "햐-신트"와 복숭아꽃입니다.

산이나 들에 산보를 가거나 공원이나 동물원 잔디밭에 가서 노곤하게 누워 있고 싶게 햇빛이 좋은 봄날, 조용한 동리로 지나다가 길 갓집 울타리 안에 복숭아꽃 몇 가지가 활짝 피어 있는 것을 보면 세상에 그보다 더 아담하고 귀여운 것은 없어 보입니다. 마치 시집가게 된 처녀가 분홍빛 새 치마를 입고 뒤꼍에 나가서 봄볕을 쏘이는 것 같다고 할까요.

그래 그 집에 좋은 처녀라도 있는 것 같고 그런 집이 두어 집 있으면 그 동리가 온통 깨끗하고 조용한 동리같이 생각됩니다. 지금은 봄철의 꽃구경! 하면 으레 벚꽃을 생각하지만 복숭아꽃같이 깨끗하고 아름다울 수는 도저히 없습니다. 우선 꽃빛이 곱고 좋아서 먼 산에 몇 나무 피인 것만 보아도 온 산이 방긋이 웃는 것 같습니다.

과목밭 복숭아꽃을 찾아가면 잎 하나 섞이지 않은 붉은 꽃이 한편으로는 낙화 지고 또 한편으로는 새로 피고 하여 땅도 꽃으로 덮이고 하늘도 꽃을 가리어 그야말로 몸이 꽃 속에 든 것 같아서 나는 생각만 하여도 지금이라도 뛰어가서 뒹굴고 싶습니다.

나뭇가지의 맵시가 벚나무는 보기 좋게 모양 좋게 뻗어 있지만 복숭아 가지는 아무 모양 없이 된 대로 생긴 대로 숭겁게 뻣뻣합니다. 그러나 그것이 복숭아나무의 남달리 귀여운 점입니다. 사쿠라 가지의 맵시가 기생이나 여광대의 맵시라면 복숭아 가지는 시골집에서 곱게 길리운 순실한 처녀의 맵시입니다.

울타리에서 보는 복숭아꽃, 떼 지어 핀 복숭아꽃도 이야기하였지만은 제일 복숭아꽃이 복숭아꽃답게 사랑스럽기는 시골집 보리밭 문턱이나 우물가 언덕이나 울타리 바깥 보잘것없는 둔덕에 외따로 한 나무 뻣뻣한 버성 빈 가지에 환하게 피어 있는 것입니다.

흙내 나는 꽃, 시골집 울타리를 생각게 하는 꽃, 순실한 시골 소녀같이 사랑스러운 복숭아꽃! 나는 이 사랑스러운 꽃이 이 봄에도 어서 피어주기를 지금부터 기다리고 있습니다.

# 예쁘게 색칠해 보아요!

첫째 마당 - 놀음놀이

# 더 들어가 보기: 계절별 꽃 이야기

『어린이』에서 찾은 사계절 꽃 이야기 자료

| 계절 | 꽃 이름 | 저자 | 출처 |
|---|---|---|---|
| 봄꽃 | 매화꽃 | 미소생 | 7권 2호(1929년 2월) |
| | 향내 좋고 빛 고운 햐-신트 | ㅈㅎ생 | 창간호(1923년 3월) |
| | 노랑수선꽃 | 우촌 | 1권 2호(1923년 4월) |
| | 꽃놀이 | | 1권 3호(1923년 4월) |
| | 물망초 | ㅈㅎ생 | 1권 3호(1923년 4월) |
| | 나비와 장사꽃 | 고한승 | 2권 5호(1924년 5월) |
| | 벚꽃 이야기 | 몽견초 | 4권 4호(1926년 4월) |
| | 튤립 | 성선희 | 8권 2호(1930년 2월) |
| | 개나리꽃 | 실명씨 | 8권 4호(1930년 4월) |
| | 씀바귀꽃 | 월견초 | |
| | 할미꽃 | 하일천 | |
| | 봄꽃 이야기 | 최영주 | |
| | 방울꽃 이야기 | 이원수 | 8권 5호(1930년 5월) |
| | 봄꽃 이야기-버찌꽃, 진달래 | 김규창 | 9권 4호(1931년 5월) |
| | 소파 선생이 사랑하는 복숭아꽃 | 방정환 | 135호(1949년 7월) |
| 여름꽃 | 백합꽃 | 전춘강 | 4권 3호(1926년 3월) |
| | 여름꽃 이야기 | 김동혁 | 7권 6호(1929년 7월) |
| | 과꽃, 국화, 코스모스, 해바라기, 다알리아 | 이태준 박노아 최영주 김원주 유도순 | 8권 7호(1930년 8월) |
| | 창포꽃, 백합꽃, 수련꽃 | 월견초 | 9권 5호(1931년 6월) |
| | 초하의 화단 | 김규창 | |
| | 봉선화, 석안화, 석죽화 | 월견초 | 9권 6호(1931년 7월) |

| 계절 | 꽃 이름 | 저자 | 출처 |
|------|---------|------|------|
| 가을꽃 | 백일홍 이야기 | 고한승 | 1권 10, 11호(1923년 11월, 12월) |
| | 노래 부르는 꽃 | 고한승 | 2권 9, 10호(1923년 9월, 10월) |
| | 가을꽃 이야기 | 김동혁 | 6권 5호(1928년 9월) |
| | 국화 이야기 | 최여구 | 7권 8호(1929년 10월) |
| | 다알리아, 봉숭아, 분꽃, 과꽃, 들국화, 해바라기 | 김원주<br>김자혜<br>윤봉태<br>이태준<br>이석훈<br>최영주 | 11권 9호(1933년 9월) |
| 겨울꽃 | 겨울꽃 | 이태준 | 11권 3호(1933년 3월) |

## 저자 소개

**김영재** yj62kim@naver.com

한국동화스피치협회, 색동회 동화구연가, 동시인으로 활동하고 있습니다.
동화구연과 동시는 저를 동심의 세계로 끌어들이며 어린이들에게 들려줄 재미
있고 유익한 이야기에 귀는 쫑긋, 눈은 번쩍 뜨인답니다. 이런 저에게 지상낙원
이었던 『어린이』지는 창간호에서부터 어린이를 꽃에 비유하셨고 꽃을 꺾지 말
라 하시던 방정환 선생님의 어린이 사랑을 고스란히 담아냈습니다. 그『어린이
』지를 여러 선생님들과 함께 오랜 시간 수많은 이야기를 읽었으며 그중에서도
저는 꽃 이야기가 마음에 와 닿아 글로 써보게 되었습니다. 이야기를 글로 표현
하는 작업이 어려워 다소 매끄럽지 못해도 두루두루 읽어보시기를 권해 드리
며 다음에는 더 재미있고 유익한 이야기로 똑똑 문 두드리며 다시 찾아뵙겠습
니다. 감사합니다.

# 『어린이』는
# 놀이교육의 보물상자

박민주

## 놀이가 보인다

최근 우리 교육현장에서 가장 큰 주목을 받고 있는 놀이교육, 놀이
교육의 시작은 언제부터였을까요? 근대 이후 전인교육을 목표로 꾸
준히 개정 되어온 교육 안을 살펴보면 1992년 5차 교육 개정안에 '놀
이 중심 교육'이 처음으로 공표되었습니다. 그런데 놀랍게도 지금으
로부터 약 100여 년 전 방정환 선생님과 색동회 회원을 중심으로 발
행된 『어린이』에 다양한 놀이 방법이 소개되었습니다. 1923년 3월
『어린이』 창간을 앞두고 동경에 머물던 방정환이 서울에서 『어린이』
창간을 함께 준비하던 천도교회 간부인 조정호 씨에게 「소년지도에
관하여」 보낸 편지에서 방정환의 놀이교육관을 찾아볼 수 있습니다.

- '자유롭고 재미로운 중에 저희끼리 기운 것 활활 뛰면서 훨씬 훨
  씬 자라가게 해야 합니다.'
- 『어린이』에는 수신修身, 강화講話 같은 교훈담이나 수양담은 일
  절 넣지 말아야 할 것.'
- '저희끼리의 소식, 저희끼리의 작문, 담화 또는 동화, 동요, 소년
  소설 이뿐으로 훌륭합니다. 거기서 웃고 울고 뛰고 노래하고 그
  렇게만 커 가면 훌륭합니다.'

방정환의 어린이 교육철학이 잘 드러나 있습니다.

교훈담이나 수양담은 학교에서 익히 듣는 고로, 여기서는 그냥 마음껏
읽고 놀자. 그러는 동안에 모르는 동안에 저절로 깨끗하고 착한 마음이
자라가게 하자! 이렇게 생각하고 이 책을 꾸몄습니다.

세계 각국의 어린이들의 크고 배우는 노는 모양을 차례차례 모다 소개
드리겠습니다. 이것은 퍽 뜻있는 일이오니 그네의 노는 것과 우리의 노
는 것을 잘 비교해 보아 주십시오. 어떤 것이 좋을지.
                               - 「남은잉크」, 『어린이』 창간호, 1923.3.

방정환의 글로 추정되는 『어린이』 창간 「남은잉크」에서도 '마음
껏 읽고 놀자' 놀이 교육의 신념을 찾아 볼 수 있습니다. 100여 년 전
『어린이』에는 오늘의 유아교육현장에서 지향하는 누리교육과정 5개
영역을 통합적으로 담고 있으며 현재 초등교육의 '미래 창의 융합형'

인재 양성 방향성이 잘 나타나고 있습니다. 다양한 놀이유희, 신유희, 흥미, 취미, 여흥, 계절 즐기는 법, 소년수공, 동요유희, 기술, 수공, 지식, 과학 등으로 분류, 소개되어 있고 놀이 영역별 통합을 이루고 있습니다.

『어린이』에 실린 놀이 중 대표적으로 「새롭고 재미있는 눈싸움 법」, 「최신식 팽이 만드는 법」을 소개하고 놀이의 교육적 효과를 찾아 보려 합니다.

## 눈싸움 놀이로 신체운동을 통한 예술 경험

「새롭고 재미난 눈싸움 법」은 제목처럼 그 당시로서는 퍽 새로운 눈싸움으로 무척 재미있습니다. 어린이 여러분도 눈이 내리면 꼭 친구들과 함께 해 보세요!

새롭고 재미있는 눈싸움 법
소학교, 중학교, 소년회 어디서든지 할 수 있는 것

벌써 눈 올 때가 되었습니다. 저 높고 높은 허공에서 그 하얀 눈이 깜박깜박 내려오는 말 할 수 없이 좋고 아름다운 모양을 기쁜 마음으로 구경하다가 그 눈이 다 내려 쌓인 후에는 씩씩한 소년은 누구든지 눈싸움을 해보고 싶어 합니다. 우리가 작년까지 해 오던 눈싸움은 아무 절차도 없고 조직도 없이 그냥 눈 뭉치를 들어 저편의 아무나 때려 맞히는 것밖

에 아무 재미없고 약속도 없어서 흥미가 적을 뿐 아니라 사람 때리기에
애쓰는 좋지 못한 장난이 생기기 쉽습니다.

　이제 여기에 소개하는 싸움법은 더러 미리부터 알고 있을는지 모르나
매우 질서 있고 흥미 있는 것입니다. 눈이 많이 쌓이면 적赤 백白이나 동
東 서西로 두 편을 갈라 가지고 이편저편이 서로 싸움터에 나아가 싸움터
이곳저곳에 작정한 시간 안으로 눈으로 성을 쌓든지 탑을 쌓습니다. 무
너지지 않도록 되도록 높게 쌓고 그 성이나 탑 위에 기旗 만들어 꽂아 놓
습니다. 미리 뽑아둔 심판원들이(심판원은 3, 4인은 되어야 합니다) 작정
한 시간보다 5분 미리 예비 호각을 불면 다 쌓지 못하였더라도 얼른얼른
끝 맞추어 남은 5분 동안 끝 맞추고 손을 떼야 합니다. …… 심판원이 싸
움터 중간에서 싸움을 시작하라는 호각을 불면 좌우편이 고함을 치면서
눈덩이를 던져 싸움을 시작하는데…… 기회를 엿보아 저편의 성 위에 올
라 기를 뽑든지 그렇지 않으면 그 성을 무너뜨려 놓든지 또는 먼 데서 눈
으로 기를 몹시 때려서 기가 저절로 쓰러지게 하든지 어떻게 하든 쓰러
뜨리기만 하면 이기는 것입니다.

- 「새롭고 재미있는 눈싸움 법」, 『어린이』3권 12호

　새로운 눈싸움 법을 살펴보면 내리는 눈 감상과 놀이를 통해 심신
의 조화로운 발달을 돕는 자연탐구, 예술경험, 신체운동 등 오늘의 놀
이중심 창의적 체험 활동과 창의 융합 교육이 보여집니다. 저 높고
높은 허공에서 그 하얀 눈이 깜박 깜박 내려오는 말할 수 없이 좋고
아름다운 모양을 기쁜 마음으로 구경하며 어린이들이 '훨훨 날고, 폴
짝폴짝 뛰놀고 빙그르르 돌고 노래하며 춤췄을' 모습이 눈에 선하게
그려집니다. 그 눈이 다 내려 쌓인 후 추운 날씨에도 씩씩하게 뛰놀

며 자연탐구와 신체표현을 통한 심신의 조화로운 발달과 예술을 경험합니다. 새로운 눈싸움 법의 감상과 놀이는 자연탐구, 예술경험, 신체운동 등 오늘의 놀이중심 체험 활동과 창의 융합 교육이 나타나 있습니다. 이전의 눈싸움은 사람을 때리기에 애쓰는 좋지 못한 장난이 생기기 쉬움으로 흥미로운 눈 싸움법을 소개합니다. 새로운 눈싸움 법은 편을 나누고 눈덩이를 만들어 동물들과 협력하여 성 또는 탑을 쌓아 기를 꽂아 놓고 눈덩이를 던져 상대편의 기를 쓰러뜨리는 놀이를 권합니다.

특히 심판원을 뽑아 놀이의 규칙을 정하고 심판원의 결정을 존중하는 놀이경험은 자유롭고 재미로운 중 어린이 스스로 깨우치고 자라나게 합니다. 함께 놀이하며 공정성과 협력의 힘을 깨우치는 놀이의 교육적 효과를 기대할 수 있습니다.

나아가 '재미있는 여러 조건을 더 연구하여 그때그때 상황에 따라 좋도록' 어린이 스스로 놀이를 연구·기획하고 창작하도록 권유하여 창의 인재로 성장할 수 있도록 북돋아 줍니다. '자유롭고 재미로운 중 저희들끼리 자라게 하자' '어린이를 키우자, 어린이를 잘 되게 하자' 방정환과 초기 편집인들의 교육철학 실현과 『어린이』 창간 의지가 느껴집니다.

## 팽이! 핑핑 돌고 돌아 『어린이』와 어린이를 마주하다

당시 대부분의 어린이들에게 장난감은 갖기 어려운 귀한 것이었습니다. 방정환과 『어린이』 편집인들은 어린이를 위해 다양한 수공 장난감을 소개하여 어린이들 스스로 장난감을 만들어 '놀이하라' 했습니다. 재료가 없으면 주변에서 쉽게 구할 수 있는 다른 재료로 바꾸어 만들어도 좋으니 만들어서 재미있게 '놀이하라' 권합니다.

> 원래 예정은 이번 특별 부록으로 (어린이 뽑기)라는 그림 찬란하고 재미나는 교육 장난감 만들어 드릴 작정이었습니다. 그런데 4월 21일부터 방 선생님은 물론이요 우리 사원이 모두 나서서 어린이날 준비에 착수하여 5월 5일까지 15일 동안 눈코 뜰 사이 없이 바쁘게 지내느라고 그것을 만들 사이가 없었습니다. 어린이날 준비도 역시 여러분을 위해 한 일이지만 넣으려던 것을 넣지 못한 것은 어떻게 말할 수 없이 섭섭합니다. 그래서 그 대신 사진 부록을 넣기로 하고 큰 도회지에 계신 독자들께는 활동사진을 보여 드리기로 한 것입니다.
> – 「남은 잉크」, 『어린이』 2권 5호, 1924.5.

1925년 5월 어린이날 축복호 「남은 잉크」를 보면 '교육 장난감'이라는 표현이 나옵니다. 『어린이』는 '교육 장난감'을 만들어서 특별부록으로 제공하고자 하였는데, 이것은 어린이들의 장난감과 교육적 기능을 결합시키고자 했던 『어린이』의 시도를 말해 줍니다.

또 『어린이』에는 직접 다양한 장난감을 만들 수 있는 '수공' 장난감

코너를 마련하기도 하였습니다. 연성흠은 '수공'의 목적과 그 효과에 대해 소개하고 있습니다.

전람회 강화

나는 이제 어린이에게 무슨 목적으로 수공을 가르치며 또 가르쳐야 하는 데 대해서 간단히 말씀하려 하며 어린이로 수공을 배우면 어떠한 효과를 얻게 되는지 거기에 대해서도 대강 말씀하려 합니다. 수공은 어린이로 하여금 간단한 물건을 만들 줄 알도록 할 뿐 아니라 공업에 대한 취미를 붙이게 하며 매사에 힘써 일하기 좋아하는 습관을 기르도록 하는 데 가장 큰 의의가 있다고 할 것입니다. 그러면 수공을 배우는 어린이는 어떤 효과를 얻게 되겠는가? 제일 첫째로는 창작력이 얻어지게 되는 것입니다. 창작력의 힘은 우리 사람이 살아나가는 데 중대한 가치가 있는 것입니다. 이 힘은 적고 많은 차이는 있겠지마는 사람으로서는 누구나 다 조금씩이라도 갖춰 가지고 있습니다. '사람마다 갖추어 가지고 있는 힘'. '사람에게 중대한 값어치가 있는 이 창작력의 힘'을 기르고 더 한층 뻗어 나가게 한다고 하는 것이 교육상 중대한 일 중의 하나인 것은 명백한 사실입니다.

– 연성흠, 『어린이』 6권 6호, 1928.10.

이 글은 『어린이』 6권 6호 '세계아동예술전람회 기념 특집호'에 실린 것입니다. 1928년 10월, 세계아동예술전람회에는 20개국 어린이들의 작품이 한자리에 전시되었습니다. 이때 전시된 하나의 코너가 바로 '수공'이었습니다. 연성흠은 어린이들에게 '수공'의 중요성과 그 교육적 효과를 이야기하며 그 가운데 '수공'의 가장 큰 효과는 바로 '창작력'이라고 강조하고 있습니다. 이러한 점은『어린이』가 어린이들의 창작력의 힘을 길러 주기 위해 힘썼다는 것을 말해 줍니다.

이렇게『어린이』편집자들은 장난감과 수공의 교육효과를 기대하며 다양한 장난감 만들기를 소개하고 있습니다.

그중「팽이 만드는 법」을 소개해 보고, 실제로 만들어보는 시간을 가져보겠습니다.『어린이』에 실린 글을 그대로 인용해 보았습니다. 인용된 글에는 '촌' '푼'과 같은 옛날에 쓰던 단위가 나오는데, 괄호 속에 '센티미터'로 수치를 표시해 놓았습니다.

찬찬히 읽어보며 만드는 방법을 먼저 머릿속으로 그려보세요.

최신식 팽이 만드는 법

조선 어린이들의 겨울 장난감의 한 가지로 팽이(핑구)가 요사이 한철 한참 성하는 때입니다. 서울 소년보다도 시골 소년의 친한 동무로 한겨울 얼음 위의 즐거운 동무가 되는 것입니다. 장난이라면 장난, 운동이라면 운동, 땅 위에서나 얼음 위에서나 어린 사람의 손끝에서 맵시 있게도 돌아가는 팽이는 예전 우리나라를 고려라 부르던 때 고려의 군인들이 만들어 놀던 유희인데 지금까지 전하여 올 뿐 아니라 차차로 외국에도 퍼져 나아간 것입니다. 어찌하여 팽이가 쓰러지지 않고 돌아가는지 그 이유는 어려서 여러분께 말씀하여도 잘 알아듣기 어려우니 이치 설명은 그만두기로 하고 나는 이제 새로운 팽이 신식 팽이를 몇 가지 가르쳐 드릴 터이니 그대로 재미 붙여서 만들어 보시고 또 여러분의 의견으로 이보다 더 새롭고 재미있는 것을 터득해 내도록 하십시오.

## 1. 닭알 팽이

마분지를 넓이가 3촌 3푼쯤(9.7cm) 되게 둥글게 오려서 한복판에는 그림과 같이 닭알 둘레보다 조금 작게 금을 둘러 그어 오려 버리고 그 속 테에다 밖으로 빽 돌아가며 가위로 1푼 길이 되게 가위 자국을 내어두고 그리로 삶은 닭알을 쑥 들이밀고 그림 '갑'처럼 1푼(0.225cm) 길이쯤 가위로 썰어 두었던 것을 일일이 꺾어서 풀칠을 하여 닭알 허리에 붙여 버립니다. 이렇게 만든 닭알 팽이를 책상 위에서 돌리면 재미스럽게 돌아갑니다. 마분지에 채색을 하면 더욱 좋습니다.

## 2. 팽이 손님

팽이의 기둥, 머리 위에나 보통 팽이의 위 한복판에 송곳으로 구멍을 뚫어 놓고 가느다란 철사를 조금 끊어서 그림의 갑처럼 꼬부려서 팽이 머리 구멍에 꽂고 돌리면 철사가 어린아이처럼 보이고 그림의 을처럼 꼬부려 돌리면 장난감처럼 보이는 고로 재미있습니다.

## 3. 부는 팽이

팽이를 만들되 얇은 나무 팽이로 만들든지 혹은 두꺼운 마분지를 여러 겹 합쳐서 만들든지 또 가장자리를 그림과 같이 칼로 빽 돌아가며 3각 (삼각형 모양)으로 팝니다. 그래 복판에 기둥을 단단히 박아 빙그르르 돌려놓고 대롱이나 유리관이나(가는 붓대도 좋습니다) 가느다란 통을 입에 물고 팽이 한 모퉁이에 대고 자꾸 불면 어느 때까지든지 쓰러지지 않고 돌아갑니다. 이것은 재미도 있거니와 가슴속 폐를 강하게 하는 유익이 있는 고로 위생팽이라고도 합니다. 몸에 유익하고 만들기 쉬운 것이니 많이 만드십시오.

첫째 마당 - 놀음놀이

4. 통 팽이

폭이 2촌 5푼쯤(7.2cm) 되는 대통을 길이가 2촌 5푼 되게 잘라 아래위 구멍을 나무때기나 두꺼운 마분지를 둥글게 오려서 꼭 막고 그림과 같이 4촌쯤(12cm) 되는 기둥을 아래위로 뚫어 박으면 보통 팽이가 됩니다. 그런데 대통에 그림과 같이 가에서 나까지 길게 구멍을 뚫어 놓고 팽이 밑기둥에 노끈을 감아 놓되 노끈 끝에는 그림 '다'와 같은 나무쪽을 달아 둡니다. 돌릴 때 팽이 기둥머리를 손가락 끝으로 가늘게 누르고 '다'를 손에 쥐고 몹시 잡아당기면 '웅' 소리를 치면서 돌아갑니다.


5. 끈 팽이

그림과 같이 팽이를 만들되 팽이 위 기둥에 대나무로 넓이 8푼쯤(1.8cm) 되게 조그만 바퀴를 만들어 끼웁니다. 기둥에 꽂혀 대(대나무) 바퀴가 자유로 돌아갈 수 있게 꽂아야 합니다. 그래 가지고 그림과 같이 대(대나무) 바퀴 속 기둥에 노끈을 감아가지고 테만 한 손으로 쥐고 한 손으로 끈을 잡아당기면 팽이는 기운차게 돌아갑니다.

– 『어린이』 4권 2호, 1926.2.

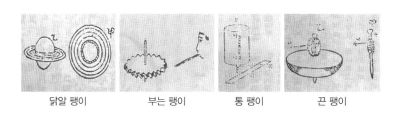

닭알 팽이　　　부는 팽이　　　통 팽이　　　끈 팽이

어떻습니까? 『어린이』 잡지에서 설명한 내용이 어렵지 않았습니까? 동영상으로 찍어 쉽게 시범을 보여줄 수도 있었을 것이지만, 그때는 인쇄 매체도 그다지 발달되지 않아 일일이 모형 그림을 그려가면서 어린이들에게 만드는 법을 전달해 주어야 했지요.

깨알같이 만드는 과정을 자세히 적어준 글을 통해 『어린이』 편집자의 열정과 정성을 느낄 수 있습니다.

'팽이'는 그 당시 어린이들에게 가장 신나는 놀잇감의 하나였던가 봅니다. 『어린이』 잡지에는 팽이 만드는 법이 두 차례나 소개되고 있습니다. 『어린이』 4권 2호(1926.2.)와 『어린이』 7권 2호(1929.2.)를 보니, 같은 내용의 「최신식 팽이 만드는 법」이 두 차례 실린 것을 볼 수 있습니다. 팽이는 우선 주변에서 만들 재료를 구하기 쉽고 어린이들이 스스로 손쉽게 만들 수 있는 장점으로 어린이들 속에서 인기가 있었을 것입니다.

## 내 손으로 팽이를 만들어 보자!

『어린이』에서는 어린이들이 팽이를 직접 손으로 만들어보고, 자기가 만든 그 팽이로 놀아볼 수 있도록 지도해 주고 있습니다. 어린이들은 '수공'을 통해 팽이가 돌아가는 원리를 이해하기도 하지만, 좀 더 창의적인 다른 팽이 만들기에 대한 의욕도 자연스럽게 가지게 됩니다. 또, 돈을 주고 쉽게 산 것보다는 자기의 장난감에 대한 각별한 애정도 가질 수 있겠지요.

그러면 『어린이』에서 읽은 「팽이 만드는 법」을 활용하여 나만의 팽이 만들기를 해 볼까요?

자기만의 팽이를 만들어 누구 팽이가 더 오랫동안 돌아가는지 내기도 해 보고, 각기 만들어온 팽이를 놓고 제일 잘된 디자인을 뽑아보아도 좋을 것입니다. 『어린이』에서도 "여러분도 더 새롭고 재미있는 것"을 만들어보자며 어린이들에게 독창적인 창의력을 발휘해 볼 것을 권하고 있습니다.

주위의 재료들을 활용하여 새로운 팽이를 만들어 보았습니다. 여러분도 나만의 팽이를 만들어보세요

재료: 종이컵, 포장그릇 뚜껑, 나무젓가락, 모양 낼 스티커, 가위, 송곳

포장그릇 뚜껑으로 만든 팽이        종이컵으로 만든 팽이

이번에는 완성된 사진을 먼저 제시해 보았습니다. 왼쪽의 두 사진은 포장그릇 뚜껑으로 만든 팽이와 실제로 돌려본 사진이고, 오른쪽의 두 사진은 종이컵을 잘라 만든 팽이와 실제로 돌려본 사진입니다. 간단히 만들어본 팽이지만, 실제로 돌아가는 모습에서는 상상 외로 아름다운 팽이의 모습이 창조되었습니다.

이렇게 무심코 버릴 수 있는 재료들도 독창적인 생각과 창의력을 발휘하니 신나는 놀잇감으로 재탄생될 수 있었습니다. 밥그릇 정도 크기의 포장그릇 뚜껑 가운데를 송곳으로 구멍 내고 나무젓가락을 포장그릇 뚜껑 반지름 길이에 맞게 다듬어 팽이 기둥을 만들었습니다. 뚜껑 팽이는 팽이 기둥의 키를 작게 하여 한 손으로 잡고 돌려도 잘 돌아갑니다. 종이컵 팽이는 팽이 기둥 키를 작게 하였더니 중심이 잡히지 않아 잘 돌아가지 못하고 계속 넘어져 팽이 기둥의 키를 크게 하고 기둥과 팽이 몸체가 만나는 부분은 위, 아래를 글루건으로(글루건이 없을 경우 고무줄로 고정) 고정해 주었습니다. 팽이 기둥의 키를 크게 하였더니 중심이 잘 잡히고 두 손으로 팽이 기둥을 맞잡고 빙빙 두세 번 손에서 굴리다 반동을 주며 돌리니 잘 돌아갑니다. 직접 만들어 놀아보니 팽이 몸체의 지름과 팽이 기둥의 길이가 비례할 때 팽이가 잘 돌아갑니다. 놀이를 통해 스스로 깨우치고 생각이 커지는 것을 느낄 수 있었습니다. 나무젓가락 끝을 뾰족하게 깎아서 돌리면 가볍게 돌아갑니다. 팽이 위의 색깔 스티커들은 돌아가면서 같은 듯 다른 각각의 무늬를 그립니다. 평면인 포장 뚜껑과 달리 여러 개의 날개를 만들어 준 종이컵 팽이는 돌아가며 각각의 날개가 하나의 물결처럼 어우러져 아름답게 얄랑입니다.

## 놀다 보면 저절로 자란다

위에서 살펴본 놀이 외에도 『어린이』에는 다양한 놀이 영역이 소개되고 있습니다. 『어린이』에 나타난 놀이 영역을 살펴보면 공통적으로 드러나는 특징이 있었습니다.

첫째, 재미있게 놀기
둘째, 새로운 놀이 방법 및 규칙 찾기
셋째, 새로운 수공품 만들어보기

즉, 신나고 재미있게 놀되, 그 놀이의 방법이나 규칙에 갇히지 않고 얼마든지 '놀이의 확장과 창의적 활동'이 이루어질 수 있도록 한 것입니다.

방정환을 위시한 당시 소년운동가들은 일본의 「조선교육령」에 따라 '국어(일본어) 보급'과 '지식 · 기능' 교육을 목적으로 했던 왜곡된 식민지 교육을 바로잡아 조선의 어린이가 잘 자랄 수 있도록 '고요히 배우고 즐거이 놀기'를 어린이 운동의 주안점으로 삼았습니다.

어린이의 자유와 기쁨을 선사하기 위해 놀이교육과 창의교육에 주안점을 두었던 『어린이』의 고귀한 정신은 이 시대에 더욱 빛을 발하는 것 같습니다.

100년 전 잡지라고는 믿어지지 않을 만큼 『어린이』에는 아동 중심, 놀이 중심 교육관은 물론 그 교육 자료도 풍부하게 담겨 있었습니다.

어린이 운동에 헌신한 방정환 선생의 고귀한 생각이 담긴 『어린이』의 놀이 교육 자료를 교육 현장에 활용해 볼 수 있기를 바랍니다.

끝으로, 『어린이』에서 고른 쉽게 해 볼 수 있는 놀이 자료 10가지를 덧붙여 봅니다.

## 더 들어가 보기: 쉽게 해 볼 수 있는 놀이 자료 10가지

| 발행호 | 글 종류 | 글쓴이 | 제목 |
|---|---|---|---|
| 4권 4호 / 26.4. | 과학 | 최 선생 | 봄날의 재미있는 유희(비누풍선) |
| 4권 5호 / 26.5. | 기술 | 안 선생 | 기기묘묘 요술딱지(어린이 딱지) |
| 5권 4호 / 27.4. | 봄유희 | 안평원 | 풀싸움 |
| 6권 1호 / 28.1. | 수공 | 노직이 | 만년력 만드는 법 |
| 6권 7호 / 28.12. | 유희 | 백시라 | 소녀유희 3종 |
| 7권 2호 / 29.2. | 정월유희 | 일기자 | 남의 나이 맞히기 |
| 7권 3호 / 29.3. | 수공유희 | 일기자 | 재미있는 인형 만들기 |
| 10권 10호 / 32.10. | 수공 | 김주영 | 장난감 만들기 - 움직이는 부엉이 |
| | 수학 | | 재미있는 숫자 아홉의 조화, 길 찾기 |
| 13권 1호 / 35.3. | 유희 | | 아무 곳에서나 재미있게 놀 성냥개비 장난! |

## 참고한 자료

『동아일보』, 『천도교회월보』, 『어린이』.

박혜정 · 김경철, 「놀이기반 유아 창의 인성교육에서의 유아의 경험」, 『한국열
    린유아교육학회』 25(5), 2020.10.
안경식, 『소파 방정환의 아동교육운동과 사상』, 학지사, 2003.
정인섭, 『색동회어린이운동사』, 색동회, 1975.
천신현, 「Froble의 자연관에 입각한 놀이교육」, 『교육학 논총』 제25권 2호,
    2004.

국가교육과정정보센터 http://www.ncic.re.kr

## 저자 소개

박민주 ssammj@naver.com

안녕하세요! 그림책을 사랑하는 박민주입니다. 그림책을 재미있게 함께 보기 위해 동화구연가가 되었고 책 놀이, 그림책 활동가로 활동하고 있습니다.

코로나로 현장 활동을 잠시 멈춘 지금은 아동문학 교육학을 공부하며 『어린이』에 실린 놀이를 연구하고 있습니다. 『어린이』를 여러 선생님들과 함께 읽으며 매주 새로운 이야기와 소식에 감탄하고 『어린이』 편집진들을 존경하게 되었어요. 하루빨리 코로나가 끝나 『어린이』에 수록된 신나고 즐거운 놀이로 현장에서 여러분과 함께하길 희망합니다.

# 메타버스 세상에서 다시 읽는
『어린이』 속 그림동화

박종진

## 새로운 변화의 시대에

메타버스, 5G, 자율주행 차량…… 뉴스나 인터넷 여기저기에서 이런 말이 들려옵니다. 앞으로 우리가 살아갈 세상이라지요? 영화 속에만 나오던 미래 모습이 아니라, 실제로 우리가 살아갈 새로운 세상의 어떤 모습이라고 합니다. 이런 말들도 들리네요. 어른들은 걱정하고 현기증을 느끼지만, 아이들은 태어나면서 디지털 세상을 접한 '디지털 네이티브'이니 이런 세상에서 훨훨 날아다닐 것이라고. 그래서 걱정인 한편으로는 기대도 하게 됩니다. 우리 어린이들은 어떤 세상에 살게 될까. 그리고 어떤 세상을 다시 꿈꿀까.

1923년에 창간된 잡지 『어린이』에서 그림동화를 찾아보다가 문득 이런 생각이 들었습니다. 그때 방정환 선생님도 새로운 세상을 앞에 두고 우리처럼 당황하고 힘드셨겠구나! 그때는 일본제국이 우리나라를 강제 점령하고 있던 어두운 시기였습니다. 한편으로는 조선이 봉건제도에서 벗어나 근대적인 문화사조가 쏟아져 들어오며 근대화와 세계화에 눈떠가던 시기였습니다. 그래서 우리는 자주독립과 근대화라는 큰 숙제를 안고 있었지요. 그 길을 어떻게 열어갈 것인가 치열하게 고민하고 모색하던 그런 때였습니다. 모양새는 다르지만 급변하는 세상 앞에서 놀라고 당황하고 이걸 어떻게 받아들이나 고민하는 모습은 지금과 다르지 않다는 생각이 들었습니다.

1920년대 당시 '동화'는 새로운 문학 형식의 하나였습니다. 우리 작가들의 창작동화가 나오기까지 외국 동화는 중요한 역할을 합니다. 방정환을 비롯한 아동문학가들은 부지런히 외국 동화를 번역했습니다. 『어린이』에도 창간호부터 그림동화를 비롯해서 안델센 동화, 천일야화, 쿠오레, 피노키오, 피터 팬…… 같은 번역 동화가 실렸지요. 이런 동화들은 지금도 여전히 우리가 읽는 동화들입니다.

황금 거위, 개구리 왕자, 백설 공주, 늑대와 일곱 마리 아기 염소, 헨젤과 그레텔…… 제목만 들어도 무슨 이야기인지 알 수 있겠지요? 세상에서 가장 유명한 형제, 형 야코프 그림과 동생 빌헬름 그림, 독일의 그림 형제 동화집에 실린 이야기니까요. 그리고 『어린이』에서도 읽을 수 있는 동화들입니다.

1920년대 어린이 잡지와 그림동화는 어떤 관계가 있을까? 여기서는 방정환이 번역한 동화 가운데 「황금 거위」를 읽어가면서 그림동화를 들여다보려고 합니다. 여기에는 어떤 이야기가 담겨 있을까, 그리고 지금 시대에 그림동화를 어떻게 읽어야 할까, 하는 문제도 같이 생각해 보기로 합시다.

## 『어린이』에는 그림동화가 얼마나 실렸을까?

급변하는 세상, 이 말은 방정환 선생님이 『어린이』를 발간하던 그 시기에도 들어맞는 말일 것입니다. 일본제국이 조선을 강제로 점령하고 있던 숨 막히던 시절, 방정환은 일본 유학을 떠나게 됩니다. 거기에서 목격한 것은 서구 문물을 발 빠르게 받아들여 화려하게 꽃피우던 근대화된 일본이었습니다. 그리고 '동화'와 '동요'가 새롭게 조명을 받고 있었습니다. 마치 메타버스 세상을 눈앞에 둔 우리처럼 현기증을 느꼈을 것입니다. 그리고 조선의 어린이들을 생각했겠지요. 방정환이 처음으로 엮어낸 동화집 제목이 『사랑의 선물』이었습니다. 조선의 '학대받고 짓밟히고 차고 어두운 속에서' 자라는 우리 어린이들을 위하여 '그윽이 동정하고 아끼는 사랑의 첫 선물'로 엮어낸 것입니다. 세계 이야기 10편 가운데 그림동화는 「잠자는 왕녀」와 「천당 가는 길」 두 작품이 있습니다.

1923년에 창간호를 낸 '소년소녀잡지' 『어린이』에는 좀 더 많은 작품이 실립니다. 현재까지는 많아야 7~8편 정도라고 생각해 왔습니다. 왜냐하면 작가들이 '그림동화'라고 밝히지 않았기 때문이지요. 그런데 조사를 해 보니 예상보다 훨씬 많았습니다. 『어린이』에는 많은 외국 동화가 실려 있지만, 그림동화는 전체 19편이나 실려 있습니다. 연재, 재번역, 재수록 등을 합하면 총 26회 게재되었습니다. 『어린이』는 해방 전 122호가 발간되었으니 전체 5분의 1에는 그림동화가 실렸다는 말이 됩니다. 적지 않은 숫자이지요? 그만큼 『어린이』에서 큰 비중을 차지하고 있는 것이 바로 그림동화였습니다.

방정환의 활동에 큰 영향을 미친 것 중 하나도 그림동화라고 할 수 있습니다. 뛰어난 동화구연가였던 방정환의 강연장에는 매번 많은 사람들이 몰려들었고, 이야기에 빠져 같이 울고 웃기도 했습니다. 방정환은 이야기(이때는 '고래동화'라고 했습니다)를 아주 중요하게 생각했어요. 고래동화를 모아 동화 창작의 기본을 삼아야겠다고 생각했지요. 그래서 외국 동화 수입보다 중요하게 생각해야 되는 것이 고래동화 발굴이라고 강조합니다. 세계 동화문학계의 귀한 보물인 독일의 그림동화집은 그림 형제가 50여 년의 세월을 두고 전국을 다니며 고생해서 이야기를 모았다고 합니다. 방정환은 그림 형제 활동을 직접 언급하며 높은 관심을 보였습니다. 그런데 그림 형제는 이야기를 모으기만 한 것은 아니고, 어린이 독자를 염두에 두고 문장을 손질하고 작품을 넣고 빼면서 그림동화집을 발간했습니다. 이런 점이 창작동화로 연결되는 것이겠지요.

그림동화 가운데 방정환이 『어린이』에 가장 먼저 번역한 이야기는 「황금 거위」(몽중인, 『어린이』 1권 2호, 1923.4.)입니다. 왜 이 동화를 가장 먼저 선택했을까요? 잘 모르겠습니다. 그래서 방정환의 번역 문장을 조금씩 읽어가며 그 이유를 생각해 보려고 합니다.

## 「황금 거위」로 다시 읽는 그림동화

『어린이』에 실린 「황금 거위」를 보면 제목과 함께 '그림동화', '재 미있는 이야기'라고 되어 있고, 작가명은 '몽중인'으로 되어 있습니 다. 이 부분에서 몇 가지를 알 수 있습니다.

먼저 '그림 동화'라고 분명히 써놓았다는 점입니다. 다른 그림동화 는 출처가 없습니다. 『어린이』에는 작가 이름은 있지만, 어떤 작가의 무슨 작품을 번역했는지 적어놓지 않는 것이 일반적이었습니다. 번 역이라고 알면 아무래도 읽는 재미가 덜할지 몰라서라고 합니다.

다음으로 '재미있는 이야기'를 강조했습니다. 그리고 단순히 재미 있는 이야기가 아니라 재미있게 읽고 노는 가운데 깨끗하고 착한 마 음을 키울 수 있는 그런 이야기라는 것입니다. 『어린이』 창간호에서 도 이렇게 강조했습니다.

> 교훈담이나, 수양담은 학교에서 많이 듣는 고로 여기서는 그냥 재미있 게 읽고 놀자, 그러는 동안에, 모르는 동안에 저절로, 깨끗하고 착한 마음 이 자라가게 하자! 이렇게 생각하고 이 책을 꾸몄습니다.
> – 편집실, 「남은 잉크」, 『어린이』 1권 1호, 1923.3.

재미있는 이야기를 읽고 노는 가운데 저절로 깨끗하고 착한 마음 이 자라게 하자, 재미있는 이야기 읽기가 놀이가 되는 것입니다. 『어 린이』에는 아이들의 '즐거움'을 위한 장치가 많았는데, 동화 읽기도 그중 하나였습니다.

## 삼 형제 이야기, 집을 떠나 곧장 세상으로 나아가는 막내

「황금 거위」는 산골의 아들 삼 형제로 시작됩니다. 삼 형제 가운데 막내는 사람들한테 못난이 천치라고 무시당하고 있었어요. 심지어 부모들한테도 말이지요.

> 독일의 유명한 이야기입니다.
> 어느 시골 산골에 아들 삼 형제를 데리고 사는 내외가 있었습니다. 그런데 그 아들 삼 형제 중에 제일 끝 막내아들은 약고 똑똑하지를 못하고 그저 천진스럽기만 하여서 모든 사람이 그를 못난이 천치라고 우습게 여기었습니다. (황금 거위)

옛이야기를 읽다 보면 특별히 자주 나오는 숫자가 있습니다. 1, 3, 7, 12 같은 숫자들 말입니다. 주인공은 외동(1)이거나 세 아이(3) 중 막내입니다. 일곱 마리(7) 까마귀가 날아다니기도 하지요. 똑같은 사건이 세 번 되풀이되는 경우는 아주 흔했습니다. '3'이란 숫자를 정말 좋아해요. 입으로 전달되는 이야기이니 외우기 쉽다는 점도 들 수 있겠지요. 세 사람이 어떻게 세 번이나 똑같은 실수를 반복할까, 참 바보 같다고 이상한 적도 있습니다. 그런데 바로 이런 점이 유럽 옛이야기의 독특한 특징이라고 하네요. 유럽 옛이야기를 많이 분석한 막스 뤼티는 『유럽의 민담』(보림, 2005)에서 이것을 '추상적 양식'이라고 했습니다. 옛이야기가 좋아하는 정해진 모양새가 있다는 것이죠. 「작은 이의 이름」(『어린이』 2권 1호~2호, 1924.1.~2.)에서는 왕이 지푸라기를 황금실로 바꾸라고 세 번 명령을 내리고, 작은 이의 이름도 사흘 안에 맞히라고 하지요. 「삼 형제의 재주내기」(『어린이』 7권 2호, 1929.2.)에서 아버지는 삼 형제를 불러서 자기 재물을 받을 만한 재주를 배워오라고 합니다. 「황금 능금」(『어린이』 2권 5호, 1924.5.)에서는 주인공이 세 가지 동물을 구하고 나중에 세 번 동물들의 도움을 받아 위기에서 벗어나기도 합니다.

「황금 거위」에서도 아들 삼 형제가 점심을 싸 들고 숲으로 들어가는 사건이 세 번 반복됩니다. 큰아들부터 둘째 아들, 막내아들, 딱 정해진 이 순서대로 숲으로 가지요. 어머니는 맛있는 떡과 훌륭한 포도주를 점심으로 싸줍니다. 원래 그림동화집에서는 '팬케이크'라고 되어 있었는데 방정환은 '떡'이라고 고쳤습니다. 그런데 숲으로 들어가는 형에게 백발노인이 나타나 먹을 것을 달라고 하죠. 세상 물정에 밝았던 큰아들이나 둘째 아들은 매정하게 거절합니다. 그러다가 나무를 하기는커녕 도끼로 자기 몸을 다치고 말지요. 둘째 아들까지 다치고 돌아오자, 이번에는 막내가 길을 나서려고 합니다. 그렇지만 부모님은 막내를 믿지 못하고 뜯어말리지요.

> 그러니까 아버지는 하는 말씀이
> "안 된다, 안 되여. 큰형 작은형이 모두 다치기만 하고 왔는데 더군다나 네까짓 것이 무슨 수로 베어 오겠니. 잠자코 있거라." 하고 말렸습니다. 그러나 하도 제가 간다고 조르니까, "가보려면 가보려무나. 다쳐보면 알겠지." 하고 허락하였습니다.
> 어머니는 베어 오지도 못할 것이 공연히 수선을 피운다고 하면서 군은

떡과 시어 꼬부라진 술 한 병을 싸주었습니다. 막내는 그것을 받아 들고 터벅터벅 갔습니다. (황금 거위)

막내가 고집을 피우자 하는 수 없이 싸주는 점심이 딱딱하게 굳은 떡에 시어 빠진 포도주네요. 막내는 부모에게 인격적인 존중을 받지 못할 뿐 아니라 사람이 먹을 수 있는 가장 낮은 수준의 음식을 싸주는 것으로 보아 육체적으로도 보호받지 못하고 있습니다. 자신을 정신적·육체적으로 학대하는 부모의 집에서 벗어나 막내는 숲으로 나아갑니다. 그리고 두 번 다시 부모의 집으로 돌아오지 않죠. 막내는 세상으로 나아갑니다.

삼 형제 가운데 과제를 달성하거나 복을 받는 인물은 세 번째 길을 나서는 막내인 경우가 많습니다. 「황금 거위」도 마찬가지입니다. 막내는 점심을 들고 숲으로 들어갑니다. 유럽 옛이야기에서 숲은 '죽음'이나 '시련'을 의미하는데요, 숲으로 들어간 막내는 시험을 거쳐야만 숲에서 빠져나올 수 있습니다. 이를 위해서는 종종 신비한 힘을 지닌 조력자가 등장합니다. 먹을 것을 원하는 백발노인에게 막내는 자기가 가진 것을 기꺼이 나누어 주지요. 식사를 마친 백발노인은 막내를 칭찬하며 황금 거위 있는 곳을 알려줍니다. 욕심 없고 착한 마음이 복을 받은 것입니다. 옛이야기에서 아주 중요하게 생각하는 미덕입니다. 막내는 황금 거위를 안고 숲을 나서지만, 부모의 집으로 향하지 않고 서울로 가게 됩니다. 이제 막내에게 부모도 옛날 집도 필요 없어지면서 두 번 다시 이야기에 등장하지도 않죠. 이야기는 새로운 인물과 만나고 관계를 맺는 새로운 무대로 옮겨가게 됩니다.

## 엎치락뒤치락, 야단법석―놀이적인 즐거움

막내가 서울에 가려다 날이 저물어 주막집에 들어가는데, 주막집 세 딸이 황금 거위 깃털을 노립니다. 그러다 잠깐 막내가 나가고 없을 때 첫째 딸이 들어와 거위를 만지자 손이 딱 달라붙어서 떨어지지 않습니다. 여기에 둘째 딸 손이 첫째 딸 몸에 달라붙고, 또 막내딸 손이 둘째 딸 몸에 달라붙어서 떨어질 줄을 모릅니다. 어찌 이리 순서대로 달라붙을 수 있을까요? 정확하게 첫째, 둘째, 셋째 순입니다. 옛이야기는 이렇게 정해진 순서를 지키는 것을 좋아합니다. 욕심에 눈이 먼 세 딸에게 이런 벌이 내리네요. 황금 거위 주인 막내는 이런 딸들은 본체만체 서둘러 길을 떠납니다.

> 황금 거위의 임자인 막내가 돌아와서 오늘은 빨리 가야 서울을 가겠다고 황금 거위를 옆에 꼭 끼고 나섰습니다. 그 뒤에 처녀가 매달렸거나 무엇이 끌려오거나 그것은 본체만체하고 그냥 거위만 잔뜩 옆에 끼고 급한 걸음으로 휘적휘적 갔습니다. 그러니까 처녀 삼 형제는 그 뒤에 매달린 채로 이리저리 막내가 가는 대로 휘적휘적 끌려갔습니다. (황금 거위)

막내는 달라붙은 사람들을 신경 쓰지도 않고 제 갈 길로 갑니다. 여기에 차례차례 등장하는 것이 면장님, 젊은 서기, 그리고 농부 두 사람입니다. 면장님은 다 큰 처녀들이 젊은 사내를 쫓아다니는 것이 부끄럽지도 않느냐고 타이르려다가 막내딸의 손에 달라붙어 버립니다. 충고하려다 오히려 막내딸 손에 붙어 따라다니니, 그 모양새가 얼마나 우스꽝스러울까요? 젊은 서기도 마찬가지입니다. 면장님이나 젊은 서기의 위선을 비웃고, 점잖은 척 남에게 충고를 하다가는 큰코 다친다는 것을 보여줍니다. 여기에 농부 두 사람까지 착착 달라붙어서 마침내는 일곱 명이 됩니다. 이 사람들이 거위에 달라붙어 끌려가니 엎치락뒤치락 얼마나 야단스럽고 요란하겠습니까. 이때에 맞추어 임금님의 포령이 나옵니다.

> 기어코 그대로 서울까지 왔습니다. 마침 그날은 임금님의 외딸 한 분이 있었는데 웬일인지 어렸을 때부터 한 번도 웃어본 일이 없이 항상 얼굴을 찡그리고만 커왔는 고로 하는 수 없이 "누구든지 왕녀로 하여금 웃게 하는 사람이 있으면 사위를 삼겠다."고 포령을 내신 다음 날이었습니다. (황금거위)

황금 거위에 줄줄이 매달린 사람들을 이끌고 서울까지 당도하는데, 막내는 아무런 고민이나 주저 없이 전진합니다. 서울에는 한 번도 웃어본 적이 없는 왕녀님이 계셨죠. 그리고 임금님은 왕녀를 웃기는 사람을 사위로 삼겠다는 포령을 내립니다. 막내는 그 소문을 듣고 옳다구나 하고 대궐로 찾아갑니다. 그러자, 거기에서 또 한 사람 문지기도 달라붙어요. 모두 해서 8명이 되었네요. 아까 옛이야기에서는 7이라는 숫자를 좋아한다고 하지 않았나요? 뭐, 이런 경우도 있지요. 명확하게 몇 명이냐가 중요한 게 아니라 많은 수의 사람들이라고 생각하면 될 것 같습니다. 대궐에 들어가서 막내가 어떻게 했느냐 하면, 사람들을 줄줄이 달고 일부러 우스꽝스러운 장면을 연출합니다.

임금님과 왕녀의 앞에 가서 막내는 부러 천천히 걸었다가 달음박질도 하고 깡충깡충 뛰기도 하고 빙그르 돌기도 하였습니다. 그러는 대로 뒤에 딸린 사람들은 그대로 천천히 끌리다가 달음박질을 할 때는 넘어지고 쓰러지면서 질질 끌리고 깡충깡충 뛸 때는 그야말로 다할 수 없이 우스웠습니다. (황금 거위)

이 장면을 읽어보니 어린 시절 친구들과 꼬리잡기 놀이를 하던 기억이 떠오르네요. 여기서 묘사되는 것은 황금 거위에 줄줄이 사람들이 매달려 막내가 하는 그대로 따라 할 수밖에 없는 모습입니다. 놀이 같기도 하고 연극 같기도 합니다. 방정환은 이 장면을 원래보다 더 우스꽝스럽게 과장했습니다. 아이들도 아주 재미있어하며 즐거워할 만한 장면입니다. 이 모양을 보고 왕녀도 자리에서 굴러떨어질 정도로 웃게 되는 것이죠. 황금 거위를 어떻게 이용하면 좋을지 아무도 알려주지 않았는데, 막내는 이 신비한 도구를 딱 알맞은 시간에 딱 알맞게 사용합니다. 황금 거위와 거기에 붙은 사람들이 이야기에 등장하는 이유는 왕녀를 웃겨서 막내에게 임금님의 사위 자격을 주기 위해서입니다. 황금 거위에 끌려다니는 사람들은 얼마나 괴롭고 힘들겠느냐고요? 글쎄요. 옛이야기 속에서 사람들의 개별적인 감상이나 느낌은 잘 드러나지 않더라고요. 왕녀를 웃게 만드는 목적을 달성하고 나면 황금 거위는 물론 그 뒤를 따라오던 사람들도 이야기에서 아무도 모르게 사라져 버려요. 황금 깃털을 가진 황금 거위인데도 말이지요.

## 주어진 세 가지 과제, 착한 마음이 가져온 최고의 선물

자, 이제 왕녀님이 웃었으니 막내는 임금님의 사위가 되어야 하는데, 이야기는 그리 간단하게 끝나지 않습니다. 임금님은 막내가 못마땅해서 사위로 인정하지 못합니다. 그래서 말도 안 되는 어려운 과제를 세 가지 내게 됩니다. 술 광에 가득 쌓인 포도주를 하루 안에 다 마실 수 있는 사람을 데려와라, 광으로 하나 가득 쌓아놓은 떡을 하루 안에 다 먹을 수 있는 사람을 데려와라, 물에나 땅에나 함부로 다닐 수 있는 배를 가져와라.

막내는 이렇게 어려운 일은 백발노인을 만나 상의하면 되겠지, 하고 황금 거위가 있던 곳으로 가서 과제를 해결해 줄 사람을 차례차례 데리고 옵니다. 마지막에는 백발노인이 자신의 정체를 밝히며 배를 주고 사라집니다. 과제를 해결한 사람은 사실 백발노인이 모두 모습을 바꾸어 나타난 것이지만, 옛이야기 속의 어려운 과제는 조력자의 힘을 빌려 해결하는 경우가 굉장히 많습니다. 「작은 이의 이름」에도 작은 이가 조력자로 나옵니다. 나무 장사의 딸은 아버지의 거짓말 때문에 하룻밤 안에 지푸라기에서 황금실을 뽑아내지 못하면 죽음을 당해야 하는 과제를 받습니다. 이때 나타난 작은 이의 도움으로 문제를 해결하고 딸은 왕비가 되지요. 그런데 작은 이는 이야기 후반에 가서는 왕비와 수수께끼 내기를 해서 퇴치당하는 대상이 되어 버립니다.

「황금 거위」는 막내가 훌륭히 임금님의 사위가 되고 임금님이 돌아가신 후 그 나라 임금이 되어 나라를 평화롭게 다스리는 것으로 끝이 납니다. 얼간이 천치로 불리던 막내가 임금님의 사위가 되어 왕녀님과 결혼해서 행복하게 사는 것은 옛이야기의 결말로는 가장 높은 보상이 되며, 듣는 사람의 만족감을 채워줍니다. 막내의 착한 마음씨가 최고의 선물을 가져왔습니다. 그런데 방정환은 그걸로 끝날 수 없었답니다. 황금 거위에 달라붙어 산골에서 서울까지 딸려온 사람들을 생각했습니다. 그대로 둘 수 없었겠죠. 그래서 마지막에 이렇게 해결을 봅니다.

> 무어요? 거위 뒤에 딸려 다니던 사람들 말입니까? 그 사람들은 왕녀가 웃으시다가 자리에서 떨어지자 거위에게서 놓여서 모두 혼났다 혼났다 하면서 돌아들 갔답니다. 그리고 그 후에 막내가 임금님의 사위가 되자 그 사람들에게 후한 상을 내렸다 합니다. (황금 거위)

원래는 두 번 다시 등장하지 않을 사람들에게 막내가 후한 상을 내리는 결말이 아주 재미있지 않습니까? 마치 연극이 끝나고 난 뒤, 수고했다고 토닥이는 것처럼 말이에요. 비록 옛이야기 문법에서 다소 비켜 가더라도 이런 결말에서 방정환의 인간에 대한 동정과 사랑이 느껴집니다.

# 다시 읽는 『어린이』와 그림동화

이렇게 보니 「황금 거위」는 옛이야기의 일정한 형식을 잘 지키고 있는 이야기라는 것이 보입니다. 우리 옛이야기와도 통하는 질서가 드러나 보이네요.

처음에 막내는 못난이 천치로 사람들이 우습게 여겼지만, 아주 적극적으로 앞으로 나아가는 매력적인 인물로 그려져 있습니다. 이뿐만 아니라 다른 사람에게 베풀 줄 아는 따뜻한 배려의 마음과 함께 어려운 문제는 조력자의 힘을 빌려 해결하는 지혜까지 갖춘 인물이네요.

방정환이 그림동화에서 「황금 거위」를 첫 번째로 골라 실은 이유는 이런 요소들에서 재미와 즐거움을 느끼고 어린이들에게 전해 주고 싶었기 때문이 아닐까요? 여러분은 어떻게 생각하시나요?

19세기 초에 나온 그림동화집은 20세기를 거쳐 21세기에서도 여전히 사랑받고 있습니다. 물론 앞으로도 그럴 것입니다. 그림책, 연극, 영화, 뮤지컬 등 다른 매체로 끊임없이 읽히고 재해석되고 또 재생산되고 있습니다. 그 이유는 무엇일까요?

그림동화에는 삶을 바라보는 아주 솔직하면서도 근본적인 시선이 느껴집니다. 사람들 사이에 전해 내려오면서 숙성되고 발효된 인생의 진리가 이야기 형태로 담겨 있습니다. 모든 것이 빠르게 변하고 달라지는 시간 속에서, 그 어떤 세상을 만나더라도 변하지 않는 인간의 근본적인 모습에 대한 이야기를 때로는 진지하게 때로는 유쾌하게 들려주고 있습니다. 그렇기 때문에 우리는 그림동화에 여전히 귀를 기울이고 매료되는 것은 아닐까요? 모든 것이 뒤바뀌고 혼란스러웠던 근대 시기에 방정환은 어린이들에게 그런 이야기를 들려주고 싶었을 겁니다. 그리고 현재 『어린이』에 실린 그림동화에 새삼스럽게 주목하는 이유이기도 합니다.

이 글에서는 「황금 거위」 한 편을 중심으로 이야기를 했지만, 『어린이』에는 26차례나 그림동화가 실려서 많은 독자들을 즐겁게 했습니다.

여러분이 우리 어린이들과 그림동화를 같이 읽는다면 과연 어떤 이야기를 고르시겠습니까? 『어린이』와 더불어 그림동화도 다시 읽는 시간도 가져보시면 어떨까요. '황금 거위'처럼 빛나는 무언가를 발견하게 될지도 모르니까요. 골라 볼 수 있도록 『어린이』에 실린 그림동화 제목도 실어두겠습니다.

## 더 들어가 보기, 『어린이』에 실린 그림동화

| | 권호(통권) 발간연월 | 장르 | 제목 | 작가 | 그림동화(KHM) |
|---|---|---|---|---|---|
| 1 | 1권 2호(2) 1923.4. | 동화 | 황금 거우 | 몽중인 | KHM64 황금거위 |
| 2 | 1권 4호(4) 1923.6. | 동화 | 백설공주 *미발굴 | 방정환 | KHM53 백설공주 |
| 3 | 1권 8호(8) 1923.9. | 동화 | 일곱 마리 까마귀 | 염원모 | KHM25 일곱 마리 까마귀 |
| 4 | 1권 8호(8) 1923.9. | 동화극 | 음악회 | 김형섭 | KHM27 브레멘 음악대 |
| 5 | 1권 9호(9) 1923.10. | 동화 | 염소와 늑대 | 몽중인 | KHM5 늑대와 일곱 마리의 새끼 염소 |
| 6 | 2권 1호(12) 1924.1. | 동화 | 작은 이의 일흠1 | 몽중인 | KHM55 룸펠슈틸츠헨 |
| 7 | 2권 2호(13) 1924.2. | 동화 | 작은 이의 일흠2 | 몽중인 | KHM55 룸펠슈틸츠헨 |
| 8 | 2권 2호(13) 1924.2. | 동화 | 선물아닌 선물 | 소파 | KHM94 농부의 영리한 딸 |
| 9 | 2권 5호(16) 1924.5. | 동화 | 황금 능금 | 이정호 | KHM17 하얀뱀 |
| 10 | 2권 7호(18) 1924.7. | 동화 | 개고리왕자 | 몽중인 | KHM1 개구리 왕자 |
| 11 | 2권 7호(18) 1924.7. | 동화 | 막보의 큰장사 | 소파 | KHM7 괜찮은 거래 |
| 12 | 3권 3호(26) 1925.3. | 동화 | 별돈 | 박영희 | KHM153 동전이 된 별 |
| 13 | 4권 1호(36) 1926.1. | 동화극 | 백설공주1 | 정인섭 | KHM53 백설공주 |
| 14 | 4권 2호(37) 1926.2. | 동화극 | 백설공주2 | 정인섭 | KHM53 백설공주 |
| 15 | 4권 7호(42) 1926.7. | 동화극 | 잠자는 미인 | 정인섭 | KHM50 들장미공주 |
| 16 | 4권 8호(43) 1926.9. | 동화 | 하-메룬의 쥐난리 | 몽중인 | [독일전설집]하메른의 피리부는 사나이 |

| | 권호(통권)<br>발간연월 | 장르 | 제목 | 작가 | 그림동화(KHM) |
|---|---|---|---|---|---|
| 17 | 5권 1호(47)<br>1927.1. | 동화극 | 여우의 목숨 | 정인섭 | KHM26 작은 빨간모자 |
| 18 | 5권 4호(50)<br>1927.4. | 동화 | 처녀와 요술할멈 | 미소 | KHM12 라푼첼 |
| 19 | 7권 2호(63)<br>1929.2. | 동화 | 삼 형제의<br>재조내기 | 청오생 | KHM124 삼형제 |
| 20 | 8권 2호(72)<br>1930.2. | 동화 | 세 가지 시험 | 김원주 | KHM152 어린 양치기<br>소년 |
| 21 | 11권 3호(106)<br>1933.3. | 동화 | 개와 늑대 | 이영철 | KHM48 늙은 개 |
| 22 | 11권 7호(110)<br>1933.7. | 동화극 | 바보의 성공 | 정인섭 | KHM7 괜찮은 거래 |
| 23 | 11권 8호(111)<br>1933.8. | 동화 | 별돈 *재수록 | 박영희 | KHM153 동전이 된 별 |
| 24 | 11권 9호(112)<br>1933.9. | 동화 | 현철이와 옥주1 | 김복진 | KHM15 헨젤과 그레텔 |
| 25 | 11권 10호(113)<br>1933.10. | 동화 | 현철이와 옥주2 | 김복진 | KHM15 헨젤과 그레텔 |
| 26 | 11권 11호(114)<br>1933.11. | 동화 | 일곱 마리 까마귀 | 김복진 | KHM25 일곱 마리 까마귀 |

## 참고한 자료

영인본 『어린이』 1~10, 보성사, 1976.
미공개 『어린이』 1~4, 소명출판, 2015.
방정환, 「새로 개척되는 〈동화〉에 관하여」, 『개벽』 4권 1호, 개벽사, 1923.1.
그림 형제 저, 김열규 역, 『그림형제 동화전집』, 현대지성, 1999.
막스 뤼티 저, 김홍기 역, 『유럽의 민담』, 보림, 2005.

# 저자 소개

박종진 pmirine92@gmail.com

이 글을 쓴 박종진입니다.

일본에서 아동문학을 공부하고 돌아와 한국과 일본의 아동문학을 비교해서 읽어보는 일에 몰두하고 있습니다. 어릴 때 아무 생각 없이 읽은 외국 동화들이 근대 우리나라 어린이 문학과 깊은 관계가 있다는 것을 알게 되면서 더 관심이 많아졌어요.

잡지 『어린이』를 한 권 한 권 소리 내어 읽어가면서 어떤 때는 소리 내어 웃기도 하고 어떤 때는 절절한 사연에 눈물이 흐를 때도 있었습니다. 소리 내어 읽으니 우리말이 어쩌면 그렇게 맛깔스럽고 아름다운지요. 『어린이』는 잡지 구석구석 어느 한 조각도 버릴 것이 없었어요. 외국 동화 번역에 담긴 작가들의 정성과 노력도 다르지 않았습니다. 소중하게 지켜가야 할 어린이에 대한 사랑이 가득했지요.

발간 100주년을 맞은 『어린이』는 한 번 읽고 휙 버릴 잡지가 아니라 앞으로도 계속해서 어린이들과 함께 읽고 즐길 수 있는 귀중한 어린이 문화재입니다. 이 책에는 어떻게 『어린이』를 읽고 즐길 수 있는지 아주 조금 그야말로 '맛보기'로 적어보았습니다. 어린이들과 함께 『어린이』를 읽는 즐거움을 다시 한번 느껴보시기를 바랄게요.

『어린이』 3권 10호에서

둘째
마당

# 머나먼 길을 떠나서

우리 사람은 무한히 머나먼 앞길을 향하여 길 가는 사람과 한가지입니다. 그 래서 우리들은 어찌하면 우리의 앞에 놓여 있는 이 세상의 길을 잘 걸어서 남과 같이 또는 남보다도 더 앞서서 나아가는 사람이 될 수가 있을까 함이 무엇보다 도 큰 문제입니다.

더군다나 우리 어린 사람들은 누구보다도 가장 먼 앞길을 가졌습니다. 이 문 제를 한번 잘 세우고 못 세우는 것으로써 일평생 동안에 대단히 큰 관계가 생기 게 됩니다. 하여간 단 한마디 말로 하면 무슨 가장 새로운 큰 주의 사상이 없이 는 그 멀고 험악한 길을 다 잘 가기가 어렵고, 또 간다 하더라도 아무 의미가 없 고 보람이 없는 헛길이 되고 맙니다.

- 조기간, 「어쩌면 좋을까」, 『어린이』 6권 1호

# 독자문예,
# 어린이의 속마음을 보여줘!

김창희

## 만약에 우리가 글을 몰랐다면

'글 모르는 서러움'이란 말이 있지요. 반면에 '아는 것이 힘이다.'라는 격언도 있습니다. 아는 것, '알다'의 사전적 의미는 사람이 사실이나 대상을 의식이나 감각으로 느끼거나 깨닫는다는 것이며, 교육이나 경험, 사고를 통하여 정보나 지식을 갖춘다는 뜻이기도 합니다. 이는 어떤 일을 예측하거나 판단할 수 있는 능력으로 이어지곤 하지요. 그럼 그 반대 개념인 '모르다'의 의미는 어떤가요. 정보를 얻지 못해 그 상황을 알거나 기억하지 못하며 어떤 일이든 예상과 짐작을 못 하다 보니 논리적으로 해명하지 못하게 됩니다. 무언가를 운용할 수 있는 지식이나 기술, 관념을 지니지 못하는 무능력자가 되겠지요. 물론 글을 몰라도 경험적으로 얻을 수 있는 앎이 있지만 경험을 넘어서는 지혜를 얻기가 쉽지 않습니다.

누구나 알 수 있는 이야기를 왜 하느냐고요? 지금이야 우리 국민 대다수가 연령에 상관없이 원하는 교육을 어디서든 받을 수 있는 환경이지만, 100여 년 전으로 시곗바늘을 되돌린다면 이 땅의 모든 상황은 달라지겠지요.

문맹률 80%가 넘었던 일제강점기, 나라 잃은 설움 속에서 어린이는 물론 어른들조차 배움이 사치로 느껴지는 궁핍한 삶을 살고 있었답니다. 체계적인 교육제도도 부족했지만 배움보다 배고픔이 먼저였던 시기였습니다. 만약 당시에 보편적인 교육제도가 실시되었다면, 문맹률이 40% 미만이었다면, 그때도 피지배국의 설움을 받으며 핍진한 가난에 허덕이며 살았을까요?

『어린이』지는 1923년 3월에 이런 시대적 상황을 마주하고 창간되었습니다. 엄격한 유교적 교훈과 관습으로 어린이는 가르침의 대상 혹은 지배의 대상일 뿐 존중의 대상은 아니었던 당시에, 어린이의 인격적 승화를 위한『어린이』발간과 어린이날 제정은 서로를 떠받치는 든든한 버팀목으로 양대 산맥 역할을 할 수 있었습니다.

『어린이』는 1934년 6월까지 121권이 발행되고 정간되었다가 1935년 3월에 야심차게 속간하였지만 안타깝게도 일회성에 그치고 말았습니다. 일제강점기라는 암울한 시대였기에 수많은 검열 속에 많은 글들이 삭제되는 고통을 겪으며 매회 살얼음판 같은 길을 걸었답니다. 그 후『어린이』는 해방 후 1948년 5월에야 재속간의 기쁨을 누리며 1949년 12월까지 발행되었습니다.

이 글에서는 『어린이』 총 137권 중 현존하고 있는 131권의 「독자 문예」란에 발표된 어린이 작품을 중심으로 당시 어린이들의 속마음을 헤아려보고자 합니다.

## 「독자문예」의 파노라마, 1920년대

당시의 독자는 학교교육을 받는 학생뿐만 아니라, 문맹퇴치를 위한 야학의 성행으로 그곳에서 글을 깨친 이들이 『어린이』를 구독하고 각종 현상모집에 많이 응모하였습니다. 어린이편집부는 어린이들이 독자로 만족하지 않고 필자로서의 역량을 기를 수 있도록 지상강좌를 통해 글쓰기 창작 방법을 알려주거나 상품, 상패메달, 금메달 수여 등 이벤트를 마련하여 꾸준히 글쓰기에 대한 동기부여를 제공해 주었지요. 그 결과 학교교육을 받지 않고도 어린이들은 소년문사로서 글을 발표하고 작가가 될 수 있었습니다. 당시의 「독자문예」란을 살펴보면 소속 학교를 밝히는 독자보다 살고 있는 지역을 적은 이들이 더 많았음을 알 수 있습니다.

### (1) 『어린이』, '현상 글뽑기'로 '메달' 타기

현상 글뽑기
감상문, 원족(여행)기, 편지글, 일기문, 동요, 이상 무엇이든지 새로 짓거나 학교에서 작문 시간에 지은 것 중에서 보내시면 뽑아서 책 속에 내어드리고 좋은 상품을 보내드리겠습니다. 교재공부에 유익한 일이오니 빠지지 말고 보내되, 꾸미느라고 애쓰지 말고 솔직하게 충실하게 쓰기에 힘쓰십시오. 그런 것을 많이 뽑습니다.

상패 현상

자유화·동요·동화·작문·편지글·일기문 여러분이 학교에서 지으신 것이나 집에서 새로 그리신 것이나 마음에 잘된 듯 싶은 것을 경성 개벽사 어린이부로 보내주십시오. 잘된 것 캐어 몇 분은 뽑아서 책에 내어드리고 어여쁜 메달을 상품으로 보내드리겠습니다.

창간호부터 '현상 글뽑기'로 글쓰기를 독려하고 메달 수여로 성취감을 자극하는 일은 『어린이』가 지속적으로 추구해 간 궁극의 목표점일 수 있겠습니다. 메달 7개를 성취하면 금메달로 바꿔준다는 현상광고가 등장하고 오래지 않아 서덕출과 이원수가 이를 획득했다는 소식을 접할 수 있었습니다. 이들은 후에 아동문학가로 이름을 알리게 되지요.

"우리들은 글을 배워서 머릿속에 쌓아둘 궁리만 하지 말고 자유로 자기의 생각과 느끼는 것을 글로 써내는 재주도 배워둡시다. 이것은 참말로 소중한 일입니다."

-『어린이』 11권 5호

위의 글에는 어린이들이 글쓰기를 통해 사회의 한 구성원으로서 활동할 수 있기를 간절히 소망하는 마음이 담겨 있습니다. 하지만 글쓰기가 아무리 중요한 줄 알아도 막상 쓰려고 하면 막막할 때가 많지 않나요? 창작의 요령을 익히게 되면 자신의 생각을 표현하는 데 많은 도움이 될 것입니다. 이런 어린이들의 마음을 알고 『어린이』는 그 길을 열어주었네요.

### (2) 창작의 비법은 요렇게

① **동요 짓는 법 (버들쇠: 류지영):** 『어린이』 2권 2호, 『어린이』 2권 4호

1. 동요는 순전한 속어(입으로 하는 보통 말)로 지어야 합니다.
2. 노래로 부르거나 춤을 출 수 있게 지어야 합니다.
3. 노래 사설이 어린이나 어른 모두 알 수 있도록 쉽게 해야 합니다
4. 어린이의 마음과 행동과 성품을 그대로 가지고 지어야 합니다.
5. 맑고 순전하고 신신하고 건실한 감정을 그대로 지어야 합니다.
6. 사람의 꾀나 과학으로 풀지 않고 감정으로 저절로 알게 지어야 합니다.
7. 내용을 설명하지 말고 심기心氣를 노래해야 합니다.
8. 어린이의 예술교육 자료가 되게 지어야 합니다.

② **작문 짓는 법 (일기자: 방정환):** 『어린이』 2권 12호

1. 속생각이 잘 드러나도록 생각하는 그대로 쓰시오.
2. 정신을 쏟아 넣어 글을 지으시오.
3. 다른 사람의 글이나 좋은 작품을 많이 읽고 많이 써보시오.
4. 몇 번이고 좋게 고치시오.
5. 다른 사람의 비평을 힘써 받으시오.

## (3) 작품과 독자 · 지은이의 교류

작품 중 가장 많았던 글의 주제는 돌아가신 어머니를 그리워하거나 동생, 누이, 할머니, 아버지 등 친족을 잃은 슬픔과 친구나 지인과의 이별을 애달파하는 것이었습니다. 그러한 죽음과 이별은 별, 달, 버들피리, 나룻배, 겨울, 눈, 낙엽, 가을, 비, 이슬, 나무 등 주로 자연 상관물과 어우러지면서 유기적 세계관을 확장시켜 나갔습니다.

인구의 80%가 농경에 관여하였던 만큼 자연과의 밀착은 자연스러운 현상이라 여겨집니다. 전체적인 작품의 정조로는 그리움과 외로움, 빈곤, 배움에 대한 목마름, 노동의 고단함이 있었으며, 자연과 동화되는 편안함과 기쁨을 노래하는 사랑의 마음도 여운이 있었습니다. 반면 슬픔을 동반한 억울한 상황과 굴욕 속에서도 좌절을 넘어 극복의 의지를 보여주는 굳센 작품들도 다수 만날 수 있었습니다. 백문이 불여일견이라는 말이 있듯, 속생각을 드러내는 일이 쉽지 않았을 1920년대의 어린이 작품 속으로 함께 떠나볼까요?

> 「눈먼 닭」
> 눈멀어서 앞 못 보는 닭 한 마리가/ 언제든지 꾸꾸꾸꾸 울어 댑니다/ 엄마아빠 모르고 울어 댑니다/ 장난 심한 애들은 인정도 없이/ 소경 닭아 소경 닭아 놀려 댑니다/ 나는나는 그 소리가 어찌 슬픈지/ 두 눈에서 눈물이 새어납니다/ 이럭저럭 한두 달 지내는 동안/ 소경 닭은 슬픈 한을 가슴에 안고/ 이 세상을 영영히 떠났습니다/ 불쌍하고 불쌍한 소경 닭을요/ 곱고 고운 비단에 싸고 감아서/ 잔잔하게 흐르는 시냇가에다/ 눈뜬 닭이 되라고 빌고 빌면서/ 소경 닭을 곱게곱게 묻었습니다.//
> 　　　　　　　　　 - 변리현(사립공옥학교), 『어린이』 2권 5호

"눈먼 닭"에 대한 측은지심이 마치 어린 동생을 보듬듯이 잘 드러나고 있습니다. 속없이 눈먼 닭을 놀려대는 장난꾸러기들이 야속하기만 합니다. 앞이 보이지 않으니 모이도 제대로 찾아 먹을 수가 없고 친구들도 없으니 외로움과 서러움 때문에 오래 견디지를 못하였네요. 눈먼 닭을 위해 아무것도 해 줄 수 없던 지은이는 비단 헝겊에 닭을 고이 싸서 '시냇가'에 묻어주며 '눈 뜬 닭'으로 태어나라고 기원합니다. 세상으로부터 단절된 눈먼 닭은 그 소원대로 눈 뜬 세상을 다시 살지 않았을까요.

「장맛비」

아아 무서운 7월 장마! ~ 성낸 바다와 같이 시뻘건 물은 한강의 철교 둑을 끊어놓고 내리달리는데 이촌동이 어디였었는지 사람 살던 곳이 어디였었는지 모르게 된 물 천지에는 오히려 무너진 집이 떠내려 오고 가끔가끔 사람 살리라는 소리뿐이라 '세상은 이제 물로 망하는구나.' 하는 비참한 생각이 우리를 떨게 할 뿐이었습니다. 사람의 목숨과 가옥, 동물을 얼마나 많이 삼키고 내려가는지 창일한 물길은 오히려 무섭기만 하거니와 우리의 발길이 돌아올 때 거기는 지붕만 남은 위로 배를 타고 다니면서 밥그릇을 나르는 사람 물에 다 잠긴 이층 위에서 누런 얼굴로 내다보는 부인네 길거리에서 함짝 위에 앉아서 아버지를 부르며 웅크리고 있는 어린이…. 모두가 눈물이었습니다. 나는 학교에서 운동모자 하나를 잃어버리고도 울었었거든 저이들이 집을 잃고 양식을 잃고 또 부모까지 잃고 길거리에서 우는 마음이 어떠하겠습니까. … 그리하여 가만히 구경만 하는 것이 부끄러웠습니다. 그 밤에 자리에 누워서도 자꾸 그 참담한 모양이 눈에 어릴 때 나는 몇 번이나 자리에서 일어나 앉아서 '불쌍한 이들을 도와줍시사'고 하늘님께 빌었습니다.

− 김화룡, 『어린이』 3권 9호

수리시설이 갖추어지지 않았던 예전에는 일 년 중 가장 힘들고 두려웠던 재해가 가뭄과 장마였다고 해요. 조금만 비가 안 와도 논바닥이 갈라져 벼가 타들어 가고 조금만 많이 오면 강물이 둑을 넘어왔지요. 이런 현상은 40~50년 전까지도 이어졌답니다. 특히 물난리는 갑자기 모든 재산과 가족, 가축을 잃어버릴 수가 있고 다시 복원하기도 어려운 지경이어서 더 두려웠던 거지요. 수해현장의 끔찍한 모습을 보고 온 날, 안쓰러운 마음에 잠들지를 못하고 뒤척이는 글쓴이의 유일한 해결책은 그저 간절히 기도하는 것뿐이었습니다.

「추석날 감상」

금년 추석은 마침 반공일(토요일)인고로 나 다니는 관청에서 반일만 일을 하고 돌아와서 아버지를 모시고 남대문밖 이태원 할아버지 산소에 다녀왔습니다. 와서 저녁밥을 먹으려니까 동향집인 우리 집 마루에 둥령(산등성이)에 돋는 둥근달이 환하게 비치어 왔습니다. 그 달을 볼 때에 나는 작년 추석날 이맘때 저녁 먹던 생각이 났습니다. 작년 추석만 하여도 쌀값이 싸서 월급 생활하는 우리 집에서도 차례를 지내고 남은 토란국과 송편 몇 개가 밥상 위에 놓여 있었는데 금년에는 밥상에 국과 떡은 고사하고 김치까지 없었습니다. 나는 토란국과 송편이 먹고 싶은 것보다도 우리 집 생활 정도가 나아가지 못함을 생각하고 장래까지 막연한 것이 슬펐습니다. 작년과 변함없이 둥령에 솟은 달도 추석날 기쁘게 놀지 못하는 나를 동정하는 것처럼 처량해 보여요.

- 이인성(경성권농동), 『어린이』 2권 11호

일 년 중 가장 풍요로울 추석 명절에 떡과 국은 고사하고 김치조차 없는 극빈의 삶을 보여주는 「추석날 감상」은 안타까운 마음만 자아냅니다. 얼른 푸짐한 장바구니 하나 보내주고만 싶습니다. 한가롭고 평화로워야 할 추석날 저녁이 동산 위에 떠오른 보름달을 통해 더욱 현실과 괴리된 아픔을 환기시켜 주고 있습니다. 명절날 김치도 없는 밥상이라니 왜?라는 의문이 생기지 않나요?

「뜻밖에 편지」

9월 15일 오전 11시 편지 받으오 하는 소리에 밖에 뛰어나가니 알지 못할 김재홍 씨라는 이에게서 나에게로 온 편지 한 장 이상하여 뜯어보니… 우리들의 『어린이』 잡지에서 형님의 성함을 뵈온 지 오래였고 이번 작문에 뽑힌 형님의 글을 읽고 형님을 몹시 그립게 되었습니다. … 이런 말이 처음 적힌 것을 읽고 오오 『어린이』에서 자주 보던 그 김재홍 씨로구나 하고 생각이 났습니다. … 『어린이』에서 곱게곱게 길리운 우리의 정의와 두터운 의지는 이렇게 얼굴도 모르고 성질도 모르면서 몇백 리 밖에까지 한 장의 편지로 정신 교제를 바꾸게 되니 그 생각과 정분의 깊기가 사오 년 같이 지나는 동무보다 더함이 있습니다.

– 남상덕(충주), 『어린이』 3권 11호

「새동무」

… 마지못해 들어오는 동무는? 이름도 모르고 한 번도 보지 못한 소년 한 분이었다. … "당신이 서덕출씨입니까?" 하는 말에 간신히 "네." 할 뿐이었다. "어린이 잡지에서 늘 당신의 이름을 기억하였습니다. 나는 병영에 사는 어린이 독자 김인석이라 합니다." 하는 소리를 듣고야 나는 속을 잘 아는 옛날 동무나 만난 것처럼 새삼스럽게 반겨하였다.

– 서덕출(울산), 『어린이』 4권 9호

위의 두 작품은 「독자문예」를 통해 인연을 만들어가고 있군요. 2020년대를 살고 있는 어린이들은 도무지 이해할 수 없는 상황이겠죠. 카톡, 페이스북, SNS 요즘은 얼마든지 빠른 방법으로 친구를 사귈 수 있으니까요. 그런데 그때는 대부분의 가정에 전화도 없었고 서로 지명이나 주소를 알기도 어려웠으며 버스나 기차도 대도시 이외에는 흔치 않았답니다.

> 「팔 없는 슬픔」
> … 나에게는 어릴 적부터 왼편 팔이 없어서 슬픈 생활을 하고 있습니다. 어머님은 내 꼴을 보실 때마다 "일 못하는 저년이 시집엔들 어떻게 가나." 하면서 화를 내십니다. … 그래도 만에 일이라도 부모의 마음을 위로할까 하고 버선 한 켤레를 무릎 위에 놓고 우물우물하면서 깁고 있으면 나의 모양이 불쌍하고 측은하여 더욱 화가 나셔서 "꼴도 보기 싫다 어서 죽기나 하여라." 하시면서 버선을 뺏어서 팽개치십니다. 그럴 때마다 나는 죽어버리고 싶게 설움이 복받쳐 혼자 쓰러져 울 뿐입니다. 병신의 몸이 열네 살 되는 지금까지 하늘도 변변히 처다보지 못하고 방구석에서만 살아올 때 나의 설움이 어떠하였겠습니까. … 아아 그러나 팔 없는 몸에도 오직 한 가지 귀여운 동생 '창희'가 있어 이 세상 단 한가지의 위안입니다. 창희의 따뜻한 정과 또 그가 사다주는 『어린이』를 읽는 것으로 위로하고 위로 받아가면서 한날 한날 살기는 합니다마는 남같이 행복한 날이 내게도 올 날이 있으리라고는 생각지 못합니다.
> – 윤정희(경성), 『어린이』 4권 2호

위의 「팔 없는 슬픔」은 태어날 때부터 왼쪽 팔이 없이 태어난 글쓴이의 절망적인 심정이 잘 드러나 보입니다. 이를 읽은 의령 지방의 손주환은 「'팔 없는 슬픔'을 읽고」(4권 4호)에서 팔 없는 동무의 기막힌 현실을 같이 슬퍼하면서도 어린이를 읽을 수 있음을 다행으로 여겨 글 읽기에 정진하라 위로하고 있으며, 권농동의 서창남은 「윤정희 씨에게」(4권 5호)에서 장애를 가진 '바이런'이나 '헬렌 켈러'를 예를 들며 현실에 슬퍼하지 말고 힘써 분발하라고 응원하고 있습니다. 부모에게조차 냉대 받는 슬픔을 글을 통해 세상과 소통하며 위로를 받는 모습이 훈훈한 인정을 자아냅니다. 팔 하나 없는 것은 다른 장애에 비해 무겁다 할 수 없는 것인데 바깥출입도 못 하다니, 옛날엔 그랬었지 하고 넘어가기엔 가슴 아픈 글입니다.

「안병소씨께」

아아 가여운 나의 동무 안병소 씨여 나는 어린이 10월호에서 당신의 소개를 읽고 혼자서 눈물을 흘렸습니다. 남보다 뛰어난 천재를 가지고도 한 다리를 쓰지 못하여 병신 생활을 하여온 당신에게는 남모르는 눈물의 날이 많았을 것을 나는 압니다. … 이런 말씀을 드리고 있는 나 역시 왼편 다리를 쓰지 못하는 불구의 소년입니다. … 그러나 병소씨는 그렇듯이 놀라운 천재를 가졌고 그렇듯 거룩한 아버지를 모시어 세계에 자랑할 만한 재주를 발휘하시니 오직 기쁘고 다행한 일이겠습니까. … 나는 학교에도 다니지 못하고 특별한 재주도 없고 재산조차 없이 그냥 그냥 쓸쓸한 날을 지우고 있습니다.

- 서덕출(울산), 『어린이』 4권 10호

서덕출은 자신과 같이 한쪽 다리가 불편한 안병소에게 동병상련의 안타까움과 인정을 가지고 위로와 부러움을 전하고 있습니다. 장애인에 대한 배려가 전무했던 그 시절, 지금은 성능 좋은 의족, 의수도 많고 보조기구도 있어 의지만 있으면 사회 일원으로 활동할 수 있는 길이 있는데 말이죠. 그나마 글을 안다는 것이 세상과의 교류에 큰 힘이 되었겠어요.

이 무렵 서덕출 소년은 『어린이』 3권 4호에 발표한 동요 「봄편지」가 알려지면서 이미 동요작가로 발돋움하고 있었지요. 내친김에 당시 이름이 알려진 『어린이』의 소년문사들을 한번 찾아볼까요.

먼저 주옥같은 동요와 곡으로 어린이의 동심을 밝혀준 윤석중(「오뚝이」, 3권 4호)과 이원수(「고향의봄」, 4권 4호 외 다수)를 대표적으로 들 수 있습니다. 안주의 최경화는 소년문사를 거쳐 『어린이』에 입사, 다양한 글을 쓰며 필진에 참여하게 됩니다. 이 밖에도 이정구, 윤복진, 승응순 등이 있고, 수원 살던 최순애는 동요 「오빠생각」(3권 11호)을 발표합니다. 우리가 잘 알고 있는 "뜸북뜸북 뜸북새 논에서 울고/ 뻐꾹뻐꾹 뻐국새 숲에서 울제/ 우리오빠 말 타고 서울 가시며/ 비단구두 사가지고 오신다더니" 하는 동요를 12세에 발표하게 되는데, 이 동요는 서울 간 오빠 최영주를 생각하며 쓴 것이라고 전해집니다. 지금이야 수원은 서울과 맞닿은 가까운 곳이지만 당시엔 꽤 멀게 느껴진 거리였나 봅니다. 이 동요는 어린이의 기다림이 진솔하게 느껴지는 동요곡으로 오래도록 널리 애창되었습니다. 최순애는 후에 『어린이』와의 인연으로 이원수와 부부로도 인연을 맺게 되었답니다.

## 어린이 작품의 변화, 1930년대

『어린이』는 1920년대 후반에 들어서면서 십만이 넘는 독자를 확보
하며 명실상부 최고의 어린이 잡지로 자리매김하게 됩니다. 방정환
이 관여한 여러 잡지 중에서도 가장 심혈을 기울이고 애착을 보였던
만큼, 『어린이』는 끝없는 일제의 검열로 글 삭제를 당하면서도 조선
어린이에게 비전과 삶의 방향을 제시할 수 있었습니다. 그러나 1930
년대에 들어서면서 『어린이』도 외부 정세 속에 변화하게 됩니다. 외
적으로 조선은 일본의 만주국 건설과 대동아공영권이라는 제국주의
환상이론으로 탄압과 수탈이 더욱 심해져 갔으며, 1931년 7월 방정
환이 과로와 병마로 사망한 이후 『어린이』는 내적으로 '카프(KAPF:
1925~1935까지 활동한 조선프롤레타리아예술가동맹)'의 영향을 받
아 혁명적이고 투쟁적인 구호로 잡지의 방향이 선회하는 것을 볼 수
가 있습니다. 그 여파로 10여 년 동안 이어져 온 '어린이날 특집'을
1932년 5월호에서는 찾아볼 수 없었습니다. 보호받아야 할 어린이의
순수성은 부르주아문학의 나약함으로 치부되어 타파해야 할 대상이
되었습니다. 반면에 프로문학의 씩씩하고 저돌적인 면을 고취하는
소년문예운동으로 발표지면은 더 많이 늘어나게 됩니다.

> 「야학가는 길」
> 노동독본 노동산술 공책연필을/ 해어진 보자기에 싸매가지고/ 호롱불
> 이 깜박이는 야학당으로/ 어둠속을 헤매며-달려갑니다// 야학당의 종소
> 리-들리어온다/ 이집저집 사방에서 동무 나온다/ 한 동무가 열 동무 되
> 어가지고/ 어둠속을 헤매며 야학갑니다.//
> — 백기, 『어린이』 10권 5호

「김 매러간 날」

해뜨기 전 이른 새벽 첫닭이 울 때/ 낡아빠진 벙거지를 뒤집어쓰고/ 꽁보리밥 보자기에 싸매 차고서/ 호미 들고 다 해어진 목다리 신고/ 돈만 아는 이의 밭에 김매러 갔네// 해가 쨍쨍 내려쬐는 곳에 엎드려/ 땀을 절절 흘리면서 김을 매어도/ 밭 임자는 수양버들 그늘 밑에서/ 담배 빨며 세월 좋다 소리를 하며/ 김을 매는 우리보고 욕만 한다네// 도회에서 농촌구경 왔다는 년들/ 얼굴에다 분을 하고 양산을 쓰고/ 일을 하는 우리 보고 웃고 있지만/ 검데 같은 두 주먹과 얼굴이건만/ 남모르는 큰뜻 품고 일을 한다네//

- 박종환(재령),『어린이』10권 8호

1931년 10월부터 1932년 9월까지 편집을 맡았던 신영철이 물러나고 최영주가 그 뒤를 이으면서 『어린이』는 창간 때의 모습으로 되돌아가고자 하는 시도를 하게 됩니다. 1932년 10월호에서 이정호(창간호부터 잡지발간에 참여함)는 '다시 책머리에'란 타이틀로 100호를 맞은 『어린이』의 새 출발을 예고하고 있습니다.

…『어린이』는 지난 100호 발행을 계기로 일대 혁신을 하기로 하였습니다. 과거의 『어린이』는 한 말로 끊어 말하면 맨 처음부터 이 책을 읽어 내려오는 애독자와 꼭 같이 자라왔습니다. 나이도 키도 또 내용까지도 순전히 이네들을 표준하고 거기 적합하도록 맞춰왔습니다. 이것은 이 책을 짜내는 우리들이 먼저 그렇게 꾸미려고 한 것도 아니건만 은연중에 그렇게 되어 버렸습니다.

×

그러나 이제 우리는 백 호를 손에 들고 다시 한번 돌이켜 생각할 때… 오랫동안 정들어 온 커다란 동무들보다도 새로 자라나는 당신네들을 잊어버릴 수가 없었습니다. 같이 자라나 온 이네들은 이제 우리의 뒷바라지가 다시없더라도 자기네 스스로 앞길을 밝게 열어나갈 만큼 온갖 방면으로 훈련을 받아온 바이니… 이네들의 뒤를 이을 새 일꾼! 즉 당신네들의 장래를 위하여 단연 또 한 번 거듭 혁신을 안 할 수가 없었습니다. 그리하여 이달부터 가장 쉬우면서도 재미있고 가장 유익한 내용으로 전부를 고치는 동시에…

1932년 10월 이후부터 편집부는 작품의 주제 선정과 선별에 대한 규정을 언급하며 순수한 동심을 강조하고, 지나친 사회 선동적 글을 경계하고 있습니다. 편집부의 독자문예에 대한 선별 규정 후 서정성 짙은 작품이 다시 주를 이루게 되고, 지면은 다소 줄어들되 활자 크기도 줄여 구호성의 흔적을 없이하였습니다.

1933년부터는 강소천과 장수철의 작품이 자주 등장하고 박목월의 글도 눈에 띕니다. 어린이다운 서정성을 유지하려는 편집부의 의도가 엿보이고 있습니다. 당시의 작품을 담아볼까요.

「곱단이」
어머니/ 그 샛빨간 사과를/ 하나만 더 주세요/ 앞집 곱단이와/ 같이 먹게요.//
어머니 /그 샛빨간 사과를/ 하나만 더 주세요/ 앞집 곱단이는/ 내동무예요.//
　　　　　　　　　　　- 강소천(함흥), 『어린이』 11권 3호

「줄넘기」
휙휙 둘러라/ 꾸불꾸불/ 새끼오라기// 마당이 빙빙/ 하늘이 빙빙//
넷, 셋, 둘./ 새끼고개/ 자꾸 넘는다//
　　　　　　　　　　　- 김형식, 『어린이』 12권 1호

「빨간얼굴」
난로는/ 까만 밥 먹구/ 얼굴이 빨개지고//
언니는/ 벤또밥(도시락밥) 먹구/ 얼굴이 빨개져요//
　　　　　　　　　　　- 고호태, 『어린이』 12권 2호

위의 「곱단이」는 사과를 같이 먹고 싶다는 행위로 친구와 함께하고픈 마음을 잘 보여주고 있네요. 화자의 반복되는 요구는 거절할 수 없는 힘을 나타내고 있어요.

「줄넘기」에서는 놀이 주자들이 "새끼오라기"로 마주 서서 "획획" 돌리며 "손님 들어오세요" 하면 손님은 틈을 보아 줄 안으로 들어가서 줄을 넘지요. "땅을 짚어라" "만세를 불러라" 하고 줄을 잡은 주자들이 청을 하면 손님은 시키는 대로 줄넘기를 해야 합니다. 줄에 걸리지 않으면 고개를 넘어가는 것인데 다 넘으면 "손님, 잘 가세요" 합니다. 그럼 또 걸리지 않게 잘 빠져나와야 하는 놀이예요. 지금은 줄을 문구점에서 쉽게 구할 수 있지만, 예전엔 새끼줄(볏짚을 꼬아 만든 줄)을 사용했답니다. 일단 줄은 길어야 합니다. 무게감이 느껴지는 줄만 있으면 3명 이상 재미있게 놀 수 있어요. 하늘도 땅도 빙빙 도는 느낌은 어떤 걸까요.

「빨간얼굴」의 난로 속에는 까만 석탄이 있었나 봐요. 예전에는 난로 위에 도시락을 올려서 데워 먹곤 하였죠. 이글이글 타오르는 난롯가에서 따뜻한 밥을 먹고 붉어진 언니 얼굴의 환치가 재미있는 이미지를 만들고 있군요.

세 작품은 유독 시행이 짧은 게 눈에 띄네요. 1933년 이후 정간될 때까지의 작품에서 많이 보이는 현상으로 의미 전달이 확실하고 단순해진 구성만큼이나 뇌리에 쏙쏙 들어와 재미있게 읽힙니다. 한 컷의 사진을 보는 느낌이 들어요.

한편, 어린이가 쓴 글 가운데 「야학가는 길」, 「김 매리간 날」은 두 작품의 정조가 다소 다르기는 해도 현실을 경쾌하게 헤쳐 나가려는 숨은 의지가 보입니다. 특히 「김 매러간 날」은 작품의 행이 긴 사설조의 리듬으로 이야기를 풀어내는 구성진 맛이 있습니다. 다소 거친 냉소적 표현은 적대적 대상에 대한 원망으로만 끝나지 않고 현실을 극복하려는 숨은 의지를 내비치어 독자의 기대치를 높여주고 있군요. 고난과 역경을 이겨내는 힘은 멈추지 않고 배움을 이어나가는 것이겠지요.

## 「우리차지」, 1940년대 후반 어린이의 속마음

1948년 5월, 13년이라는 긴 정간 끝에 『어린이』가 다시 세상에 나왔습니다. 일제강점의 긴 터널을 지나 해방공간에서 맞이한 재출간의 기쁨은 이를 반기는 이들에게 많은 시사점을 갖게 해 주었지요.

주간 고한승(색동회 창립회원)은 123호 복간 서두에 「『어린이』를 다시 내면서」라는 제목으로 글을 씁니다. 고한승은 "지금부터 26년 전 일본 동경에서 그곳에 유학하던 젊은 학도 7~8인이 모여서 우리 나라의 주춧돌이요, 민족의 꽃봉오리인 조선의 어린이를 위하여 일을 하자, 하는 '색동회'라는 단체를 조직하였습니다. 이 색동회의 중심이 되어 이끌고 나간 분이 곧 소파 방정환 선생이었고 색동회 첫 사업이 '어린이'란 소년소녀 잡지를 내놓은 것이었습니다." 하고 벅찬 감회를 전하고 있습니다.

또 편집후기에서는 "여러분의 명절인 '어린이날'을 기념하여 이 어린이 잡지가 나왔습니다. 이날이 있기를 기다린 지 오래고 오늘이 올 줄을 기약한 지도 오래입니다. 옛날에 우리『어린이』의 애독자이시던 여러분의 아빠나 엄마나 아저씨나 선생님들은 이 책을 보시고 반가운 정을 금하지 못하실 것이며…"라고『어린이』독자의 세대를 이어간 긴 시간들을 회고하고 있습니다. 방정환도, 이정호도, 최영주도 이미 세상을 떠난 자리에서 고한승이 짊어진 책임감의 무게와 기대가 컸으리라 생각됩니다.

복간 후 눈에 띄는 독자문예 현상은 학교라는 제도교육의 틀을 중시하고 있는 것입니다. 지은이는 소개란에 이름과 학교, 학년, 반까지 명기하고 있습니다.『어린이』잡지의 편집 내용도 학교를 소개하거나 행사내용, 자랑 등을 매회 집중하여 다루고 있으며, 작품도 학교 단체로 응모할 수 있게 하였습니다. 이는 제도교육의 보편화를 보여주는 부분이겠지요. 애독자 작품은「독자 차지」란 코너로 작품을 싣다가 그해 11월 128호부터「언니·오빠차지」란을 따로 마련하여 국민학교(현 초등학교), 중학교 재학생의 작품을 함께 싣게 됩니다. 광복 전『어린이』독자층의 연령을 배려한 듯합니다.「언니·오빠차지」는 132호까지 계속되다가 폐지가 되고 133호부터는「우리 차지」로 독자 작품을 싣고 있습니다. 투고 작품의 작품 평은 광복 전에 소년문사이면서 애독자였던 이원수가 매 작품에 성실히 첨삭을 해 주어 어린이 독자의 글쓰기에 많은 도움을 주었습니다.

광복 후의 작품들은 가족에 대한 이야기가 여전히 많았지만 동생의 예쁘고 귀여운 모습을 구체적으로 표현한 편수가 다수 있었습니다. 그 외 소나무, 종달새, 바다, 시냇물 등 자연을 소재로 한 것과 계절을 노래하는 것, 그리고 시계, 손금, 새끼 쥐, 빗방울, 엿장수, 전등불, 전봇대, 우리 집, 자동차 등 대상에 대한 객관적 형상화를 위해 고심한 작품도 보였습니다. 반면에 삼팔선이나 독립하는 날 등 시사적 관심도를 보이는 내용도 있어 성장하는 어린이의 내면을 관찰할 수 있었습니다.

작품의 정조로는 광복 전에 보여주었던 극심한 가난의 고통과 시련의 아픔을 담은 표현들이 다소 순화된 느낌이었습니다. 여전히 내재한 결핍을 안고 있었지만 사물을 바라보는 시선은 긍정적이고 따뜻해졌습니다.


## 더 들어가 보기: 어린이의 속마음 느껴보기

아래의 어린이 시를 낭독해 보고 어린이의 '속마음'을 생각하며 그 상황을 상상하고 느껴보도록 해요.

「종달새」
보리밭의 종달새 피아노치면/ 시냇물도 좋아서 졸졸졸졸졸//
이소리를 듣고있던 나비가와서/ 너울너울 나비춤을 잘도추지요//
보리밭의 종달새 바욜린치면/ 보리들도 살랑살랑 춤을추지요//
이모양을 보고있던 제비가와서/ 왔다갔다 재미있게 놀다가지요//
– 민찬기(교동국민학교 4-3), 『어린이』 123호

「담뱃대」
할아버지 담뱃대는 참 좋겠네/ 나들이를 가실적엔/ 담뱃대만 데리고가//
할아버지 담뱃대는 참 좋겠네/ 저는 안데리고 가도/ 담뱃대만 데리고가//

- 홍영(제동국민학교 5), 『어린이』 124호

「신문장사」
전깃불이 그만 꺼졌습니다. 시계가 열 시를 쳤습니다. 지난 하루 이 생각
저 생각하며 포근한 이불 속에 누웠습니다. 이맘때는 언제나 들려옵니
다. 내일 아침 신문 나왔습니다. 떨리는 듯한 그 소리에 나는 이불속에서
한숨 쉽니다.

- 박영운(마포국민학교 5-3), 『어린이』 136호

## 참고한 자료

『미공개『어린이』』1~4권, 소명출판사, 2015.
『어린이』1~10권, 문헌연구원, 2011.

이재철, 『한국현대아동문학사』, 일지사, 1978.

# 저자 소개

**김창희** cilws@hanmail.net

시인, 시낭송가, 동화구연가입니다. 어린 시절 강소천, 이원수, 윤석중, 윤극영, 장수철, 어효선, 마해송 선생님의 글을 읽으며 성장하였습니다. 제 유년기의 지적 호기심과 상상력을 채워주신 그분들의 어린 시절 습작기 작품을 『어린이』를 통해 감상할 수 있어 반갑고 행복하였습니다. 저도 어린 시절 신문 일간지에 동시가 뽑힌 경험이 있어 어떤 기분이었을지 짐작이 됩니다. 또한 글을 통해 세상을 꿈꾸고 바라보았던 『어린이』 속의 어린이들에게 존경과 사랑을 보냅니다. '앎'의 끈을 통해 어제와 오늘 그리고 내일이 언제나 현재진행형으로 숨을 쉬고 있다는 사실을 더 깊이 깨달으며 마음 먹먹해진 필을 놓습니다. 글을 마치고 나니 제 마음의 키가 훌쩍 자란 듯합니다.

# '나'로부터 '세계'로,
# 방정환의 『어린이독본』

유애순

## 방정환, 어린이를 위해 교과서를 쓰다

방정환 선생이 어린이를 위해 교과서를 집필한 이야기를 해 드리겠습니다. 우리가 잘 알고 있는 방정환 선생은 '어린이의 아버지', '어린이의 영원한 동무' 등으로 불리고 있지만, 방정환 선생이 어린이를 위해 구체적으로 어떤 일을 해내셨는지에 대해서는 잘 알지 못하는 경우가 많은 듯합니다. 어린이를 위해 쓴 교과서 『어린이독본』도 바로 그중의 한 가지라고 할 수 있습니다.

방정환 선생이 하신 많은 일 가운데 빛나는 것의 하나는 1923년 3월 20일 창간한 『어린이』 잡지를 작고하는 그날까지 만드신 것입니다. 『어린이독본』은 바로 『어린이』 잡지 1927년 1월부터 1930년 12월까지, 횟수로 총 4년간 20과를 연재한 글입니다. 4년 동안 중단하지 않고 연재를 했다는 것은 『어린이독본』 집필에 얼마나 정성과 사랑을 기울였는지 조금이나마 짐작해 볼 수 있을 듯합니다.

어린이독본의 '독본讀本'은 곧 그 시대 말로 표현된 것이고, 오늘날로 보자면 '읽기 교과서'라는 뜻입니다.

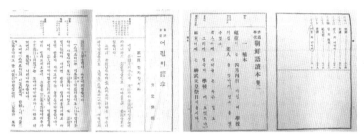

『어린이』 5권 1호, 1927년 1월 　　　제3차 조선교육령에 의한 일제강점기
조선어과 교과서 『조선어독본』

이 『어린이독본』의 편집 형태는 그 당시 보통학교(요즘의 초등학교)에서 조선어를 가르치던 교과서인 『조선어독본』과 매우 흡사한 모습을 보여주고 있습니다. 내용이 편집된 형식을 보면 어려운 말 풀이 칸을 상단에 배치해 놓은 구조까지 비슷한 것을 볼 수 있습니다. 그때는 우리나라가 일본에 나라를 빼앗겼기 때문에 '일본어'가 국어였고, 우리나라 말은 지방어와 같은 '조선어'로 낮추어 불리고 있었습니다. 즉, 방정환 선생의 『어린이독본』은 일본의 왜곡된 교과서 교육에 저항하여 우리 어린이를 민족의 미래 일꾼으로 키우기 위한 사회 교육의 일환으로서 뚜렷한 주제의 이야기를 담아놓은 것이라 할 수 있습니다. 방정환 선생이 『어린이독본』을 펴내신 중요한 이유는 조선의 미

래를 어린이들에게 능동적으로 준비시키기 위함이었다고 봅니다.

방정환 선생은 세심하게 『어린이독본』을 구성하였습니다. 먼저, '자학자습自學自習'이라고 하였습니다. 주입식 교육보다는 '스스로' 배우고 '스스로' 익히는 공부의 중요성을 일깨워 줍니다. 둘째, 한자어에 토씨를 달아 표시된 한글의 속뜻을 이해할 수 있도록 풀이해 놓았습니다. 셋째, 이야기가 끝나면 연습 문제를 내어 내용을 다시 한번 돌아보면서 생각해 보게 하였습니다.

방정환 선생의 『어린이독본』이 연재되기 시작하자 그 당시 어린이와 학교 교사들은 열렬히 환영했습니다.

> 2월호 어린이는 참말로 굉장하였습니다. 그중에서도 방 선생님의 어린이독본은 재미있고도 유익한 것이었습니다. 학교에서도 3학기부터 학과에 넣어 조선어 시간에 가르쳐주시기까지 하여 어떻게나 기쁜지 모르겠습니다. (평양 관후리 양현길 외 이십인)
> 답변-반가운 일입니다. 다른 곳에서도 많이 교과용으로 사용합니다.
> - 『어린이』 5권 3호, 1927.3.

이 글은 제1과 『어린이독본』이 나간 후 그다음 호 『어린이』 독자 담화실의 글입니다. 『어린이독본』의 내용을 "재미있고도 유익한 것" 이라고 하고 학교에서도 선생님들이 "3학기부터 학과에 넣어 조선어 시간에 가르쳐주시기까지 하여 어떻게나 기쁜지 모르겠다."고 합니다. 방정환 선생이 쓰신 『어린이독본』이 '교과용'으로 사용되었다니 참으로 놀랍습니다. 아마도 일제의 감시를 피해 틈틈이 어린이들에게 읽어주었겠지요. 식민지 교육에 종사하시던 교사들도 방정환 선생의 '속마음'을 알아챘으리라 봅니다.

## 인성 가치 풍부한 『어린이독본』의 세계

그렇다면 방정환 선생은 이와 같은 '교과서'의 형식에 어떤 내용을 담아 어린이를 지도하고자 한 것일까요? 1과에서부터 20과까지 전체적으로 통독해 보면 방정환 선생이 심혈을 기울여 그 내용을 어떻게 선정해 나갔는지 알 수 있습니다. 내용은 간결하며 주제가 뚜렷합니다.

전체 『어린이독본』 20과는 어린이들의 인성과 정서에 도움을 주는 다양한 주제의 이야기들로 구성되어 있습니다.

'나'로부터 '세계'에 대한 이야기를 담은 『어린이독본』의 세계를 그림으로 표현해 보았습니다.

『어린이독본』의 주제 구성

| 대주제 | 『어린이독본』의 소주제 |
| --- | --- |
| 세계 | 공존 |
| 나라 | 용기, 주인의식, 책임 |
| 사회 | 진정, 관용, 소통, 정직, 협동, 돌봄 |
| 학교 | 희생, 신의, 온정, 양보, 돌봄, 우정 |
| 나(가족) | 희망, 우애, 효, 정직 |

이렇게 이미지와 그 구성된 주제를 살펴보니, 방정환 선생이 구성한『어린이독본』이 즉흥적으로 집필된 것이 아니라, 체계적으로 만들어진 교재였음을 다시 한번 인식하게 됩니다.

이제,『어린이독본』20과의 내용을 다섯 개의 대주제별로 나누어 살펴보기로 하겠습니다.

## 1) '나(가족)' 이야기: 형제간 우애와 가족사

세상에 나 홀로 태어난 사람은 없습니다. '가족' 하면 나, 부모, 형제, 할머니, 할아버지, 사랑, 책임 등 이런 말이 떠오릅니다. 부모님은 자녀의 거울이라고 하지요. 제20과「정직」이라는 글을 읽으면, 더욱이 말이 맞는 것 같습니다.

> 정직한 부모에게 길러진 일곱 살 먹은 아들은 그 탐스러운 알을 곱게 곱게 들어다가 이웃집에 갖다주고
> "댁에 갖다 드린 암탉이 저희 집에 와서 알을 낳았기에 가져왔습니다." 하였습니다.
> 주인은 그 알을 받으면서
> "너의 아버지가 가져가라 하시더냐, 어머니가 가져가라 하시더냐."
> "아니요, 아버지 어머니는 밭에 가고 안 계십니다. 그러나 저녁때 오시면 물론 가져가라 하실 것입니다."
> ─『어린이』 8권 10호, 1930.12.

이 이야기는 아버지가 이웃에게 빌린 돈을 암탉으로 갚았는데, 그 암탉이 원래의 자기 집으로 와서 알을 낳자 일곱 살 아들이 도로 주인에게 그 알을 돌려준다는 내용입니다. 『어린이독본』20과 가운데 마지막 이야기 주제인 '정직'은 방정환 선생이 자주 강조하던 인성 덕목이기도 합니다.

그런데 우리가 여기서 눈여겨볼 것은 '정직한 부모에게 길러진 일곱 살 먹은 아들'을 언급한 대목입니다. 이 글에서 일곱 살 된 소년이 '정직'하게 행동할 수 있었던 것은 부모님의 자녀에 대한 평소 교육이 어떠했는지를 잘 보여주고 있습니다. '정직'이라는 덕목은 방정환 선생이 늘 강조했던 '참된 어린이가 됩시다.'의 한 모습이었다고 생각합니다. 그리고 '참된' 어린이가 되어 가는 하나의 방법은 '일기' 쓰기일 것입니다. 하루 생활을 돌아보고 그날을 반성하고 또 내일을 계획해 나간다면 '참된' 어린이로 잘 자라갈 것입니다.

제17과 「일기」에는 효남이가 쓴 일기가 소개되고 있습니다. 효남이는 일기장에 추운 겨울 경성에 가신 아버지가 언니와 잘 만났는지, 추운 날 아버지가 여관에서 주무시기 춥겠다는 내용을 적고 있습니다. 이런 내용을 보면 따뜻한 효남이 가족의 사랑이 느껴집니다.

가족 중에 형제가 있다면 우애 있게 지내며 어려운 일이 있을 땐 서로 의지할 수 있습니다. 제16과 「형제」의 이야기에서는 밤사이에 볏단을 서로 몰래 가져다 놓은 형제간의 우애를 다루고 있습니다. 부모님이 물려주신 재산 싸움을 하는 형제에 대한 기사를 요즘 자주 만납니다. 방정환 선생의 「형제」 이야기를 읽으면 우애 깊고 배려심 많은 형제간의 정이 있는 따뜻한 가족이 될 것 같습니다.

제7과 「어린이의 노래」는 '나-형제-가족' 속에서 당당하게 꿈을 키우면서 성장해 가는 어린이 이야기를 '동요'로 표현한 것입니다.

아- 나는 이담에 크게 자라서/ 내일을 내 맘으로 정하게 되거든/ 그-렇다 이몸은 저이와 같이/ 거리에서 거리로 돌아다니며/ 집집의 장명등에 불을 켜리라.

─ 『어린이』 6권 1호, 1928.1.

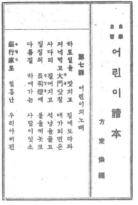

이 동요에서 '나'는 '불 켜는 이'가 되겠다고 합니다. 집집의 장명등에 불을 켜고, 적막한 빈촌에까지 가서 모두가 행복하게 되도록 불을 켜주리라는 '나'의 희망. '나'는 가족, 학교, 사회, 나라 그리고 세계로 펼쳐 나아가는 어린이의 밝은 희망을 상징합니다.

## 2) '학교' 이야기: 배려와 참교육자 정신

어린이들에게 학교는 작은 '사회'이기도 합니다. 혼자가 아닌 집단으로 구성되어 교육을 받기 때문에 규칙과 도덕으로 질서가 유지되고, 학생과 학생, 학생과 교사의 관계가 원만하게 이루어질 필요가 있습니다. 학교의 규칙 잘 지키기, 친구와 사이좋게 지내기, 선생님 말씀 잘 듣기, 학교 시설물을 소중히 생각하기……. 이러한 덕목은 학교 다닐 때 자주 듣게 되는 수칙들이지요.

친구가 어려움에 처했을 때는 함께해 주는 그 자체로 위로가 될 수 있습니다. 제19과 「동반의 정」은 몹시 가난한 창남이가 운동복을 마련하지 못해 운동회날 결석을 한다기에 같은 반 두 친구가 서로 돈을 보태어 친구의 운동복을 몰래 집 앞에 두고 간다는, 정말 아름다운 우정 이야기입니다.

또 학교에서는 정해진 규칙을 잘 지킬 필요가 있습니다.

「적은 용사」, 「뛰어난 신의」, 「동정」, 「싸움의 결과」, 「너절한 신사」, 「동반의 정」 6개의 이야기는 주로 '학교'를 배경으로 하거나 친구들과의 '우정'을 다루고 있습니다.

제2과 「적은 용사」에는 학교에서 궐련(담배)을 피우는 나쁜 풍습이 있어서 교장 선생님이 전교 학생을 운동장에 불러놓고 벌을 세우고 있는 장면이 나옵니다. 학생들의 몸을 뒤져도 담배를 가진 학생은 없습니다. 억울하게 벌을 받고 있는 전체 학생을 일찍 돌아가게 하기 위하여 거짓 자백을 합니다. 자기 자신의 희생을 무릅쓰고 나온 것이지요.

「우리 학교」, 당시 학교 모습, 「어린이」 11권 2호
(1933.2.)

비록 학교 규칙을 지키지 못해 벌을 받게 되었지만, 소년의 희생정신은 오히려 담뱃갑 버린 학생을 감화시켜 <u>스스로</u> 자백할 수 있도록 하였습니다.

작은 사회를 경험하게 되는 학교에서 어린이들은 전인적인 교육을 받으며 성장해야 합니다. 그러면 모든 어린이가 사회로 나가서 자신의 꿈을 자유롭게 펼치고, 인격을 갖춘 사회의 한 사람으로 잘 성장할 수 있지 않을까요.

제18과 「너절한 신사」는 페스탈로치의 참교육자 정신을 알려주는 이야기입니다. 경찰들은 너절한 옷을 입은 신사가 혹시 '도둑'이나 아닌지 의심하였지만, 그는 맨발 벗고 뛰어놀고 있는 어린이들의 안전을 위해 유리 조각을 줍고 있습니다. 이 너절한 신사는 빈민 어린이를 위해 학교를 만들고 교육한 페스탈로치였지요. 목소리를 크게 높여 훈시하는 모습이 아니라, 어린이가 처한 상황을 세세하게 살피면서 조용히 유리 조각을 줍고 있는 교육자의 모습에 절로 고개가 숙여집니다.

### 3) '사회' 이야기: 돌봄과 협력의 가치

「어린이 독본」 20과의 내용을 보면 '사회'에 대한 주제가 유독 많이 다뤄졌습니다. 이것은 방정환 선생이 어린이들이 서로 협력하고 어렸을 때부터 '사회성'을 갖춘 인격으로 자라나기를 바라는 평소의 철학이 반영된 것이라고 할 수 있습니다. 그중에 가장 대표적인 것이 바로 〈천도교소년회〉의 조직입니다.

방정환 선생은 3·1운동이 실패로 끝나자 어린이운동을 본격적으로 사회운동으로 확산시켜 나갑니다. 특히 '천도교소년회'를 조직하면서 **"씩씩하고 참된 소년이 됩시다. 그리고 늘 사랑하며 도와갑시다."**라는 표어를 신조로 삼고 소년운동에 앞장섰습니다. 이렇게 소년 조직을 구성하여 사회운동을 펼친 것은 앞날의 조선 독립을 함께 기약하자는 의미였다고 할 수 있습니다.

많은 이야기 중 제4과 「참된 동정」과 제15과 「눈물의 모자값」 이야기를 보겠습니다.

제4과 「참된 동정」은 한 소녀가 길가에서 동냥을 하고 있는 거지 아이에게 줄 돈이 없자 그 아이의 이마에 입맞춤을 해 줍니다. 자신의 때 묻은 얼굴에 따뜻하게 입맞춤해 준 소녀에게 감심感心되어 다른 두 소녀에게 받은 돈으로 꽃 한 다발을 사서 소녀에게 바친다는 내용입니다.

우리가 살아가는 이 사회에서도 지하철이나 거리에서 노숙을 하면서 구걸하는 사람을 가끔 만납니다. 이럴 경우 누구라도 '불쌍해서 어떡해?' 하고 동정심을 갖지 않을 수 없습니다. 방정환 선생의 「참된 동정」도 비슷한 상황이라고 할 수 있지요. 이때 방정환 선생이 이야기하려는 참 주제는 바로 '참된' 동정에 대한 것입니다. '동정'이 아닌 '참된 동정'이 되기 위해 나는 어떻게 생각하고 어떻게 행동해야 할까? 이 이야기는 가난하고 헐벗은 사람에 대한 우리 사회의 역할과 더불어, 내 행동에 대한 깊은 고민과 많은 생각을 하게 합니다.

반면, 제15과 「눈물의 모자값」은 보다 현실적으로 실천할 수 있는 방법을 알려줍니다. 이 글에서 수철이 형은 동생 수철이에게 새 모자를 사주기 위해 애써 모았던 '85전'을 홍수 피해를 입은 사람들을 위한 '구제 기부금' 상자에 기꺼이 넣고 돌아와 동생에게 편지를 씁니다.

> 조선 사람의 불행을 우리끼리 구하지 않으면 누가 구할 것이겠느냐.
> 수철아, 우리는 아버지도 없고 돈도 없는 가난한 신세지만 생각까지야
> 남만 못할 수가 있느냐. 나는 뛰어 돌아와서 그 85전을 꺼내 쥐었다. 몇
> 번이나 몇 번이나 넣을까 말까 주저하다가 그냥 뛰어가서 그 귀여운 상자
> 속에 넣었다.
> － 제15과 「눈물의 모자값」, 『어린이』 7권 7호, 1929.8.

형은 "조선 사람의 불행을 우리끼리 구하지 않으면 누가 구할 것이겠느냐."라고 기부를 하고 돌아온 형의 마음을 동생이 이해하도록 이끌어주고 있습니다. 형은 사회 공동체 의식을 가진 선진적인 사람입니다. 믿을 만한 정부도 없던 일제 강점기 상황에서 이웃을 돌보는 일은 같은 민족으로서 어느 일보다 우선이어야 했을 것입니다.

온정과 미덕을 표현하는 '십시일반'이라는 말이 있습니다. 이는 열 사람이 '밥 한 술'씩 보태면 한 사람 먹을 분량이 된다는 뜻으로, 여럿이 조금씩 힘을 합하면 한 사람을 돕기 쉽다는 말이지요. 방정환 선

생은 이러한 '십시일반'의 정신이 발휘하는 힘을 누구보다 잘 알고 실천한 분이었다고 할 수 있습니다.

### 4) '나라' 이야기: 용기와 주인 정신

나라 없는 설움은 무엇과 비유될 수 없는 것입니다. 우리나라의 주인이 바뀌었다고 생각해 보세요. 글과 말이 말살되고, 경제와 사회, 문화 등 우리의 모든 것을 다 빼앗기고 맙니다. 1919년 3·1운동 당시 천도교 청년회 회원이었던 방정환 선생도 빼앗긴 우리나라를 되찾기 위해 거리에서 만세를 외쳤습니다. 그리고 조선의 독립과 3·1운동 소식을 실은 『조선독립신문』을 등사하여 배포하다가 일본 경찰에 체포되어 고문을 받고 풀려나기도 했습니다.

『어린이독본』을 통해 방정환 선생은 은연중에 '내 나라'의 중요성을 어린이들에게 심어주고자 합니다. 그 대표적인 이야기가 제1과 「한 자 앞서라」, 제3과 「두 가지 마음성」, 제5과 「소년 고수」입니다.

그중에서도 제1과 「한 자 앞서라」는 이웃 나라 페르시아와 싸워 나라를 지키려는 스파르타의 용기 있는 세 아들의 이야기를 다루고 있습니다. 첫 번째 주제부터 나라를 위해

제1과 '한 자 앞서라' 삽화
(출처: 『나의 주인으로 살아가는 법』)

싸우는 용기와 나라 사랑 정신을 다루고 있습니다. 스파르타 나라는 15세 이상 남자라면 전쟁에 나가야 한답니다. 한 가정에 세 아들이 있었는데 셋째 아들은 형들보다 한 자가 작은 칼을 들고 한 자 앞서서 나갔다는 것은 대단한 용기입니다. 「한 자 앞서라」에 등장하는 '바다 건너' 페르시아를 은근히 일본을 빗대어 '일본에 맞서 싸우는' 조선의 상황을 비유했음을 알 수 있습니다.

제5과 「소년 고수」 이야기는 이렇습니다. 오스트리아와 프랑스가 전쟁을 할 때 프랑스 군대에 17세 되는 소년 고수가 있었습니다. 프랑스 군대가 퇴군하게 된 때에 사령관은 소년 고수에게 퇴군곡을 명령하지만, 소년 고수는 퇴군곡 대신 진군곡을 쳐서 프랑스 군대의 사기를 북돋워 다시 용맹스럽게 돌격하여 전쟁에서 승리할 수 있었다는 이야기입니다. 소년 고수의 물러서지 않는 정신은 비장하기까지 합니다.

### 5) '세계' 이야기: 서로 영향을 주고받는 국가들

방정환 선생은 세계는 하나의 가족이라는 의미로 '세계 일가'를 말하고 있습니다. 그 서두는 이렇게 시작합니다.

> "조선 사람은 조선 사람끼리 왕래하고 조선에서 나는 것만 먹고 쓰면서 살거니 외국 사람과 무슨 상관이 있으랴고 누구든지 생각하기 쉽지만 그것은 잘못된 생각입니다."

조선 사람이라고 조선 사람끼리만 왕래하고 산다면 바로 국수주의, 쇄국주의가 될 것입니다. 일찌감치 국제 교류의 필요성을 인식하고 어린이들에게 세계에 대한 이해를 넓힐 것을 이야기하고 있습니다. 그러면서 어린이들의 생활과 가장 가까이에 있는 '연필 한 자루'를 예로 들었습니다. 연필 한 자루가 내 손에 쥐어지기까지 그 원료가 생산된 국가에서부터 제조하는 국가, 실어 나르는 각국의 노력, 그리고 그 연필이 소비자에게까지 도달하기까지의 과정을 친절하고 실감 나게 설명합니다.

일제 식민치하에 있는 조선의 어린이들이 이 글을 읽고 어떤 생각을 했을까 궁금해집니다. 이 글은 조선의 어린이들이 세계 여러 나라에 대한 이해를 넓히고, 또 그 나라 사람들의 공功을 기억할 수 있도록 이끕니다. 세계의 각 나라가 모두를 이롭게 하면서 서로 전쟁을 하지 않고 공존해 가는 세상을 어린이에게 꿈꾸도록 한 것이 아닐까요!

우리 민족은 예로부터 단일민족이라고 여겼지만, 지금은 다민족국가가 되었습니다. 방정환 선생의 글처럼 점차 세계는 '세계 일가'가 되어 가고 있습니다. 우리는 민주 시민으로서 '세계 일가', 즉 세계를 한 가족처럼 이해하고 서로 다름을 인정하면서 평화롭게 지내야 합니다.

방정환 선생은 1928년 10월 세계 20개국이 참가한 '세계어린이예술전람회'를 개최하기도 했습니다. 어린이 예술을 통해 세계 교류를 시작했던 것을 보면 지금으로부터 100년 전 방정환 선생이 얼마나 앞선 생각의 선구자였던지 잘 알 수 있습니다. 그리하여, 방정환 선생은 어린이들에게 우리나라를 잘 알 뿐만 아니라 "세계의 일을 잘 알아야만 하겠습니다." 하고 글에서 당부하고 있습니다.

○세계아동미술회경란기관중

세계아동예술전람회를 관람하기 위에 모여든 어린이들, 『어린이』 6권 6호(1928.10.)에서.

## 더 들어가 보기: 다양한 체험 활동을 할 수 있어요!

나의 주인으로 살아가는 법

방정환의 〈어린이 독본〉을 장정희가 풀어하고 글 쓰다

• 『어린이독본』을 동화구연 자료로 활용해 보세요.

인성 가치가 풍부한 『어린이독본』은 동화구연 자료로서도 훌륭합니다. 그러나 『어린이』에 실려 있는 『어린이독본』은 원문으로 표기되어 있습니다. 현대 어린이가 읽을 수 있도록 쉽게 고쳐 쓰고 그 속뜻을 깊이 있게 풀어 낸 책 『나의 주인으로 살아가는 법』이 시중에 출간되어 있어 반갑습니다.

방정환연구소 장정희 소장의 깊이 있는 해설이 더하여 『어린이독본』에 담겨 있는 의미와 방정환의 사상을 이해하는 데에도 도움이 됩니다. 특히 초등학교 중·고학년에게 추천할 만한 수준이며 각 편을 읽고 여러 가지 활동을 해 보면 재미있습니다.

역할극 활동을 해 보기에 앞서 먼저, 친구들이나 학생들에게 이야기 들려주기를 해 보세요. 특히 이야기 들려주기는 아주 중요합니다. 두 사람이 함께 말하고 들으면서 서로 의견도 교환하고 더 새로운 생각을 나눌 수 있게 됩니다.

그런 뒤 자연스럽게 '토론 주제'를 만들어서 여러 사람이 토론을 해 보세요. 토론을 통해 다양하고 깊이 있는 시각을 만날 수 있습니다. 제3과 「두 가지 마음성」을 읽은 뒤라면 '조선 부인의 입장' '갓 쓴 사람의 입장'으로 나누어 토론해 볼 수 있습니다.

- **역할극을 해 보세요**.

『어린이독본』은 짧은 내용으로 이루어져 있어서 이야기를 들려두기에 아주 좋은 자료입니다. 어린이가 해도 좋고, 교사가 해도 좋고, 부모가 해도 좋은 내용들입니다. 만일 이야기 들려주는 공간에 여러 명이 있다면, 들려준 이야기로 '역할극'을 꾸며 해 보아도 즐겁습니다.

가령, 제20과 「정직」을 읽은 뒤라면, 소년, 암탉, 이웃 등으로 역할을 나누어 즉석에서 해 보아도 좋습니다. 해 보시면 의외로 어렵지 않다는 것을 알게 될 것입니다.

• **주제가 뚜렷한 이야기는 '포스터 만들기'를 해 보세요.**

제2과 「적은 용사」를 읽은 뒤라면 '금연'을 주제로 한 '포스터 만들기'를 해 보세요. 포스터가 어렵다면 '표어 만들기'를 해 봐도 좋을 것입니다.

• **선행에 대해서 '표창장 만들어 주기'를 해 보세요.**

제15과 「눈물의 모자값」을 읽은 뒤라면 선행에 대한 '표창장 만들어 주기'를 해 보세요. 서로 둘러앉아 자신이 실천한 선행을 하나씩 이야기 들려줍니다. 그런 뒤 그 선행에 대한 표창을 한 사람씩 돌아가면서 만들어 주면 서로 격려가 되고 앞으로 더 큰 선행을 할 수 있는 계기도 만들어 주게 됩니다.

• **다양한 장면을 활용해 '병풍책 만들기'를 해 보세요.**

'병풍책 만들기'도 해 보면 재미있습니다. 이것은 장면 장면이 나누어져 있는 내용이면 좋을 것입니다. 예를 들어, 제9과 「세계일가」를 보면 여러 나라의 이야기가 차례로 이어지듯 연결되고 있어 병풍책 만들기에 적합합니다.

방정환 선생이 살아계신다면 재미있는 동화구연도 듣고 강연도 들으면 얼마나 좋을까요? 안타깝게도 방정환 선생님의 목소리가 담긴 녹음이나 영상은 남아 있지 않습니다. 그러나 방정환의 '목소리'와 '모습'을 되살리는 정신으로 '재미있고 유익한' 『어린이독본』을 학교에서나 도서관에서 활용해 본다면 어느 교재에 못지않은 훌륭한 교육 자료가 될 수 있을 것입니다.

끝으로, 『어린이독본』 20과의 주제별 내용을 표로 만들어 덧붙여 둡니다.

『어린이독본』 20과의 주제별 내용 소개

| 대주제 | 제목 | 소주제 | 내용 | 출처 |
|---|---|---|---|---|
| 나<br>(가족) | 제7과<br>어린이의<br>노래 | 희망 | '나는 이담에 자라서 거리로 돌아다니며 집집의 장명등에 불을 켜리라….' 동요에 꿈과 희망이 담김 | 『어린이』 6권 1호<br>(1928.1.) |
| | 제16과<br>형제 | 우애 | 형은 동생에게, 동생은 형에게 볏단을 몰래 옮겨 놓는 우애 깊은 형제 | 『어린이』 7권 8호<br>(1929.10.) |
| | 제17과<br>일기 | 효 | 경성에 가신 아버지를 걱정하는 효남이의 마음이 일기에 기록됨 | 『어린이』 7권 9호<br>(1929.12.) |
| | 제20과<br>정직 | 정직 | 아버지가 이웃에게 빌린 돈을 암탉으로 갚았는데, 그 암탉이 원래의 자기 집으로 와서 알을 낳자 일곱 살 아들이 도로 주인에게 그 알을 돌려준다는 내용 | 『어린이』 8권 10호<br>(1930.12.) |
| 학교 | 제2과<br>적은 용사 | 희생정신 | 전교생을 위한 한 소년의 희생정신에 교장과 궐련을 버린 학생이 감화됨 | 『어린이』 5권 2호<br>(1927.2.) |
| | 제7과<br>뛰어난<br>신의 | 신의 | 감옥에 갇힌 친구의 효심에 부모의 집으로 보내고 대신 사형대에 오르게 되는 순간 천신만고 끝에 돌아와 친구와의 신의를 지킴 | 『어린이』 6권 4호<br>(1928.7.) |
| | 제11과<br>동정 | 온정 | 일가친척 하나 없이 부모의 상여 뒤에 따르는 어린 상주를 보고 동무들이 온정의 마음으로 함께 따라감 | 『어린이』 7권 2호<br>(1929.2.) |
| | 제14과<br>싸움의<br>결과 | 양보 | 서로 남의 것이 더 크다고 다툼을 벌이다가 그만 새끼손가락만큼 작은 참외를 먹게 된 친구들 이야기 | 『어린이』 7권 6호<br>(1929.7.) |

| 대주제 | 제목 | 소주제 | 내용 | 출처 |
|---|---|---|---|---|
| 학교 | 제18과 너절한 신사 | 돌봄 | 너절한 신사가 맨발의 아기들을 위해 깨진 유리 조각을 주머니에 넣었다가 순사에게 도둑으로 오해를 받음 | 『어린이』8권 2호 (1930.2.) |
| | 제19과 동반의 정 | 우정 | 성호와 영갑이는 운동복이 없어서 결석까지 하려는 창남이의 사정을 알고 운동복을 선물함 | 『어린이』8권 8호 (1930.9.) |
| 사회 | 제4과 참된 동정 | 진정성 | 어린 거지는 따뜻한 소녀의 입맞춤에 진정성을 느끼고 다른 두 소녀에게 받은 돈으로 꽃 한 다발을 사서 소녀에게 줌 | 『어린이』5권 4호 (1927.4.) |
| | 제6과 너그러운 마음 | 관용 | 주인이 도둑에게 베푼 따뜻한 관용으로 경찰과 도둑이 감화됨 | 『어린이』5권 8호 (1927.11.12.) |
| | 제8과 시간값 | 시간의 가치 | 책값을 깎으려는 손님은 프랭클린에게 시간 값의 가치를 깨닫고 책값의 두 배를 주고 사감 | 『어린이』6권 5호 (1928.9.) |
| | 제10과 고아 형제 | 정직 | 고아인 형은 사고를 당하면서도 동생을 시켜서 성냥을 사준 신사에게 거스름돈을 정직하게 돌려줌 | 『어린이』6권 7호 (1928.12.) |
| | 제13과 적은 힘도 합치면! | 협동 | 성질 나쁜 큰 곰이 참새 부부의 집과 귀여운 알까지 짓밟아 없앤 것을 보고, 작은 동물들은 서로 힘을 합쳐서 곰을 물리침 | 『어린이』7권 5호 (1929.6.) |
| | 제15과 눈물의 모자값 | 이웃 돌봄 | 형은 수해를 입은 동포를 위해 기꺼이 동생 수철이에게 새 모자를 사주기로 한 모자 값을 구제금으로 내놓음 | 『어린이』7권 7호 (1929.8.) |

| 대주제 | 제목 | 소주제 | 내용 | 출처 |
|---|---|---|---|---|
| 나라 | 제1과 한 자 앞서라 | 용기 | 스파르타 가정에 세 아들 중 막내아들은 형들보다 한 자 작은 칼을 들고 용감하게 앞장서서 싸움 | 『어린이』 5권 1호 (1927.1.) |
| | 제3과 두 가지 마음성 | 주인 의식 | 한 조선 부인은 일본 내외가 떨어뜨린 귤을 주워 먹었고, 한 갓 쓴 조선 사람은 일본 신사가 차가운 도시락을 건네자 그의 얼굴에 내던짐 | 『어린이』 5권 3호 (1927.3.) |
| | 제5과 소년 고수 | 책임 | 소년 고수는 사령관의 퇴군곡 명령에 불복하고 진군곡을 울려서 프랑스 군인의 사기를 드높여 승리로 이끌게 함 | 『어린이』 5권 5호 (1927.5.6.) |
| 세계 | 제9과 세계 일가 | 공존 | 동네 상점에서 파는 연필 한 자루에도 세계의 공이 들어 있으므로 우리는 조선뿐만 아니라 세계 일을 잘 알아야 함 | 『어린이』 6권 6호 (1928.10.) |

*『어린이독본』 20과의 원문을 보면, '제7과 어린이의 노래', '제7과 뛰어난 신의'로 '제7과'가 2번 중복되어 있습니다. 그리고 '제12과'는 일제의 검열로 삭제되어 실리지 못했습니다. 그러니까 『어린이독본』은 총 20과가 남아 있으며, 이 글에서는 원문의 표기대로 표시하였습니다.

## 참고한 자료

강진호, 허재영 편, 『조선어독본』 3권, 제이엔씨, 2018.

장정희, 『나의 주인으로 살아가는 법』, 현북스, 2014.

# 저자 소개

유애순 yas219@hanmail.net

유머, 애교, 순수! 유애순입니다.

선생님들과 함께 『어린이』 잡지를 읽으면서 백 년 전 방정환 선생님을 만난 듯 깊은 감동을 받았습니다. 『어린이』 잡지 내용 중 『어린이독본』이라는 글이 나오면 눈이 동그랗게 번쩍 뜨이는 거예요. 방정환 선생님의 『어린이독본』 중에서도 「눈물의 모자값」, 「정직」 내용이 특별히 좋았습니다.

저는 물고기가 물을 만난 듯 동화구연을 하는 지금까지 늘 웃음을 잃지 않고 행복하게 생활하고 있습니다. 수강생들은 저에게 "선생님은 '동화구연가'가 천직 같아요!"라고 말해 주었습니다. 그럴 때 '난 동화 들려주기를 죽을 때까지 할 거야.' 하고 결심을 했답니다. 제가 방정환 선생님의 뜻을 받드는 동화구연가 한 사람으로서 세상의 어린이들을 다 품을 수는 없겠지만 어린이들의 목소리에 경청하고 공감해 주면서 재미난 이야기를 들려주며 살겠습니다.

마지막으로 제 소망인데요, '화롯가 책방' 하나 그리고 '달리는 그림책 버스' 한 대 마련하는 것입니다. 저서로는 '색동회' 그리고 동료들과 함께 쓴 『동화구연 이론과 실제』, 『동화구연 실제와 응용』, 『동화구연 이해와 실제』가 있고요, 그림책 『응가, 안녕!』, 『주먹 가위 보 무얼 만들까?』 등이 있습니다.

# 만주로 간 아이들,
『어린이』에서 만나다

권애영

## 만주로 떠나야 했던 우리 동포들

요즘은 우리나라에도 많은 외국인들이 들어와 살고 있습니다. 우리보다 더 잘사는 나라에서 온 사람들도 있지만, 돈을 벌기 위해 공사장이나 식당에서 혹은 공장과 농장 등지에서 힘들게 일하는 외국인들도 있습니다. 그들은 말도 잘 통하지 않고, 문화도 다른 우리나라에서 따가운 눈총을 받거나 무시를 당하기도 합니다. 또 그중에는 불법으로 우리나라에 들어와 일을 하기에 노동의 대가를 제대로 받지 못하고 억울한 일을 당하기도 합니다.

그런데 일제 시기 우리나라 사람들도 지금의 이주 노동자 못지않게, 아니 그보다도 더 힘들고 서럽게 목숨의 위협까지 받아가며 중국 땅에서 살아가던 사람들이 있었습니다. 그럼 불법 이주민으로서 고통을 받으며 우리 동포들이 살던 곳은 어디였을까요?

혹시 '만주滿洲'와 '간도間島'를 들어본 적이 있나요?

『어린이』 잡지에는 '만주'에 살던 우리 동포들의 생활을 알리는 글이 많이 실려 있는데 특히 1932년에 집중되어 있습니다. 이주민으로서 힘겹게 산 우리 동포들을 만나기 전에 몇 가지 사항을 정리해 보겠습니다.

먼저 '만주'와 '간도'는 다른 지역일까요? 그렇지 않습니다. '간도'는 '만주'의 일부분으로 우리 조상들이 일찍부터 이주해서 많이 살던 곳입니다. 간도는 '땅을 개척한다'는 의미의 '간墾'을 사용하여 '간도墾島'라고도 한답니다. 이곳은 두만강 너머로 중국과 조선의 국경이 맞닿은 지역으로 청나라가 들어서면서 빈 땅이 되었습니다. 지금의 연변 지역이 우리가 말하는 '간도'에 해당합니다. 즉 만주 안에 간도가 포함되어 있습니다. 그래서 이 글에서 사용하는 '만주'는 '간도'를 포함하는 말입니다.

또 하나, '간도'에 섬을 뜻하는 '도島'라는 한자를 사용하는데 왜 육지인 '간도'를 이렇게 부르는 것일까요? 여기에는 여러 가지 설이 있지만 만주족이 청나라를 세우면서 이곳에는 아무도 들어가지 못하게 했기에 청나라와 조선 사이에 놓인 '섬'과 같은 곳이라 해서 붙여졌다고 합니다.

마지막으로 '만주'에 대한 우리 조상들의 생각입니다. 조선 시대 우리나라 사람들은 만주 지역을 다스리는 여진족, 즉 만주족을 침략자 또는 약탈자로 생각하여 적으로 취급했습니다. 그런데 조선 후기 1636년 병자호란을 일으킨 만주족이 조선의 왕을 인정해 주고 조공을 받는 세력으로 바뀌더니 결국 1644년에는 명나라를 쓰러뜨리고 청나라를 세워 중국을 차지했습니다. 이에 선비들을 중심으로 '명나라를 받들고 청나라를 반대崇明反淸'하면서 만주족에 대한 적대의식이 더 강해졌고, 이들을 물리쳐야 한다는 북벌을 주장하기도 했습니다.

또 '만주'를 단군, 기자조선, 고구려, 발해의 옛 땅이라고 주장하는 사람들도 있었습니다. 1860년대부터 일제강점기에 이르는 시기에는 만주로 이주하는 우리나라 사람들이 많아지면서 백두산에 세워진 정계비를 근거로 그곳은 원래 우리 땅이라는 주장도 하였습니다. 신채호는 만주를 '단군의 땅', 만주족은 '단군의 후예'라고 하였고 박은식 역시 한국과 만주의 조상이 모두 단군이라는 주장을 펼쳤습니다.

자, 그럼 지금부터 '만주'에 살던 우리 동포들의 삶을 들여다보러 출발하겠습니다.


## 왜 고국을 떠나 '만주'로 갔을까요?

우리 동포들은 조선 시대부터 간도를 비롯한 '만주' 지역을 오가기 시작했습니다. 이들은 사냥과 인삼 채집, 농사를 위해 만주 지역을 몰래 드나들고 있었는데, 1860년대에는 수재와 흉년으로 인해 비옥한 '만주' 지역에 집단으로 이주하는 사람들이 생겼습니다. 먹을 것이 없어 굶어 죽기에 이른 우리 농민들이 두만강을 몰래 건너서 기름진 빈 땅에 농사를 짓다가 점점 자리를 옮겨 백두산 동쪽과 두만강 북쪽 등으로 들어가 살면서 들판을 개척하여 논농사를 지은 것입니다. 먹고살기 어려운 농민들이 '만주'로 떠나는 이야기를 담은 소설 작품이 제법 많이 있는데, 『아이생활』 10권 10호에 실린 최인화의 동화 「어머니의 음성」에도 이런 내용이 들어 있습니다.

> 북쪽 백두산에서 다시 북쪽으로 뻗친 어느 산맥은 만주 벌판으로 뻗어 있습니다. 이 기운차게 뻗친 산맥 끝에는 자그마한 아름다운 산봉우리가 하나 있습니다. 이 산봉우리 앞에는 잔잔하고 평화한 농촌, 이십여 집이 몽키어 있는 조그마한 동리가 있습니다. 이 동리는 지금으로부터 60여 년 전에 함경북도에서 크게 흉년이 들어 한 동리가 전부 이사하여 그곳 가서도 한 동리에 모여 새로 동리를 만들고 조선말로 동리 이름까지 지어 한집안같이 단락하게 지내는 평화한 농촌이었습니다.

이렇게 처음에는 먹고살기 위해 '만주'로 떠났지만, 일본이 우리나라를 식민지로 삼으면서는 독립운동을 한다거나 여러 가지 이유로 일본을 피해 '만주'로 가는 사람들도 있었습니다. 모두 알다시피 일본은 1905년에 우리나라와 을사조약을 체결하고, 1910년에는 한일합방을 통해 조선을 식민지로 만들었습니다. 1910년 이후 간도나 '만주'로 이주한 조선인은 대개 가난한 농민들이었고, 이들은 대개 남의 땅을 빌려 농사를 짓는 소작농이나 노동자로 살았습니다. 가난한 엄마, 아버지를 따라서 우리 어린이들도 만주로 갔습니다. 그런데 간도를 비롯한 '만주'에서 사는 사람들의 생활이 험난하다고 알려져도, 가난한 농민들은 이곳을 아주 이상적인 나라로 생각하며 계속 이주했습니다. 우리나라 사람들이 계속 살 길을 찾아 '만주'로 가게 되자 일본은 여기에 사는 우리나라 사람들의 소속, 즉 식민지 국가의 국민 문제를 이용하여 중국 침략을 시도하였습니다.

'만주'는 땅이 넓고 자원이 풍부한 데다가 중요한 교통의 중심지였기에 일본은 이 땅을 차지하기 위해 무척 애썼습니다. 『어린이』는 일본이 어떻게 '만주' 지역을 차지하게 되었는지를 잘 설명해 주고 있습니다.

> 만주는 원래 땅이 넓고 물산도 많으며 세계교통의 경로도 되어 항상 세계의 열강들이 노려보고 있던 중 지금으로부터 약 30년 전부터는 러시아에서 굉장히 세력을 뻗쳐가지고 철도를 놓고 군대를 머무르게 하다가 일로전쟁이 일어나서 러시아가 지게 되매 러시아에서 가졌던 권리는 모조리 일본에 내어주게 되어 그 후부터는 만주에 대한 일본의 세력이 제일 강하게 되었다.
>
> - 『어린이』 10권 2호, 1932.2.

1931년 9월 18일 일본은 중국군이 철도를 파괴한 것처럼 꾸며서 군대를 동원하는 만주사변을 일으키고 이듬해에는 상해를 점령한 후, 1932년에 만주국이라는 나라를 세웠습니다. 만주국은 일본·조선·만주·몽골·중국의 다섯 민족이 서로 도와서 살아간다는 '오족협화伍族協和'와 이상적인 나라라는 의미의 '왕도낙토王道樂土'를 내세웠지만 실제 권력은 일본 관동군이 가지고 있었기에 역사학자들은 이 나라를 일본의 꼭두각시로 평가합니다. 그래서 중국에서는 이 만주국 앞에 가짜라는 뜻의 '위僞' 자를 붙여서 '위만주僞滿洲'라고 부르고 있습니다. 다음 글에는 '만주'에 얼마나 많은 우리 동포들이 살고 있는지, 그리고 중국과 일본의 싸움으로 인해서 우리 동포들이 살기 어려웠음을 잘 알 수 있습니다.

> 만주에는 지금 조선 동포가 백만이 넘는 사람이 있어 그곳에서 농사를 짓고 삽니다. … 지금 그곳에는 백만이 넘는 동포가 살고 있고 그리하여 그들은 방금 일본 군인과 중국 군인의 싸움으로 하여 크게 욕을 보고 있습니다. 우리 동포가 가장 많이 사는 곳이 북간도요 서간도입니다. 북간도라면 두만강을 경계한 길림성의 한쪽이요 서간도라면 압록강을 경계로 한 봉천성의 한 부분입니다.
>
> ─『어린이』10권 2호, 1932.2.

'만주'에는 석탄, 쇠, 콩, 삼림 등의 주요 자원이 풍부했고 러시아와의 전쟁을 통해 이 지역의 광산이나 철도 등의 권리를 갖고 있던 일본 입장에서는 '만주'가 아주 중요한 지역이었습니다. 그러기에 일본인들도 많이 옮겨와서 살고 있었고, 우리 동포들도 여러 가지 이유로 조국을 떠나 '만주'로 간 것입니다. 중국은 자기의 땅을 일본이 점령했으니 이를 되찾아야 한다고 생각했지만, 국민당과 공산당으로 갈라져 서로 다투느라 힘을 합쳐 일본과 맞서 싸울 수 없었습니다. 중국 사람들은 자신들의 땅을 차지한 일본을 아주 싫어했고, 우리나라 사람들에 대해서는 예전엔 자기들의 땅을 허락도 안 받고 몰래 들어와 살다가 이제는 일본에 빌붙어 산다고 생각하며 아주 싫어했습니다. 이러니 '만주'에 살던 우리 동포들은 중국과 일본의 양쪽에 끼어서 힘들었고 이 와중에 어린아이들의 생활도 마찬가지로 고단했습니다.

## '만주'에 살던 아이들의 생활은 어떠했을까요?

1932년 무렵 '만주'에 거주한 조선인들은 대략 백만이 넘어 북간도와 서간도의 간도 지역에 50만 명, 그 외 지역에 50만 명 정도가 살았던 것으로 추정하고 있습니다. 그런데 일본이 중국을 본격적으로 침략하기 전에는 그래도 고국에서보다는 더 나은 생활을 한 것으로 보입니다. 물론 하루 세 끼를 배불리 먹는 것은 아니지만, 고국에서는 하루 한 끼도 먹지 못하는 데 비해 두 끼 정도는 먹을 수 있다고 말하고 있습니다.

> 이곳에 사는 사람은 대부분이 우리 동포들이요, 그다음은 중국인들이다. … 내지에서는 하루에 한 때씩도 입에 풀칠을 변변히 못 하는 동무가 많은 것이 사실이지만 이곳의 동포들은 부지런히 하루 종일 땀을 흘리어 일만 하면 하루에 두 끼는 굶지 않습니다.
> – 『어린이』 10권 6호, 1932.6.

『어린이』에는 '만주'에 사는 부모님들 대부분이 소작농이거나 노동자였기에 공장에 다니며 하루 종일 노동에 시달리는 우리 어린이들의 모습도 그려져 있습니다. 공장 지배인에게 야단을 맞아가며 열두 시간 노동도 모자라 저녁도 먹지 못하고 밤늦게까지 일하는 아이들의 처지는 정말 가엾기 그지없습니다.

만주에 우리 동무들의 생활은 참으로 눈물 없이는 못 볼 것입니다. 동무들의 직업이라면 대개가 공장의 직공들입니다. 온 세상이 아직 꿈속에서 헤맬 오전 다섯 시에 공장에를 갔다 저녁 여섯 시에 집에 돌아옵니다. 해 뜨기 전에 가서 해가 진 다음에야 오니 일 년을 두고 해조차 보는 날이 드뭅니다. … 공장 안에서 그 포악무지한 중국 놈한테 갖은 학대와 가진 욕설을 먹어가며 그래도 이놈의 공장에서 떠나면 내일에 먹을 것이 걱정되므로 그저 원통한 눈물을 머금고 참아야만 됩니다. … 열두 시간 노동 외에 이노꼬리殘業라고 밤 아홉 시 열 시까지 하고 나면 저녁조차 먹지 못하고 하루에 십오륙 시간을 하고 나니 어떠하겠습니까? 1932.3.22. 안동현 방직공장에서

– 『어린이』 10권 6호, 1932.6.

이렇게 일을 한다고 해도 많은 돈을 벌지 못하기에 환경이 열악한 빈민촌에서 사는 동포들도 많았습니다. 잘 살아보기 위해 고향을 떠나 먼 나라에 왔지만 제대로 살 곳도, 먹을 것도 없이 어렵게 살아가는 동포들의 생활이 다음 글에 잘 드러나 있습니다.

어느덧 큰 거리를 빠져나와 우리 동포가 사는 빈민굴인 새장거리로 나섰다! 배고픈 무리들에게서 하루 종일 땀 흘린 냄새가 용서 없이 나의 코를 찌른다! 집은 여러 집이 똑같이 지어 있지만 촛불 하나 켜놓은 집이 없다! 그들의 한숨 소리가 길 가는 이 마음을 몹시도 아프게 만들어준다! … 말할 곳 없고 하소연할 곳 없는 이 땅에 가련한 동무들이여! 7.12. 간도 해란강 위에서

– 『어린이』 10권 8호, 1932.8.

이렇게 어렵게 살아가면서도 우리 어린이들은 학교에 다니며 우리 말과 글을 공부했고 고국에서 발간된 『어린이』 잡지도 받아 읽었습니다. 몸은 비록 나라를 떠났지만 우리의 문화와 정체성을 지키기 위해 많은 노력을 했던 것입니다. 그래서 『어린이』 독자 중에는 '만주'에 사는 어린이들도 제법 많았습니다. 다음은 중국 길림의 영고탑에서 사는 이성택이라는 독자가 보낸 편지입니다.

> 나는 이제껏 단 한 번도 고국에 가보지를 못했습니다. 나의 할아버지 때에 집안이 고국을 떠나서 압록강을 건너 이리로 왔다는데 나는 여기서 태어났습니다. 고국이 그립습니다. 한 번도 못 가본 우리 고국이 그립습니다. 나이가 늘어갈수록 더군다나 우리 고국에서 나는 『어린이』 잡지를 읽을수록 내 고국이 더 그리워 견디기 어렵습니다. … 오늘도 달이 뜨고 그 달빛이 이렇게도 환하게 내 얼굴을 비칩니다. 생각이 알지도 못하는 고국을 헤매면서 눈물이 하염없이 흘러내립니다.
>
> – 『어린이』 2권 5호, 1924.5.

위의 편지를 보니 이 어린이는 할아버지 때 우리나라를 떠나 중국에 정착해서 살고 있다는 것을 알 수 있습니다. 이뿐만 아니라 '만주'에 사는 우리 동포들이 우리말을 쓰고 우리글을 쓰며 살았다는 것도 알 수 있습니다. 그럼 남의 나라에서 설움을 겪으면서 눈물로 고국을 그리워하는 길림성 동명학교 원유상의 편지도 잠깐 읽어보겠습니다.

남쪽으로 내 본국을 향하여 늘 울고 있습니다. 이곳에서 나서 이곳에서 자라서 이곳 학교에서 공부는 잘하고 있습니다. 그러나 때때로 남의 나라 사람들에게 압박을 받고 있는 것은 슬픕니다. 본국에서 오는 『어린이』 잡지를 읽는 것으로 큰 위안을 얻으나 『어린이』 잡지는 마음대로 왕래하는데 나는 왜 내 본국에 가보지 못하나 하고 웁니다. 내 본국 산천이 어떻게 생겼는지도 모르고 사는 사람이라 『어린이』 독자 여러 동무께도 인사드리지 못하고 있으니 용서하시고 편지로라도 많이 지도해 주시기 바랍니다.

－『어린이』 2권 9호, 1924.9.

이 밖에도 『어린이』에는 춥고도 먼 나라에서 고국을 그리워하는 독자들의 글이 많이 실려 있습니다. 이들의 편지로 우리는 '만주'에 살던 어린이들이 비록 몸은 중국에 있지만 자신들의 고국을 결코 잊지 않고 살았음을 알 수 있습니다. 아래 사진은 만주에 살던 우리 어린이의 모습입니다. 남의 땅에서 힘겹게 살아가는 우리 동포 어린이들의 모습이 너무도 애잔해 보입니다.

만주에 가 있는 우리 동무들(『어린이』 12권 5호, 1934.5.)

그런데 1927년 봄부터 '만주'에 있는 조선인에 대한 박해는 더욱 심해졌습니다. 특히 간도 지역은 일본이 영사관을 설치하여 영사재판권을 행사하면서 중국인들은 우리 동포들을 일본의 앞잡이로 생각하였기에 중국인의 박해는 아주 노골적이었습니다. 그래서 중국인들은 우리 동포들을 민족주의자 혹은 공산주의자라며 내쫓거나 약탈, 폭행, 살해를 저지르기도 했습니다. 1931년 만주사변이 일어나자 중국인들에 의한 우리 동포들의 피해는 점점 더 심해졌고 이 때문에 도저히 살 수 없어서 다시 고국으로 돌아오는 사람들도 늘어났습니다. 이렇게 '만주'에 사는 우리 동포들이 박해를 당하는 것을 알고 그 보복으로 당시 우리나라에 사는 중국인들도 얻어맞거나 죽는 사건이 벌어졌습니다. '만주'에 사는 우리 동포들이 중국인들에게 크나큰 어려움을 당한다는 소식이 국내에 전해지면서 이들을 걱정하는 안타까운 마음이 아래의 글에 잘 나타나 있습니다.

> 만주의 풍운이 사나운 이때에 설인들 변변히 맞이하였겠느냐. 네가 말하지 않아도 천 가지 만 가지 쓰라린 너의 마음을 짐작하고도 오히려 남음이 있다. 신문을 보노라니 시베리아와 만주에 있는 동포들이 말할 수 없는 고생을 겪으며 끝없이 헤맬 뿐만 아니라 날마다 곤경을 당하는 사람이 많다고 하니 더욱 가슴이 미어지게 아프다. 1932년 새해 새날
> - 『어린이』 10권 1호, 1932.1.

『어린이』 독자가 보내온 다음 시에도 만주사변과 상해사변 등으로 목숨의 위협을 받는 우리 동포들의 공포가 잘 드러나 있습니다

컴컴한 밤 모두 다 잠 못 이루고
이불 써도 추워서 몸을 졸이며
어찌 될까 생각에 눈 깜박이네.

이 한밤에 총소리 들려오면은
피할 길이 아득해 낮을 그리며
마음 닳아 모두 다 잠 못 이루네.
　　　- 1931년 12월 3일 지음

-『어린이』 10권 2호, 1932.2.

　특히 만주사변이 벌어진 1931년부터 만주국이 세워진 1932년까지 '만주'에 살던 우리 동포들은 심각한 피해를 입었고 이에 위협을 느낀 사람들은 원래 살던 곳을 떠나 상대적으로 안전한 철도 부근 도시로 피난을 갔습니다. 이들이 피난한 도시에는 일본이 피난민수용소를 만들어 보호했을 정도로 '만주'에 사는 우리 동포들의 생활은 아주 끔찍했습니다. 마치 얼마 전 아프가니스탄에서 탈출하기 위해 수많은 사람들이 공항에 몰려와 비행기를 타려고 아우성치던 모습과 비슷했을 것입니다. 이 때문에 국내의 각 신문에는 '만주' 동포들의 어려움을 알리는 기사를 실어 동포들을 돕자는 여론을 형성하였고, 이러한 분위기에 힘입어 구호단체가 생기고 모금활동도 벌였습니다. 다음은 1931년 10월 29일에 '만주동포문제협의회'라는 단체가 각 신문에 발표한 글입니다.

만주에 가 있는 우리 백만의 동포는 지금 심대한 불안 속에 그 생명과 재산이 위협받고 있다. 이 위난의 동포를 옹호하여 가는 것은 전 민중적 영구한 과제의 하나이거니와 목하 추위와 주림과 한뎃잠은 그들의 남은 생명도 빼앗으려 한다. 전 조선 각층 각계의 사람들은 성과 힘을 다하여 그들을 도와주는 금품을 보내라! 그들은 고대하고 있다! 옷도 돈도 무엇도 모두 필요하다.

그래서 우리나라에 사는 많은 사람들이 '만주'에 사는 불쌍한 동포들을 돕기 위해 돈을 모아 보내기도 했습니다. 당시 '만주'에 살던 우리 어린이들은 얼마나 무섭고 마음이 쓰라렸을까요? 그동안 정들었던 친구들과는 물론 자신이 돌보던 짐승이나 식물과도 이별하고, 소중하게 여기던 모든 걸 남겨둔 채 그저 살기 위해 여기저기로 도망가야 했을 겁니다.

## 왜 '만주'를 되돌아보아야 할까요?

'만주'는 아주 오래전 우리 동포들이 국경을 넘어 살러 간 곳입니다. 그런데 우리나라가 일본의 식민지가 되면서 중국과 일본의 알력 속에서 우리 동포들은 두 나라의 눈치를 보며 살아야 하는 처지가 되고 말았습니다. 특히 1931년과 1932년은 상해사변이 일어나고 만주국 건국이 이루어진 시기로 우리 동포들은 중국인들로부터 심하게 핍박을 받았습니다. 그런데 이 시기는 항일의식을 갖고 독립운동을 하는 세력 못지않게 식민지 지배가 안정화되면서 점차 일본에 동조하는 분위기가 형성되어 가던 때이기도 합니다. 이것은 살길을 찾아간 '만주'에서 중국의 압박과 위협으로 목숨이 위험하던 우리 동포들의 입장에서는 안전을 보장해 주는 일본의 울타리가 절실히 필요한 현실적인 이유도 있었기 때문입니다.

일본은 '만주'를 차지하기 위해 온갖 힘을 쓰다가 세계 여러 나라의 관심을 다른 데로 돌리고자 상해를 공격한 후에 결국 만주국을 세웠습니다. 그리고 그 승리를 축하하면서 동시에 일본 천황의 생일을 기념하기 위한 행사를 홍구공원에서 열었는데, 윤봉길은 조국의 독립을 위해 폭탄을 던졌습니다. 윤봉길의 의거는 그동안 일본의 앞잡이로 인식하던 우리 동포들에 대한 중국인들의 생각을 바꾸게 한 사건이 되기도 했습니다.

그런데 이미 지나가 버린 역사로 남은 '만주'에 우리가 관심을 가져야 하는 이유는 무엇일까요? 앞의 독자의 편지에서 보았듯이 우리 동포들은 먹고살 길을 찾아서 '만주'로 갔고, 그곳에서 살면서 자식을 낳고 대를 이어 살았습니다. 또 일제의 감시를 피해 많은 민족주의자들과 공산주의자들이 '만주'로 가서 독립운동을 하기도 했는데, 이들 가운데는 해방 후 국내로 돌아온 이들도 있지만 거기에 남은 사람들도 있습니다. 그런데 일본이 항복하면서 '만주'는 다시 중국 땅이 되었고 그곳에 살던 우리 동포들은 중국인이 되고 말았습니다. 이들을 우리는 중국이 분류한 55개 소수민족의 하나인 '조선족'이라고 부릅니다. '만주'에 살던 우리 동포 '조선인'이 이제는 중국의 '조선족'이 되어 버렸습니다. 『어린이』를 읽으며 고국을 그리워하던 어린이들의 조국도 갑자기 중국으로 바뀌고 말았습니다. 그렇게 시간이 흘러 이제 그들은 우리와는 다른 정서를 가진 사람들이 되어서 나타났습니다.

'만주'는 단순히 지나간 과거가 아니라 현재 우리의 정체성과 외교, 해외동포 정책과도 밀접하게 연관되며, 앞으로 우리나라의 미래를 설계하는 데도 생각해 보아야 할 중요한 곳입니다. 이 글을 통해서 '만주'에 대한 우리의 생각이 좀 더 넓어지고 또 다양한 각도로 우리의 역사를 살펴보는 계기가 되기를 기대합니다.

## 참고한 자료

『아이생활』 10권 10호, 경성, 아이생활사, 1935.10.

김만석, 『중국조선족아동문학사』, 한국학술정보, 2006.

이명종, 「근대 한국인의 만주 인식 연구」, 한양대학교 박사학위논문, 2014.

최남선 저, 윤영실 역, 『송막연운록』, 경인문화사, 2013.

최병도, 「만주사변 발발 직후 재만조선인의 수난과 국내 민족주의 진영의 구호
활동: 만주동포문제협의회 활동을 중심으로」, 서울시립대학교 석사학
위논문, 2003.

## 저자 소개

권애영 aeyoung319@hanmail.net

초등학교 교사를 오랫동안 하다가 지금은 번역과 함께 중국 아동문학 연구자로 활동하고 있습니다. 뒤늦게 공부를 시작했지만 중국과 대만의 좋은 책을 찾아 소개하기도 하고 아직 관심을 받지 못하는 중국 아동문학을 알리기 위해 열심히 노력하고 있습니다.

『어린이』와 비슷한 시기에 발간된 중화민국 아동잡지 『아동세계』로 박사논문을 쓰면서 우리나라 아동문학 공부가 필요하다는 사실을 깨닫고 『어린이』 읽기에 참여하였습니다. 일제 시기에 발간된 『어린이』에는 우리글로 우리 어린이들을 위한 좋은 글이 많이 실려 있었습니다. 저는 중국에 관심이 많기에 '만주'와 관련된 내용이 눈에 들어왔고 당시에 실린 글을 통해 오늘날 우리가 생각해 볼 내용을 정리해 보고 싶었습니다.

# 문화의 날개를 꺾은 검열

최미선

## 일본 경찰이 행한 일

일본제국주의가 우리나라를 강제 점령하고 잔혹한 일을 많이 했습니다. 그중에서 정말 나빴던 것이 무엇이 있을까요? 일본 경찰이 행한 검열을 꼽을 수 있습니다. 검열은 독자들이 책을 읽기도 전에 일본 경찰이 원고를 먼저 검사하고 글을 압수하거나 삭제하는 일을 했던 것을 말합니다. 그리고 일본 경찰은 그들이 허락한 글만 책에 실어 발행할 수 있도록 강제적으로 명령을 내리는 일을 했습니다.

요즘 같으면 '총독부 검열은 잘못 됐다.' 하고 인터넷에 올려서 전 세계만방에 알릴 수도 있고, 청와대 청원에 '대통령님 도와주세요.'라고 할 수도 있겠지만, 1920년대에는 인터넷도 없었고, 당시 우리나라를 통치한 최고 책임자도 당연히 일본에서 보낸 총독부 통감이었지요. 일본 경찰이 우리나라 사람들이 읽을 좋은 내용을 검열해서 자꾸 잘라내고 삭제하고, 압수해도 우리나라 사람들은 어쩔 수 없이 그대로 당할 수밖에 없었습니다.

검열이란 우리의 생각과 사상을 강압적으로 가로막는 일입니다. 무엇보다 어린이들이 읽을 책을 검열해서 문화적 상상력을 가로막으려고 한 것은 심각하게 우려스러운 일입니다.

특히 어린 사람들이 읽는 잡지를 검열한 것은 어린 독자들이 현재를 이겨내고 미래를 위해 상상력을 키워나가는 힘을 억압하는 것이기 때문에 더욱 위험하다고 보는 것입니다.

일본 경찰은 많은 잡지 중에서도 『어린이』에 유독 심각한 검열을 했습니다. 이번 글에서는 일제강점 시기 『어린이』에 행했던 검열에 대해 알아보려 합니다.

히틀러는 권력을 장악하자마자 두 달이 채 지나지 않아 많은 사람들을 파면하고, 중요한 자리에서 쫓아냅니다. 선전청(RMVP)이라는 부서를 새로 만들어 언론, 문학, 미술, 영화, 연극, 음악, 방송 등 대중 예술 매체를 총망라해서 관리 감독하는 검열을 시행합니다.

1926년 일본 경찰은 조선총독부 경무국에 도서과를 신설하고 신문, 잡지 및 출판물 저작권 등 조선의 출판물 전반에 검열 업무를 전담하게 됩니다. 경무국 도서과의 검열과 나치 히틀러 세력이 선전청을 만들어 검열을 시행한 것이 서로 흡사하지요.

히틀러의 나치와 일본 경찰은 이렇게 나쁜 공통점이 있습니다. 검열은 문화와 사상을 억압하는 것이기 때문에 비판을 받는 것이고, 검열이라는 행정 행위는 죄악시되는 것입니다. 상상력이 최고조로 발달하는 어린 사람들의 생각을 제한하려고 검열의 세력을 뻗쳤다는 것이 그래서 심각하게 나쁜 일입니다.

아동 잡지 중에서도 당시 가장 대표적인 『어린이』는 매우 많은 검열을 당했습니다. 총독부 경무국은 이렇게 검열한 결과를 『조선출판경찰월보』(이하『월보』로 통칭)라는 책으로 엮었습니다.

그런데 『월보』와 『어린이』를 교차 검토하면 검열 결과에 대한 의문이 생기는 부분이 있습니다. 실증적 자료를 통해 보면 상당한 오류가 발견되는 것입니다. 여기에는 일제의 어떤 의도가 숨어 있는 것일까요.

이 글에서는 이런 의문점을 풀기 위해 『어린이』에 행해진 검열 실태를 중점적으로 살펴보면서 동시에, 『월보』에 수록된 내용과 어떤 차이가 있는지 알아봅니다. 그리고 그 당시 『어린이』 독자들은 일본 경찰의 검열을 어떻게 바라보았는지 살펴보려고 합니다.


## 창간호부터 검열 받은 『어린이』

### 최다 검열 『어린이』

일제강점기 『어린이』는 엄청난 검열을 받았습니다. 우리의 민족 지도자들은 많은 잡지를 만들어 식민지 백성이 된 조선의 어린 독자들을 위로하려고 하였습니다. 『어린이』는 그중에서도 일제강점 시기를 대표하는 우리나라 근대 최고의 잡지 중 하나였습니다. 그 대표성은 검열의 강도와 비례했습니다.

『어린이』는 창간호부터 이미 일본 경찰의 주목 대상이었고, 방정환 선생은 검열 문제 때문에 책이 나오기 전부터 경찰국 호출을 받고 경무국에 가서 조사를 받아야 했습니다. 하지만 이런 검열 사실을 있는 그대로 드러낼 수가 없었지요. 알림난에 '뜻하지 않은 일이 생겨서 원고를 모두 싣지 못하게 되었다.'라는 말로 기사가 검열을 받았다는 사실을 간접적으로 알렸습니다.

『어린이』는 1923년에 창간되었고 경무국 도서과는 1926년에 설치되었는데, 『어린이』는 창간호부터 검열을 받았기 때문에 도서과가 설치되기 전부터 벌써 조직적이고 강압적인 검열을 겪었음이 잡지 전체에 드러나 있습니다.

도서과 설치 이전에도 대부분의 매체에 이미 검열이 시행되고 있었기 때문에 『어린이』 또한 창간호부터 검열을 당했고, 그로 인해 애초 계획했던 1923년 3월 1일 창간 일자마저 지키지 못하게 되었습니다. 그 내용은 창간호에 소상히 나타나 있습니다.

> 어린이 창간호가 3월 1일 여러분 어른께 첫인사를 드릴 작정으로 미리 광고까지 하였습니다만 세상일이란 마음대로 되지 아니합니다. 소위 원고 검열하는 절차가 어떻게 까다로운지 여기저기 왔다 갔다 하는 동안에 어느덧 이십여 일 획 지나가고(…) 그런 가운데도 짭짤한 구절은 원고 검열할 때 삭제를 당하여 마치 꼬리 뺀 족제비 모양이 되었습니다.
>
> - 『어린이』 창간호

개벽사 『어린이』부에서는 창간호를 3월 1일에 맞추어 발행하려고 계획했습니다. 방정환 선생님은 '기미독립선언' 기념일에 맞추어 『어린이』를 발행하려는 중요한 계획을 세웠지요. 그런데 일본 경찰은 이를 알고 방해 작업을 했습니다. 일본 경찰은 창간호가 제대로 발행되지 못하도록 계략을 세웁니다. 그게 검열이었습니다. 기미독립선언 기념일에 맞추려 했던 방정환 선생의 계획을 방해한 것이죠.

『어린이』의 검열은 해를 더할수록 더 심각해졌습니다. 검열 때문에 원고를 압수, 삭제 당하고 나니 책이 '마치 꼬리를 뺀 족제비 모양'이 되었다고 했습니다. 책이 참 볼품이 없이 되었다는 뜻이지요. 편집진의 고난은 이처럼 이루 말할 수 없을 정도였습니다. 편집진에서는 이런 고충과 애환을 〈독자담화실〉에도 올렸고, 알림난에 회사의 사정을 독자에게 알렸습니다.

(가) 여러분 우리 사에서 발행하는 큰 잡지 『개벽』이 죽고 말았습니다. 7년 동안 고생고생 싸워왔었건만은 별안간에 '발행금지'를 당하여 영원히 죽어버리고 말았습니다. 『개벽』이 죽은 후 개벽사 안은 정말 정말 사람 죽은 초상집 같이 되어 여러 날 동안 소란스럽게 지내었습니다. 그 통에 꼭 20일에 발행한다던 『어린이』가 이렇게 늦어졌습니다.
　　　　　　　　　　　　　　　　　　　　　－『어린이』 4권 8호, 1926.9.

(나) 신년호는 참말로 잘 팔리더니 기어코 압수 명령이 내리어 야단야단을 겪었습니다. 책은 모두 빼앗기고 불리어 다니면서 조사를 받고… 참말 여러분이 짐작도 못 해 주실 고생스러운 날을 보냈습니다. 소년 잡

지로 압수를 당하기는 참말 처음입니다. 방方 선생님이 날마다 총독부에 들어가셔서 교섭하노라고 애를 쓰셨으나 끝끝내 좋은 해결을 얻지 못하고 말았습니다.

아주 『어린이』가 다시 못 나오게 되지 않느냐고 염려해 주시는 이가 많이 계시나 안심하여 주십시오. 그만 일에 기운이 꺾일 어린이나 개벽사가 아닙니다. 앞으로 점점 더 기운차게 씩씩하게 앞잡이서 나갈 것을 즐거이 보아주시기 바랍니다.

- 『어린이』 6권 2호, 1928.3.

인용문 (가)는 1926년 9월호에 실린 글입니다. 『어린이』의 모母회사인 『개벽』이 발행 금지 당한 사실을 알렸습니다. 『개벽』 발행 금지가 되자 『어린이』도 크게 영향을 받게 됩니다. 『개벽』은 그 시대에 젊은 지식인들에게 인기가 높았던 잡지이고, 『개벽』을 만들었던 개벽사는 『어린이』가 발행될 수 있도록 경제 문제뿐만 아니라 대부분을 책임지고 있던 회사이지요. 그 모母회사가 숱한 검열과 탄압을 받다가 끝내 '죽었다.'고 합니다.

인용문 (나)는 1928년 3월호에 실린 글인데, 『어린이』 신년호가 소년잡지로서는 처음으로 압수당하여 조사받고 수습하느라 늦어졌다고 말합니다. '방 선생님이 총독부에 들어가서 이 일을 수습하려고 했지만 끝내 압수되고 말았다.'고 했습니다.

일제는 이처럼 탄압과 검열을 더욱 노골적으로 해 나갔습니다. 그래도 '그만한 일에 기운이 꺾이지 않고 앞으로 기운차게 앞에 나가겠다.'고 편집진들이 더 열심히 책을 만들겠다고 약속하고 있습니다.

1929년 5월호에도 사진 소설을 비롯한 대부분의 원고와 〈편집을 마치고〉와 〈독자담화실〉까지 허가 받지 못하였다는 특별알림特告이 실립니다. 그래서 책 편집이 어렵게 되었음을 독자들 앞에 소상하게 털어놓습니다. 가장 심각한 탄압은 제10권 제9호의 100호 기념호에서 원고 전부를 불허가 받아 책을 낼 수 없게 되는 상황을 사고社告에서 알렸습니다.

[社告] 지난 8월호에 예고한 바와 같이 이번 호로 일백 호를 맞이하게 되었습니다. 될 수 있는 데까지의 힘을 다하여 내용을 모으고 검열이 나오기만 고대하고 있던 중에 9월 2일이 되어 보통으로 하면 책이 발행될 때인데 그제야 돌연 원고 전부 불허가의 소식을 접하게 되었습니다. 우리는 한두 번 당하는 일이 아니라 그렇게 낙담하기까지에 이르지도 않았지만, 더구나 백 호 기념호라 하여 다른 때보다도 유달리 기다리고 계실 여러 독자께 그대로 한 달을 넘기기는 도저히 차마 할 수 없는 일이라 별 수 없이 사원 총출동, 비상의 준비로 임시호를 발행하기로 하고 당일 안으로 원고를 다시 모아서 재편집을 한 것이 곳 이것입니다. 우리로도 불만이 있을 때 제군들의 기대를 하든 바에야 얼마나 어그러졌으랴. 그러나 우리의 괴로운 심정을 짐작이나 하고 그대로 읽어주는 동시에 모든 불만의 점은 다음 혁신호를 다시 기다리라.

– 『어린이』 10권 9호, 1932.9.

위의 글은 100호 기념호에 실을 원고가 검열에서 모두 압수되었다는 내용입니다. 불허가 소식도 일찍 알려주지 않았고, 그달의 책이 발행되는 2일에 가서 겨우 알려주었다는 겁니다. 다시 말해 새로 책을 만들 시간을 주지 않으려고 불허가 판정도 아주 늦게 알려주는 꼼수를 일본 경찰이 쓴 것이죠. 불허가 판정을 받은 글은 박송朴松의 「금갑과 물건감」이라는 경제강좌 원고를 포함해서 무려 26편입니다. 그 달에 실릴 원고 전체가 불허가를 받았다고 합니다.

하지만 개벽사 『어린이』부 직원들은 낙담하고 있을 겨를도 없이, 한두 번 당하는 일이 아니라는 자세로 총출동하여 비상으로 긴급 특별호를 만들어 독자 앞에 내놓는다고 편집부에서 설명을 하였습니다. 이처럼 『어린이』에 대한 원고 검열은 치밀하고도 잔학할 정도였습니다.

## 독자들은 어떻게 했을까요?

이렇게 혹독한 검열이 계속되자 독자들도 『어린이』 편집자에게 위로의 편지를 보냅니다. 그때는 누구에게 도움을 요청할 곳이 없었습니다. 일본 경찰이 우리나라 사람들이 읽을 좋은 내용을 검열해서 자꾸 잘라내고 삭제하고, 압수를 해도 우리나라 사람들은 어쩔 수 없이 그대로 당할 수밖에 없었습니다. 이렇게 억울한 일을 당해도 어떻게 대처할 방법이 없었지요. 국가의 주권을 잃은, '나라 잃은 백성'이 된 처지에 있는 사람들의 형편이 이런 상태였습니다.

『어린이』 〈독자담화실〉은 독자들이 편집자에게 편지를 보내 대화를 나누는 공간입니다. 독자라면 누구나 편지를 보낼 수 있는 페이지입니다. 『어린이』 편집진은 〈독자담화실〉을 운영하는 데 보다 친근한 편집 기술을 동원합니다. 매우 현실감 있는 문체를 사용하여 독자와 편집자가 마치 실제로 만나서 이야기를 나누는 듯 입말을 사용하였습니다. '어린' 독자들이 자신들의 속내를 풀어낼 수 있도록 길을 열어주는 방법이었습니다.

『어린이』〈독자담화실〉은 독자들의 고민이나 문제를 털어놓는 상담자 역할을 하기도 하면서 독자와 편집자 사이의 심리적 유대를 만들어 갔습니다. 그래서 독자와 편집부는 심리적으로 공동체를 형성하게 됩니다. 그렇다 보니 『어린이』가 총독부의 검열로 고통을 받을 때 전국 각처의 독자들이 마치 자신의 일인 양 검열에 대해 분노하고, 안타까워하며 책 발행을 응원하는 목소리를 내기도 합니다.

(다) 아! 참말 눈물 나게 반갑고 감사한 유월호! 잡혀가고 갇히고, 수색당하고 그 끔찍스러운 소문을 듣고 한동안은 『어린이』가 나오지 못할 줄 알았더니 그 환란 중에서 그래도 끊어지지 않고 편집해 보내주신 방 선생님 참말로 눈물이 흐릅니다. 인쇄하는 것도 못 보시고 잡혀가신 방 선생님 그래도 인쇄는 되어서 저희들의 손에 쥐어졌습니다. 언제나 우리도 자유롭게 될는지요. 六月 후 책장을 적시우면서 저희는 先生님들이 하루라도 속히 나오시게 되기만을 빌고 있습니다.
- 수원 최순애 여주 김장춘 외 72인, 『어린이』 4권 7호, 1926.7.

(라) 못 나올 줄 알고 있던 『어린이』 6월호가 나온 소식을 들을 때 참말 죽은 동무가 살아 온 것 같았습니다. 아무리 소란한 속에라도 우리들을 위하여 이렇게 꾸준히 애써 주시는 것 생각하면 절을 한들 어찌 감사한 뜻을 다하겠습니까. 오직 이렇게까지 애써 주시는 『어린이』가 조선

소년소녀에게 한 사람에게라도 더 퍼지고 더 미쳐지게 하는 것이 제일 잘하는 일이겠다고 생각하고 우선 우리 학교동무 모두 6월호부터 보게 하겠습니다. 내내 안녕하심만 바랍니다.

- 대구. 횡정 최효남

　위 인용문 글 (다), (라)는 『어린이』가 검열당하는 일을 걱정하면서, 고초와 고통을 받고 있을 편집부 직원들과 책임자 방정환 선생을 염려하는 독자 목소리가 담긴 글입니다. 통권 42호에는 검열을 걱정하는 독자 편지가 유독 많이 실려 있습니다. 이 책에만도 수원 최순애 독자를 포함해 여주의 김장춘 외 70여 명 독자가 검열을 염려하는 편지를 보낸 것을 알 수 있습니다.

　특히 글 (다)는 수원에 사는 최순애 독자가 1926년 『어린이』 6월호를 받고 반가움으로 편집실에 보낸 편지입니다. 여기서 최순애 독자에 대해서 잠시 설명합니다. 최순애는 동요 '오빠 생각'을 『어린이』에 발표한 소녀 시인입니다. 그 오빠는 최영주 씨였는데, 처음에는 개벽사에 근무했고, 나중에는 『어린이』 편집에도 참여했습니다. 오빠 최영주 씨가 회사에 다니기 위해 서울로 갔고, 그 그리움을 '오빠 생각'이라는 시로 썼습니다. 최순애 시인은 『어린이』를 통해서 마산의 소년 시인 이원수를 알게 되고, 이 두 분은 나중에 결혼으로 맺어져서 훌륭한 부부 시인이 됩니다.

　글 (라)는 대구 횡정에서 보낸 편지인데 역시 '못 나올 것으로 생각했던 유월호를 받고 죽은 동무가 살아온 것처럼 반가웠다.'고 썼습니다. 이처럼 독자들도 이때 총독부가 행했던 검열의 실상을 알고 있었고, 편집부의 고난과 고초를 대부분은 짐작하고 있었던 것을 알 수 있습니다. 〈독자담화실〉 편지 내용에서 그런 사실이 잘 나와 있습니다.

(마) 감사합니다. 다행히 오래 걸리지 않고 무사히들 나와서 전보다 더 활기 있게 일하고 있습니다. 안심들하여 주십시오. 참으로 형용할 수 없이 감사한 위안의 편지를 받고 하도 많아서 일일이 답장 못 드린 것 대단히 미안합니다. 편집실 일동

－『어린이』 4권 7호, 1926.7.

편집진은 독자들이 걱정하는 것에 대해 〈독자담화실〉에 답변을 올립니다. 위의 (마) 인용문은 편집부에서 독자들에게 보내는 답글입니다. 경무국에 조사를 받으러 갔던 방 선생님과 직원들이 '무사히 나와서 전보다 더 활기차게 일하고 있다.'고 분위기를 알려줍니다. 그러면서 '독자들의 편지에 많은 위안을 얻고 있다.'고 말합니다.

편집부는 『어린이』가 당하고 있는 고충을 숨기지 않고 그대로 독자에게 알렸습니다. 안정적으로 간행되지 못하는 상황 등을 알리면서 독자들과 애환을 나누는 소통을 했습니다. 『어린이』 발행을 걱정해 주는 독자들에게 편집부는 고마움의 인사를 하면서 독자들과 소통하고, 서로 위로를 나누는 것이 〈독자담화실〉을 따뜻하게 해 줍니다.

검열 때문에 원고를 새롭게 만들고, 작성해야 하는 이유 등을 제법 소상하게 독자들에게 알렸습니다. 독자들도 이런 일이 마치 자신에게 일어난 일처럼 여기면서 의견을 나누고 소통하는 모습을 보여줍니다. 이런 소통과 공감이 『어린이』의 큰 특징이며 다른 잡지와 다른

차별화되는 『어린이』의 위상이기도 합니다.


## 무엇인가 감춘 듯한 『월보』


앞서 살펴본 것처럼 일제는 책 전체에 불허가 판정을 내리는 가혹한 검열을 시행했습니다. 『어린이』뿐만 아니라 그 당시에 발행되는 모든 책을 검열했습니다. 그리고 그 검열의 내용을 『조선출판경찰월보』라는 책으로 엮어 문서로 만들었습니다. 『월보』는 1928년 9월부터 1938년 12월까지 총독부 경무국 도서과 소속의 비밀경찰이 언론을 탄압하고 통제하기 위해 만든 문건이고, 여기에 총독부 도서과 납본목록과 출판 검열의 내용이 수록되어 있는 것이죠.

그런데 『월보』와 『어린이』를 교차 점검해 보면 『월보』에 수록된 검열 내용과 상당한 차이가 있어요. 무엇인가 감추는 듯한 면이 있습니다.

『어린이』 검열을 예로 들어보면, 통권 65호(1929.5.10.)에서는 방정환 「어린이날을 맞으며」, 「어린이 독본」, 차상찬 「남이 장군 이야기」 등의 역사물과 아동교양기사 그리고 〈독자담화실〉까지 원고 불허가 처분을 받았는데, 하지만 『월보』에서 검열 목록을 확인해 보면 『어린이』에 나와 있는 불허가 목록과는 차이가 있음이 밝혀집니다.

『어린이』 통권 65호(1929.5.10.)와 『월보』 8호, 9호를 교차 점검해 볼 수 있습니다. 『월보』 8호는 편철 기간이 1929년 4월부터 1929년 5월까지로 나와 있습니다. 『월보』 8호는 총 151건의 검열 자료가 수록

되어 있고, 『학생』, 『소년조선』, 『조선소년』 등의 매체를 검열한 내용은 나와 있지만, 특이하게 『어린이』 검열 기사는 한 건도 실리지 않은 게 이상합니다.

『월보』 9호 『어린이』 검열기사는 ㉠ '조선의 소년소녀들에게 하나의 마음과 하나의 정신으로 일치단결하여 나갈 것을 주장'(발신일 5월 1일)하는 기사 ㉡ '인격무시와 학대하에 있는 조선 소년의 상태'(발신일 5월 16일) 2건이 올라 있습니다. 『월보』 9호 총 204건 중에서 『어린이』와 관련하여 검열된 기사는 2건으로 나와 있습니다. 『월보 9』호에 해당되는 『어린이』 7권 4호 48쪽에는 무려 8편의 글이 검열로 실리지 못하게 되었다는 알림이 있습니다.

아래 검열기록은 『월보』 9호에 실려 있는 원본 이미지입니다. 1929년 5월 『어린이』를 검열한 내용 중 한 건입니다. '조선의 소년소녀들에게 하나의 마음과 하나의 정신으로 일치단결하여 나갈 것을 주장'하는 내용이라서 압수한다고 『월보』 9호에 밝히고 있습니다.

이처럼 『어린이』 통권 65호 (1929.5.10.)와 『월보』를 교차 검토해 보았을 때 『월보』 기록에는 상당한 차이가 있음을 알 수 있습니다. 이와 같은 일은 다른 잡지

『조선출판경찰월보』 9호에 나온
『어린이』 검열기록

에서도 많이 나타납니다.

일제는 출판물의 검열을 애초 미풍양속 강화라고 포장했습니다. 검열에 조선의 건전한 문화 융성이라는 대의명분을 내세운 것이죠.

『어린이』의 경우 『월보』와 검열 목록에서 상당한 차이를 발견할 수 있는데 이는 미풍양속 강화라는 대의명분에 부합되는 듯한 자료만 공적 문서로 기록해서 문서화한 것일까요? 의문이 드는 것입니다.

조선 어린이들의 민족적 자긍심을 올리는 내용이나, 조선 소년들의 탁월함을 칭찬하거나, 혹은 조선의 지리 풍토적 우월성을 강조한 내용은 철저하게 검열당했습니다.

그런데 다수의 검열 목록이 『월보』라는 공적 문서에조차 누락된 것은 왜일까요. 풀어야 할 의문 사항입니다. 이 의문은 앞으로 더 많은 연구를 통해 밝혀나가야 할 것입니다.

## 자유의 날개를 꺾는 검열

검열은 문화적 창의성과 상상력을 억압하기 때문에 과거나 현재나 가장 지탄 받아야 마땅하다고 봅니다. 이런 강압적 행정명령 때문에 사람들이 감시받고 제한 받아서는 안 되는 것이죠.

일제는 풍속교화 등의 문화정책을 시행한다는 명분으로 검열을 시행한 것인데, 결과적으로는 식민지 백성, 특히 어린이들이 용기와 담력을 가진 자유로운 생각의 날개를 펼치지 못하도록 억압한 것입니다.

검열 당국은 조선의 어린이에게 용기를 주고 미래에 대한 꿈을 가지게 하며 나라의 미래를 알게 해 주는 글들은 실리지 못하게 했습니다. 현실은 비록 식민지 백성으로 전락했지만 용기를 가지고 현재를 이겨나가면 현재와는 다른 미래를 만들 수 있다는 희망의 글에는 가차 없는 검열의 잣대를 들이댔지요.

자유롭고 창의적인 생각을 가지게 하는 동화, '자유로운 사상'을 노래하는 동요, '벗들에게 신세계를 맞이하자는 노래' 등은 모두가 당시 어려운 현실을 타개하자는 염원이 담긴 글, 이런 글을 읽지도, 보지도, 쓰지도 못하게 한 것이 일제의 검열이에요.

이처럼 희망을 노래하고 미래를 염원하며, 새로운 꿈을 가지게 하는 글은 모두 검열하여, 어린 독자들이 접하지 못하도록 한 것입니다.

문학이란 창조적 상상력을 맘껏 펼쳐서 자유롭게 상상의 세계로 멀리 날아가는 데서 그 예술적인 힘이 모아집니다. 그런데 생각하고 표현하는 날개를 꺾으려 한다면 어떻게 살 수 있을까요? 일제강점 시기 우리나라 문화 예술에 이런 검열이 무차별로 일어났습니다.

검열과 같은 어두운 세력이 자유와 상상을 제한하는 일이 다시 반복되도록 내버려 두어서는 안 되기 때문에 이 글을 쓰는 것입니다.

검열이라는 무거운 주제를 짚어보는 것은 검열과 같은 검은 세력이 다시 나타나지 않도록 해야 하기 때문에 항상 주의 깊게 살펴봐야 합니다.

# 참고한 자료

『어린이』, 『조선출판경찰월보』

김경수, 「일제의 문학작품 검열의 실제-1920년대 압수소설 세 편을 중심으로」, 『서강인문논총』 Vol.39, 서강대학교 인문과학연구소, 2014.

문한별, 「일제강점기 아동 출판물의 관리체계와 검열 양상-불온소년소녀독물 역문과 언문 소년소서독물의 내용과 분류를 중심으로」, 『한국문학이론 과비평』 60, 한국문학이론과 비평학회, 2013.

박경연, 「일제하 출판검열에 관한 사례연구」, 『서지학 연구』 23집, 서지학회, 2020.

박태일, 「나라잃은시기 아동잡지로 본 경남, 부산지역아동문학」, 『한국문학논 총』 제37집, 한국문학회, No.2004.

베네딕트 앤더슨, 윤형숙 역, 『민족주의의 이론과 전파』, 나남, 1991.

이민주, 「일제 검열에 대한 조선어 민간신문의 대응양상 연구」, 『한국언론학보』 2호, 한국언론학회, 2018.

이상경, 「조선출판경찰월보에 나타난 문학작품 검열양상 연구」, 『근대문학연 구』 17, 한국근대문학학회, 2008.

장정희, 「『어린이』에서 '발견'한 방정환-검열의 흔적과 그 실체의 추적」, 한국 문학회 2018 하반기학술대회 발표 자료집, 2018.

정근식, 「식민지 검열 체제의 역사적 성격」, 『대동문화연구』 51, 성균관대학교 대동문화연구원, 2005.

정진석, 『극비 조선총독부의 언론검열과 탄압』, 커뮤니케이션북스, 2007.

조용만, 「나의 학창시절」, 『30년대 문화예술인들』, 범양사, 1988.

천정환, 『끝나지 않는 신드롬』, 푸른역사, 2005.

최덕교, 『한국잡지백년』, 현암사, 2005.

최미선, 「일제강점기 어린이문학 매체에 행해진 검열 실제와 문화 억압 양상 연 구」, 『한국아동문학연구』 제40호, 한국아동문학학회, 2021.

최준,『한국신문사』, 일조각, 1979.

한만수,『허용된 불온: 식민지 시기 검열과 한국문학』, 소명출판, 2015.

황종연,「문학이라는 역어譯語」,『한국문학이란 무엇인가』, 민음사, 1995.

국사편찬위원회, www.history.go.kr

한국역사정보통합시스템, www.koreanhistory.or.kr

## 저자 소개

**최미선** nunsam@hanmail.net

『어린이』를 완독하고 기념 문집을 만들게 되었습니다. 『어린이』 완독에 참여해 많은 토론과 의견을 나누며 책을 읽은 것은 귀한 공부였습니다. 무엇보다 『어린이』 책 안에서 방정환 선생님의 숨결을 느낄 수 있었습니다. 방정환 선생님의 글 행간에는 어린이 사랑, 나라 사랑, 민족 사랑이 넘쳐났습니다. 정말 훌륭한 분이었습니다.

동화에 쓸 자료를 찾으려고 주남저수지에 갔다가 철새들이 남기고 간 무수한 발자국과 똥을 보고 돌아왔어요. 북쪽에서 날아와 주남저수지에서 겨울을 보내고 또 어디론가 날아갔다가 다음 겨울에 다시 날아오겠지요. '닐스'처럼 거위 등에 올라 멀리 날아가는 모험을 꿈꾸어 보고, 동화를 읽고, 쓰고, 공부하는 것이 가장 중요하다고 생각하고 있어요. 창작동화집 『가짜 한의사 외삼촌』, 『구쁘다 이야기 열 조각』(공저), 『아동문학 야외 정원』(비평집) 등의 책을 냈고 지금은 경상국립대학교에서 강의하고 있어요.

『어린이』 12권 5호 표지

# 서로서로 존경하는
# 마음으로

내가 어린 사람에게 부탁하는 한 가지 말이 있습니다. 그것은 가장 작은 일이면서도 가장 큰 것입니다.

서로서로 존경하는 마음으로 대하라!

당신과 당신의 동무와 대할 때 "이놈아 저놈아" 하는 태도로 대하지 말고 서로 존경하는 마음을 가지고 대하라는 부탁입니다.

서로 주고받는 말부터 그 마음까지 상대를 높여 주고 위해 주라는 것입니다.

내가 어린 사람에게 하는 부탁은 이 한 가지뿐입니다.

서로 존경하는 마음으로 대하라!

- 동덕여고 교장 조동식,
「적으면서 큰 것」, 『어린이』 11권 3호, 1933.3.

# 공장으로 간 어린이

서희경

## 소년 소녀들은 어디로 가는 걸까요?

해가 지고 어둑어둑 땅거미가 지면 소년 소녀들은 어디로 가는 걸까요? 현대의 어린이들이 낮에는 학교에 가고 맛있는 저녁을 먹은 뒤 잠시 유튜브를 보다가 꿈나라로 향하는 게 지금 풍경이라면, 1930년 대 근대의 어린이들은 고무신을 만드는 고무공장에서 나와 야학을 하러 갔어요.

무엇을 알리는 광고문인지 한번 읽어볼까요?

겨울은 야학에 제일 좋은 때
장님도 눈 뜨게 되는 이 총서叢書
전 조선어 야학 서당 지정 교과서
석 달 걸릴 문맹타파운동文盲打破運動도
이 총서叢書면 한 달에 넉넉 성공成功

노동야학 교과 총서 광고, 『어린이』 9권 10호, 1931.11.

아하, 바로 조선어 야학 서당이 지정한 교과서로 한 달 과정의 공부이군요. 일제 식민지 시기임에도 불구하고 우리 말글을 배울 수 있는 귀중한 서책임을 알 수 있어요. 일제가 우리 모국어를 말살할 때 1931년 조선어학회는 한글을 지키고 연구하는 데 앞장섰어요. 해방 이후 1949년에는 '한글 학회'로 이름을 바꾸고 지금까지 활동을 이어가고 있어요. 조선어학회에서는 전국의 청년회와 결합하여 낮에는 일하는 어린이들에게 한글을 가르치며 야학을 운영하기도 하였습니다. 왜 조선어를 가르쳤을까요? 우리의 말과 글은 민족의 혼이 깃들어 있는 소중한 유산이죠. 한글을 가르치는 것은 바로 일제로부터 우리 민족을 지키는 일이었지요. 일본어가 아닌 우리 말글로 야학을 배운다는 것이 문맹타파운동의 핵심이었어요. 1931년 농촌 계몽 운동으로 잘 알려진 브나로드 운동의 흐름 안에서 아동노동과 야학의 관계를 생각해 볼 수 있습니다.

그럼 어떤 과목을 배웠는지 살펴볼까요?

노동독본, 노동서한, 노동산술, 국어독본, 노동이과, 농업초보, 조선역사, 한자초보, 창가『불별』, 조선지리

눈에 띄는 것은 조선의 역사와 조선 땅에 대한 지리를 배우고 우리 말글로 읽는다는 것을 알 수 있고, 창가집 『불별』이라는 책이 반갑습니다. 『불별』은 어떤 책일까요?

우리는 가난한 집 노동하는 아이들이다. 그래서 우리는 그러한 부잣집 아이들과 이해도 다르고 생각도 다르다. (중략) 그들은 언제든지 기쁘고 교만한 생각밖에 나지 않지만은 우리들은 언제든지 서럽고 분한 생각밖에 나지 않는다. 그런 때문에 그들의 노래와 우리들의 노래까지도 다르다. 그들에게는 그들의 부르는 노래가 따로 있고 우리들에게는 우리들의 부르는 노래가 따로 있다. (중략) 다만 그들의 노래는 그들의 노래 짓는 아저씨들이 책을 만들어낸 것이 많이 있지만 우리들의 노래는 이때껏 한 책으로 되어 나온 것이 하나도 없었다. 이것은 우리 조선에서 가장 처음 되는 우리들의 노래책이다.

- 권환, 「서문1, 조선 프롤레타리아 예술 동맹」,

『불별』, 1931.3.

『불별』은 1931년 3월 이주홍, 신고송, 이구월, 김병호, 양우정, 박세영, 손풍산, 엄흥섭 8명의 작가가 지은 조선 최초의 프롤레타리아 동요집입니다. 모두 43편으로 개인별 첫 작품에는 그림을, 두 번째 작품에는 악보와 함께 동시를 실었어요. 『불별』은 가난한 소작 농민을 아버지로 둔 아이가 배고픔을 토로하면서 가진 자들을 원망하기도 하고, 낮에는 학교에 가지 못하고 울면서 일하러 가지만 야학을 기대하며 희망을 품기도 해요. 아동들의 눈에 비친 돈 때문에 겪는 현실적 어려움과 부자 아이들에 대한 분노를 표현하면서 그래도 당당하게 그들과 맞서는 의지를 노래하였지요.

이제 그럼 『어린이』에 실은 공장으로 일하러 간 아동들의 이야기를 살펴보도록 하겠습니다. 일기자의 생생한 현장 취재 기사문을 통해 일제 식민지 시기 가난한 가정의 노동자 어린이들의 슬픈 현실을 느껴보도록 하겠습니다. 『어린이』는 아동 인권에 대해 귀 기울이고, 어린이 해방의 문제를 늘 고민하였습니다. 1930년대 어린이 노동자가 어떤 환경에서 일했고 그들에 대한 처우가 어땠는지 생각해 볼까요?

## 별표 고무공장에서 아기 고무신을 만드는 열다섯 살 소녀 배정숙

별표 고무회사에 취재를 나간 방정환 기자님, 이 회사는 어떤 회사인지, 여기에서 일하는 소년 소녀 노동자들은 어떤 하루를 보내고 있는지 취재 소식을 전해 주실까요?

1930년 8월 『어린이』 8권 7호에 실린 이야기입니다.

> 별표 고무회사
>
> 별표 고무회사는 경성 광희정에 있는 유수한 고무회사인데 먼저는 직물회사이던 것이 팔 년 전부터 고무회사로 변하였답니다. 자본금은 삼십만 원이요 현재 직공 수는 남녀를 합하여 전부가 이백사십여 명인데 그 중에 어린 사람 직공은 소년이 일곱 명 하고 소녀가 열두 명으로 이들의 손을 통하여 만들어지는 고무신이 매일 이천 켤레 평균으로 일 년에 칠십삼만 켤레라는 놀라운 수효를 보이고 있습니다.

별표 고무회사는 고무신을 만드는 신발 공장이군요. 정식 명칭은 중앙상공 주식회사이며 1923년 별표 고무신이 출시되었어요. 평균적으로 매일 이천 켤레의 신발이 만들어지는데 소년 소녀 노동자는 19명이 있다고 합니다. 소년보다 소녀가 5명 더 많은 이유는 아마도 근대 시기에 가정의 형편에 따라 남아선호사상으로 집안에서 공부를 시켰던 것은 남자였기 때문이겠죠. 이렇게 공장에서 일하는 어린 사람들은 몇 살이었고, 무슨 일을 했는지 알아보도록 하겠습니다.

> 소년 직공의 연령
>
> 사백여 명 직공 중에 단 열아홉 사람밖에 안 되는 어린 직공들의 나이는 대개 십오 세 이상으로 십칠 세까지인데 거의 전부가 남의 집 곁방살이나 행랑살이를 하는 가여운 사람들로 원수의 가난 때문에 한창 즐겁게 뛰어놀며 공부를 할 나이의 몸들이 음울한 공장에서 가위와 풀을 가지고 뼈아픈 고생을 하고 있습니다.

소년 소녀 노동자들은 나이가 15세 이상으로 17세까지 있는데 가난해서 학교 대신 공장에 왔다는 사연이 있군요. 그런데 기계가 돌아가는 공장에서 어린 소년 소녀들이 일하기가 쉽지 않았을 텐데요. 도대체 어떤 일을 했을까요?

> 작업
> 작업 중에 가장 위험한 일은 원료를 가지고 반죽해 내는 일인데 이것은 순전히 기계를 가지고 하는 일이나 자칫하면 생명에까지 관계되는 위험한 일이기 때문에 전부 어른 직공에게 맡겨 하게 하며 제일 위험치 않고 쉬운 직접 신 만드는 일을 시킨답니다.
> 어린 사람에게는 특히 만들기 쉬운 어린 아기들의 신을 전문으로 맡기거나 운동화의 고무창을 붙이는 일을 시킨다는데 그 때문에 공전도 어른들보다는 훨씬 싸답니다.

고무 원료를 반죽하는 위험한 일은 기계가 한다고 하니, 1930년대 공장에는 기계와 사람이 함께 일하는 모습임을 알 수 있어요. 소년 소녀 노동자들은 아기들의 신발을 만들거나 운동화의 고무창을 붙이는 쉬운 일을 하기에 임금은 어른들보다 적게 받는다고 합니다. 그렇다면, 가난 때문에 공장에서 온종일 일해도 임금이 적기 때문에 가난에서 쉽게 벗어날 수는 없었을 것 같아요. 다음으로 하루에 몇 시간씩 일하는지 노동 시간을 알아보겠습니다.

직무 시간職務時間

직무 시간은 아침 여덟 시로 오후 여섯 시까지 만 열 시간 노동인데 점심시간 삼십 분을 제한 나머지 아홉 시간 반은 순전히 고무신을 만드는, 즉 자기의 직업을 위하여 이바지하는 것입니다.

아침 8시부터 일을 시작해서 오후 6시에 일이 끝나는데 10시간의 노동 시간 중 점심시간 30분을 제외하면 9시간 반을 무조건 고무신을 만들어야 합니다. 2022년 현재 근로기준법에 따르면 주 52시간 근무를 초과할 수 없습니다. 점심시간은 30분이 아니라, 최소 1시간이 주어지지요. 또 1년간 80%의 근무를 한 경우에는 15일의 유급 휴가도 쓸 수 있는 연차가 있습니다. 이렇게 노동자의 처우가 개선된 것은 1970년 전태일 노동운동가가 분신으로 항거한 이후 불과 얼마 안 된 일이지만, 1930년대 노동자들의 눈물 젖은 역사와 인고의 세월을 보낸 노동 인권운동가들의 투쟁에서 차지한 승리라고 말할 수 있겠지요. 그렇다면 현재 꼭 지켜야 하는 아동노동에 대한 법규에 대해 한번 알아볼까요?

현재 근로기준법 제64조에 따르면 15세 미만인 사람(중학교에 재학 중인 18세 미만인 사람을 포함)은 근로자가 될 수 없어요. 다만, 고용노동부 장관이 발급한 취직인허증就職認許證을 지닌 어린 사람은 일할 수 있지요. 보호자인 부모님의 동의와 취직인허증을 발급받아 일할 수 있는 것은 신문 배달 아르바이트 같은 어린 사람에게도 유해하지 않은 환경의 노동이라고 해요. 또 아역 배우 같은 예술과 관련된 일도 허용이 되지요. 하지만 아동들은 어른들에게 보호받으며 교육을 통해 성장해야 하는 시기이고 단순히 돈을 벌기 위해 하는 노동이 하루 전부가 되어서는 곤란하지요. 사실 의무교육을 법제화시킨 이유도 아동노동을 막기 위해서였어요. 그래서 학교에 다니지 않는 만 15세 이상 만 18세 미만 아이들에게 근로시간과 업무에 제한을 둔 것이지요. 이는 전 세계적으로 약속한 어린이 인권에 관한 협약을 따르고 있어요.

국제 노동 기구(ILO)의 취업의 최저 연령에 관한 협약에서는 어떠한 경우에도 최저 연령은 15세 이상이어야 한다고 정해져 있으며, 만일 건강, 안전 또는 도덕을 해칠 우려가 있는 업무라면 최소 18세 이상이어야 한다고 해요. UN 아동권리협약에서는 18세 미만이 최소 연령이라고 규정하고 있어요. 제28조 교육을 받을 권리와 제32조(경제적 착취와 유해한 노동으로부터의 보호)가 바로 의무교육으로부터 아동노동을 보호하는 예라고 할 수 있어요.

이런 기준에 의하면 15세부터 17세까지 아동이 일하고 있는 별표 고무회사는 의무교육도 받지 않고, 위험한 일을 어른들이나 기계가 대신한다고 하지만, 위험한 기계가 돌아가고 있는 환경, 10시간 동안 공장에 있는 것 자체가 건강과 안전을 해칠 우려가 있기에 처벌을 면할 수 없을 것 같아요. 일하는 시간에 비해 쉬운 일이라고 임금도 적게 받는 것은 불공평한 처사이지요. 이처럼 고되게 일하고 아동 노동자들은 얼마를 받았을까요?

시간은 같은 시간을 허비하고도 받는 임금은 어른들이 받는 것에 절반도 못 되어 겨우 오륙십 전의 소득밖에는 없답니다. 어린 사람들은 어린 사람의 신을 하루에 잘해야 이십오 켤레를 만드는데 이것의 공전이 한 켤레에 단 이 전씩이니 모두 합처야 오륙십 전에 불과한 것입니다.

1930년대 초반에는 경제 대공황 이후로 일제 식민지였던 조선에서도 물가가 불안정하였어요. 노동자들이 갑자기 회사에서 해고가 되기도 하고, 가난한 가정의 자녀들은 교육을 포기해야 했어요. 소녀 노동자가 아기 고무신을 만들어서 일당으로 최대 60전을 받으면, 오늘날의 화폐 가치로 얼마일까요? 당시 여인숙에서 하룻밤을 묵으려면 60전, 소고기 한 근이 40전, 냉면 한 그릇이 15전이었다고 해요. 소녀 노동자가 60전을 받으면 엄마, 아빠, 오빠까지 냉면 4그릇을 살 수 있어요. 오늘날 평양냉면 한 그릇에 만 원이라고 하면 60전은 오늘날 돈으로 4만 원 정도이겠네요. 당시 어린이 잡지 1권 가격은 10전이었어요. 2022년 시간당 최저 임금은 9,160원이라고 할 때 시간제로 보수를 받는 게 아니라 신발을 만든 개수로 임금을 받는다는 건 노동자에게 불리한 조건이었지요. 공장에서 허리가 휘어지게 일해도 고작 50~60전을 받는 아동 노동자들이 가난을 벗어날 수 없는 현실에 마음이 아픕니다.

그런데 고무 원료를 반죽하는 기계가 있는 공장의 환경이 과연 안전했을까요? 불행하게 사고가 일어나면 아동 노동자들도 보상을 받을 수 있었는지 알아보고 연말 수당에 대해 알아봅시다.

작업 중의 부상負傷과 연말수당年末手當

어린 사람이 하는 일에는 전혀 없다고 해도 과언이 아니나 하여간 작업하는 중에 기계로 인해서든지 또는 기타 사고로 인하여 몸에 크디큰 중상을 입어서 작업을 계속할 수도 없고 또 생활에까지 영향이 미치게 될 때는 회사는 당연히 그의 몸이 완전할 때까지의 치료비 공전을 지불해 주고 또 만약 불행히 병신이 된다고 하더라도 어느 한도까지는 그의 생활을 보장하여 준답니다.

특별히 일정한 수당이나 또는 예외 특전은 없으나 1년 동안의 영업성적을 보아 충분한 이득이 있으면 거기에서 얼마를 떼어서 직공들에게 상여금 마찬가지의 형식으로 주는 것이 있는데 이것은 직공의 기술과 능률을 보아서 일정하지 않답니다.

— 일기자(방정환), 「공장 소년 순방기 제1회 별표 고무공장」,
『어린이』 8권 7호, 1930.8.

오늘날 일터에서 다치면 산업재해 보상보험으로 보호받는 것처럼 당시에도 만일 작업 중에 사고를 당하게 되면 치료비와 생활비를 받았다고 해요. 그런데 과연 잘 지켜졌을까요? 또 특별 보너스로 1년 동안 고무신의 매출이 다른 회사보다 높다면 노동자들에게 상여금을 준다고 했지만 하는 일이 쉽고 저임금을 주는 아동 노동자에게 기술의 대가로 받는 상여금이 과연 있었을지 의문이 드네요. 1930년대 아동 노동자의 처우는 근로시간도 휴게 시간도 하루 일당도 현재와 비교해 많이 부당했습니다.

# 풍덩, 시대 상황 속으로! 고무신 경쟁, 우리나라 고무신 최고!

　아래 사진은 실제 고무공장에서 소녀 노동자들이 고무신을 만드는 사진입니다. 하루 9시간 반을 꼼짝 않고 앉아서 일한다면 얼마나 고되고 힘들까요?

고무신을 만드는
소녀 노동자들

별표 고무화 광고,
동아일보, 1923.4.6.

별표 고무화 광고,
동아일보, 1925.4.2.

　1970년대까지 고무신은 서민들의 대표 신발이었어요. 잘 찢어지지 않고, 비 오는 날에도 편리했으니까요. 우리나라에 고무신이 처음 소개된 것은 1919년에 한일합자회사로 만든 대륙 고무 공업주식회사였어요. 고무와 가죽을 섞은 일본 고무신을 완전히 고무만 사용하는 조선식 고무신으로 바꾼 것이지요. 대륙 고무신은 순종과 왕자, 공주와 나인들이 널리 애용했고, 인기가 많아 유사품에 유의하라는 짝퉁 주의 광고까지 냈어요. 대륙 고무신이 인기를 끌면서 1923년 중앙 상공주식회사에서도 별표 고무신을 만들었어요. 평양에는 정창 고무공장이 설립되었으며, 해방 전에는 거북선표의 서울 고무와 별표 고

대륙 고무 광고, 동아일보, 1922. 9. 16.

무신이 인기를 끌었어요. 해방 이후에는 왕자표 신발로 유명한 국제 고무공업이 부산에 설립되었고, 또 기차표 동양 고무도 있었지요. 우리나라의 고무신은 1962년 미국에 처음 수출되기도 한 효자 상품으로 월남전 군인들에게도 사용되었습니다.

일기자의 다음 취재로는 '소년 인쇄 직공 방문기'가 예고되었습니다. 『어린이』에서 공장으로 일하러 간 어린이들의 현실을 생생하게 취재한 이유는 무엇일까요? 그것은 일하는 어린이들의 가난한 현실에 대해 함께 고민해 보고, 이 어린이들의 문제를 극복할 수 있는 해결 방안을 함께 찾아보자는 데에도 의미가 있었을 거예요. 예쁜 고무신을 신고 학교에 가는 친구들을 마냥 부러워했던 배정숙 소녀 노동자는 집으로 돌아와 『어린이』에 실린 다른 소년 노동자의 이야기를 읽으며 위로받고, 언제까지 어린 자신이 가난한 노동자로 살아야 하는지 생각해 보게 될 것입니다. 또 야학에서 했던 토론을 떠올리며 내가 일하는 공장이 안전한 환경인지, 노동자로서 정당한 대우를 받는지 곰곰이 따져 볼 것입니다. 실제 천도교 소년회에서는 가난한 농촌 어린이들에게 성금을 모아 도와주는 구휼제도가 있었어요. 『어린이』는 전국에 흩어져 활동하는 소년회와 함께 언젠가는 반드시 독립된 조선의 밝은 미래를 꿈꾸고, 일제 식민지 시기 아동의 문제를 고민하면서 어린이들의 실제 삶에 가까이 있었습니다.

## 청년회가 공짜로 한글을 가르쳐 드립니다

의무교육이 법으로 제정되지 않았던 근대 시기 어린이 노동의 문제를 고민할 수 있었던 방법은 야학이었습니다. 대다수의 가난한 농촌 지역의 어린이들이 고무회사, 인쇄소, 비료공장에서 돈을 벌기 위해 낮에 일할 수밖에 없는 현실은 바뀔 수 없어도, 적어도 밤에는 조선어로 된 책을 읽을 수 있도록 문맹에서 벗어날 수 있다면, 이들은 미래에 꿈을 꿀 수 있는 희망의 어린이로 자랄 수 있게 되겠지요.

1932년 1월 20일 발표된 『어린이』 10권 1호 신춘 소년 문예호에서는 야학을 설립한 실화가 소개되고 있습니다.

우리 동리는 아주 청빈한 촌락이지만 남의 곳에 없는 청년회가 있어서 많지도 못한 회비 2원 50전의 금액- 남이 들으면 비웃을 만한 그 돈을 가지고 경비를 대어갔습니다. 그것으로 칠판 두 개를 회원들이 만들고 분필 두 갑과 램프를 사다가 무산 아동들에게 무료 입학을 시키니 온 동리 사람들은 많은 찬성을 하는 동시에 근동에서 비웃는 웃음까지 자연이 없어지게 되었습니다. 무산 아동들이라 배움에 굶주려 바라고 기다리던 끝에 야학의 간판이 붙으니 그들은 물론이요 그의 부형들까지 날뛰듯이 무슨 큰일이나 해 놓은 것처럼 기뻐했습니다. (중략)

이번은 책이 문제이므로 동무들과 의논하여 삼십 명이 쓸 하얀 종이 책을 매어서 조선어독본을 일일이 베끼어 삼십여 명에게나 나누어 주었습니다. 그리하여 그들이 밤마다 한글책과 공책 연필을 가지고 야학에 오게 되고 낮이면 지게 지고 책보 끼고 나무를 깎으러 가니 누구나 볼 때 의미 깊은 감상을 갖게 되며 기특하다고 칭찬이었습니다. (중략)

지금은 어지간한 우리글로 쓴 것이면 누구나 읽게 되었으니 우리 가난한 동리의 청년으로는 이만한 일을 하였다는 것이 큰 자랑이요 또는 글을 깨우치게 된 청년들은 자기들의 눈뜬 것을 무엇보다도 기뻐하고 있습니다. (중략)

- 최승욱, 실화 「야학 설립한 이야기」, 『어린이』 10권 1호, 1932.1.

이 글은 가난한 촌락에서 청년회의 도움으로 가난한 아동들이 우리 말글을 깨칠 수 있도록 야학이 설립된 이야기입니다. 이 야학은

회비 2원 50전으로 만들어졌으며, 야학에 입학한 아동들은 학비가 무료였지요. 함께 공부할 책은 조선어독본으로 청년회의 청년들은 30여 명의 것을 일일이 흰 종이를 묶어 만든 책에 받아 적어서 아동들에게 제공하였어요. 가난한 농촌 지역 아동들은 우리 말글이 쓰인 이 책을 끼고 낮에는 나무를 깎으러 가고, 밤에는 야학으로 오게 되어, 드디어 우리글을 읽게 되었습니다. 문맹에서 벗어난 것이지요.

글쓴이는 가난한 촌 동네라도 몇 사람이 손을 마주 잡고 힘을 쓰면 될 수 있는 일이니 오늘부터라도 속히 야학을 개설해 우리글을 읽지 못하는 가난한 아동들을 깨우쳐 꿈꾸게 할 것을 청년들에게 독려하고 있습니다.

> 일 나날이 자라가는 우리의 동무
> 손길을 굳게 잡고 앞으로 향하세
> 배움에 꿈꾸던 우리 동무들
> 모이세 모이세 배움의 집으로
>
> 이 나날이 깨여가는 이 세상에서
> 뒤떨어진 사람에겐 설 자리도 없네
> 흐르는 땀 씻치고 틈을 아끼어
> 모이세 모이세 배움의 집으로
> - 최승욱, 실화 「야학 설립한 이야기」 중 교가, 『어린이』 10권 1호, 1932.1.

일제 식민지였던 시기, 언젠가 반드시 조선의 독립을 꿈꾸며 나라를 빼앗긴 아동들에게 야학에서 한글을 배운다는 것은 우리 민족의 근본과 정체성을 심어주었다는 점에서 큰 의미가 있습니다. 그럼 우리 모두 야학에서 불렀던 교가를 희망 가득한 마음으로 힘차게 불러볼까요?

## 잠깐, 배정숙 양 근로계약서는 쓰셨나요?

자본주의 사회에서 어린이는 값싼 노동력으로 이용되고 있어요. 어린이를 노동으로부터 보호하기 위해 만들어진 제도가 바로 의무교육입니다. 1930년대 야학을 설립한 이야기는 일하는 아동들에게도 배움을 심어주어 노동의 굴레에서 벗어나게 해 주려는 의도가 있는 것이지요. 문맹퇴치운동과 더불어 야학을 설립하자는 인권운동이 결국 의무교육을 만들게 하고 근로자 기준법에 청소년들을 보호하는 조항을 세워 아동들의 인권을 험난한 노동시장으로부터 보호하게 된 것이지요. 현재 아동들은 청소년 보호법과 근로기준법에 따라 법적으로 보호를 받게 됩니다. 오늘날에도 물론 경제적으로 가난한 청소년들이 있고, 집이 넉넉하더라도 벌써 경제에 눈뜬 청소년들이 용돈을 벌기 위해 아르바이트를 하고 있거든요. 그렇다면 청소년의 근로기준법 십계명에 대해 알아볼까요?

하나, 만 15세 이상 시간제 근로가 가능해요.

둘, 부모님 동의서와 나이를 알 수 있는 가족관계증명서가 필요해요.

셋, 임금, 근로시간, 휴일, 업무 내용 등이 있는 근로 계약서를 반드시 작성해야 해요.

넷, 성인과 동일한 최저 임금을 적용받아요.

다섯, 밤 10시 이후, 하루 7시간, 일주일에 40시간 이상을 일할 수 없어요.

여섯, 휴일에 일하거나 초과 근무를 했을 경우 50%의 가산 임금을 받을 수 있어요.

일곱, 일주일을 개근하고 15시간 이상 일을 하면 하루의 유급 휴일을 받을 수 있어요.

여덟, 청소년은 위험한 일이나 유해 업종의 일을 할 수 없어요.

아홉, 일하다 다치면 산재보험으로 보험처리와 치료를 받을 수 있어요.

열, 청소년 근로 피해 신고 대표 전화 1644-3119

– 고용노동부, 청소년 근로 권익 센터


그런데, 실제로 아르바이트 현장에서 이 법이 잘 지켜지고 근로 청소년들의 인권이 잘 보호되고 있을까요? 물론 1930년대보다는 처우가 낫지만, 여전히 청소년 근로자들은 부당한 처우를 받고 있어요.

『아동·청소년 권리에 관한 국제협약 이행 연구-한국 아동·청소년 인권실태 2019 총괄보고서』에 따르면 시간제 아르바이트를 하는 아동들은 전체 학생(6,284명) 중 8.5%였는데 남학생이(9.5%) 여학생보다(7.5%) 많았고, 중학생보다 고등학생이 많았으며, 사는 지역으로는 읍면에서 소도시 대도시로 나아갔고, 보통 조손 부모, 한부모 가정, 그리고 양부모 가정 순으로 되었는데, 학업과 경제적 수준이 낮을수록 아르바이트를 많이 한다고 발표했어요. 실제 아르바이트 현장에서 부당한 처우를 받은 경험으로는 2017년 조사결과 27.2%로 경제협력개발기구OECD 회원국 중 평균보다 낮았어요. 임금을 전혀 받지 못하거나 적게 받은 경우(14.6%), 근로 계약서를 작성해 본 적이 없는 경우(58.9%), 폭언과 인격 모독을 당한 경우(10.2%)로 나타났고, 한 번이라도 이유 없이 부당하게 해고를 당한 경험(6.5%), 원래 하기로 한 일과 전혀 다른 일을 한 경험(12.4%), 작업환경의 불결함과 위험성(10.4%)을 한 번이라도 경험한 경우, 중학생이 고등학생보다 부당한 처우를 받은 비율이 높았어요. 임금 역시 전 연령 중에서 청소년들이 가장 낮았습니다.

청소년들에게 가장 심각한 피해 경험이라고 할 수 있는 성적 피해 경험도 3.0%로 나타났어요. 청소년들의 아르바이트는 주로 편의점, 전단지 배포, 우유 배달, 패스트 푸드점, 식당 서빙, 빵집이나 아이스크림 가게 같은 판매로 이루어졌어요. pc방이나 노래방, 광산, 술을 판매하는 유흥업소, 제조업을 하는 공장은 위험하고 해로운 환경으로 청소년들의 아르바이트가 금지된 장소예요.

1930년대 아동 노동자와 현재 아동 노동자들의 인권은 과거보다 많이 개선되었지만, 여전히 아동들은 불리한 조건 속에 있어요. 청소년 근로 보호법이 마련되었지만, 실제 아르바이트 현장에서 잘 지켜지고 있는지 꾸준한 감시가 필요합니다.

마지막으로 1930년대 실제 별표 고무공장에서 일했던 아동 노동자의 마음을 따라가 보아요. 1930년대 아동노동 현장과 인권을 생각해 보면서 현재 청소년들과는 어떤 차이가 있고, 무엇이 개선되었고 앞으로도 개선될 점은 무엇인지 함께 고민해 보면 좋겠습니다.

배정숙 씨(15세)의 감상담

아이그 죽지 못해 이 고생살이를 하는 저더러 무슨 감상을 말씀하라고 그러십니까?

일하기가 어떻냐고요. - 물론 좋아서 하는 일은 못 되고 마지못해서 하는 일이니까 일이 고되거나 괴로워도 할 수 없지요. 괴로운 중에도 즐거운 일이 무엇이냐고요. - 별로 이렇다 하게 즐거운 일은 없으나 동무 간에 우애가 대단하여 정답게 지내게 되는 것이 하나 있고 그밖에 더 있다면 본 목적이 돈 벌기 위해 다니는 것이니까 월급날이 돼야 월급봉투를 손에 쥐고 집으로 뛰어가서 집안에다가 내어놓을 때가 기쁘다면 기쁘다고 할 수 있겠지요!

괴로운 중에도 더 괴로운 일이 있답니다. 물건이 잘못돼서 물건이 파가 나든지 하면 감독의 꾸지람보다도 받을 돈을 깎이는 것이에요. 왼종일 애를 쓰고도 파가 여러 개 나면 그날 노력은 헛일이 되고 마니까요. 이런 때는 참말이지 기가 맥힌답니다. 그러나 우리는 이 일을 결코 회사가 나쁘다고 나무래거나 원망을 하지는 않습니다. 우리들의 과실로 저지른 일이니까 그저 스스로 나를 꾸짖고 나를 원망할 뿐이지요. 버는 돈 중에서 내가 쓰는 것이 얼마나 되느냐고요. 원래 어려워서 이 노릇을 하러 다니는데 내가 버는 것이라고 내 마음대로 쓸 수야 있습니까? 물론 거의 전부가 집안 살림살이를 보태게 되지요.

- 일기자(방정환), 「공장 소년 순방기 제1회 별표 고무공장」,
『어린이』 8권 7호, 1930.8.

열다섯 살 소녀 노동자 정숙이가 걱정하는 것은 신발이 잘못 만들어져 버리게 되었을 때 깎이는 수당이었어요. 그렇게 되면 가난한 집안 형편에 가져갈 돈이 줄어드니까요. 노는 날에도 한 푼이라도 더 벌어야겠다는 생각에 마음이 편하지 않으며 실수에 대해 꾸지람을 하는 작업반장은 무섭지만 버려진 신발에 대해 임금이 줄어도 회사를 원망하지 않는다고 했어요. 아마도 돈을 벌어야 하는 처지의 어린 노동자가 고용주에게 불만을 제기한다는 것은 적은 돈이라도 벌 기회조차도 잃어버릴 수 있기에 말을 아끼는 것이라고 봅니다.

이렇게 마치는 별표 고무공장의 방문기를 어떻게 읽으셨나요? 가난한 가정의 아동들이 노동 현장으로 내몰리지 않고, 진지하게 자신의 진로를 고민하고 성장하는 배움의 현장에서 오랫동안 머물도록 하려면 우리는 어떤 대안을 마련해야 할까요?

## 다음 세대 어린이들의 소명을 진심으로 응원합니다!

『어린이』에서는 일하는 아동들의 공장 취재 기사문과 일하는 어린 동생을 걱정하며 보내는 편지, 야학 광고, 야학 설립 이야기, 학부모들에게 동네마다 야학을 설립해 달라는 당부의 글, 가난한 가정 형편 때문에 교육을 포기하고 일하게 된 소년 소녀들의 마음을 담은 시들이 많이 발표되었어요. 『어린이』는 이처럼 헐벗고 굶주린 아이들의 실생활에 가까이 찾아가 세심하게 보살폈어요. 전국적으로 여러 지역에서 활동하고 있는 청년회는 노동자로 살아가는 가난한 아동들을 야학을 통해 씩씩하고 참된 소년 소녀로 성장하도록 배움의 현장으로 이끌어 주었어요. 가난 때문에 공장으로 갈 수밖에 없었지만, 실제 노동 현장에 있으면서 고무가 고무신이 되는 과정을 경험한 아동들은 눈으로 직접 보는 산업현장에 대해 세밀히 알게 되고, 야학에서 인권문제를 토론하면서 자신의 노동 환경과 처우를 대입해 보았을 거예요. 이 지점이 바로 일제 식민지 시기 아동노동 문제에 관심을 기울이고, 국내외에서 활동했던 소년회의 어린이 인권 존중, 해방에 대한 가치입니다.

『어린이』는 전국의 소년회와 연대하고 가난하고 힘없는 어린이들을 존중하며 서로 도와가고 씩씩하게 성장하길 바라는 마음에 잇닿아 있었습니다. 아동노동 현장은 진로 교육현장으로 변화해야 합니다. 그러려면 아동들이 경제문제로부터 자유로워져야 합니다. 부모를 대신하는 하루살이를 위한 생계형 아동노동이 아닌, 당당한 미래의 사회 구성원으로 자신의 정체성에 맞는 행복한 직업을 선택하고 소명을 이루는 진로 교육현장으로 아동노동은 옮겨가야 할 것입니다. 1930년대 공장으로 간 『어린이』의 아동노동 이야기는 지금 여기에서도 견주어 아동노동 문제를 고민해 볼 수 있고 아동 인권에 관한 대안을 마련할 수 있기에 소중한 글입니다.

## 참고한 자료

권환, 「서문1, 조선 프롤레타리아 예술 동맹」, 『불별』, 1931.3.

노동야학 교과 총서 광고, 『어린이』 9권 10호, 1931.11.

일기자(방정환), 「공장 소년 순방기 제1회 별표 고무공장」, 『어린이』 8권 7호, 1930.8.

최승욱, 실화 「야학 설립한 이야기」, 『어린이』 10권 1호, 1932.1.

김영지 · 김희진 · 이민희 · 김진호, 『아동 · 청소년 권리에 관한 국제협약 이행 연구-한국 아동 · 청소년 인권실태 2019 총괄보고서』, 한국청소년 정책 연구원, 2019.12.

이병례, 「1930년대 초반 생활물가 동향과 물가 인하 운동」, 『사림』 54호, 수선 사학회, 2015.

최보윤, 〈대한민국 제1호 고무신〉, 조선일보 2011.1.4.

정경준, 〈친일 고무신 vs 민족 고무신, 피 튀겼던 마케팅 열전〉, 동아일보, 2020.10.10.

고용노동부, 청소년 근로 권익 센터, http://www.youthlabor.co.kr/

## 저자 소개

**서희경** chachillia@hanmail.net

저는 세실리아라는 이름으로, 에디트 슈타인과 같은 날에 태어난 서희경입니다. 내가 있는 세계를 지나 우주로 건너가면 나는 어떤 존재가 될까? 나는 어디에서 와서 무엇이며 어디로 가는가? 진리와 사랑의 기쁨에 대해 생각하다 보면 샛별이 반짝이는 새벽이 옵니다. 인문학과 과학이 통섭하는 일에 관심이 있고, 하느님과 동행하는 실존과 함께 영성에 대해 탐닉하다 보면 시간이 훌쩍 가더라고요. 어쩌면 저는 공상하는 걸 좋아하고, 알쏭달쏭한 마음을 알기 위해 글을 쓰는지도 모르겠어요. 그동안 그림책 기획자로 유아디베이트 '디베르'를 만들었고, 동시를 쓰며 어린이를 만나왔어요. 2014년 10월, 국립 어린이 청소년 도서관 토론실에서 '모도가 봄이다'를 노래할 때의 첫 마음이 생생합니다. 저희 아버지의 외할아버지께서 중앙고보 출신의 학생 독립운동가였기에 더욱 특별했어요. 다정한 도반을 만나 『어린이』를 함께 읽는 목요일 아침이 마치 모두가 봄이 된 것만 같은 따뜻한 시간이었어요.

# 방정환 창작동화의
# 비밀코드

정선혜

## 어린이날의 설렘을 전하는 동화 '사월 그믐날 밤'

지금은 어린이날이 5월 5일이지만, '어린이날'을 처음 만들었을 당시는 5월 1일이었다고 해요. 「사월 그믐날 밤」은 '어린이날'을 맞는 기쁨을 어린이들과 함께하려는 마음을 듬뿍 담아낸 방정환 동화입니다.

방정환의 동화 「4월 그믐날 밤」은 이야기 내용도 재미있지만 그 속에 함께 실린 삽화를 통하여 방정환선생님이 어린이날의 설렘을 전하는데 '동화'란 장르를 선택한 이유를 알 수 있습니다.

동화 속 정성스러운 두 장의 그림에서 무엇이 보이나요? 일제의 압박 속에 '어린이날'을 꿈꾸고 어린이 문화운동을 일으켰던 방정환 선생님, 소파의 동화 속에 등장하는 조선 토종의 꽃과 새, 나비와 여우,

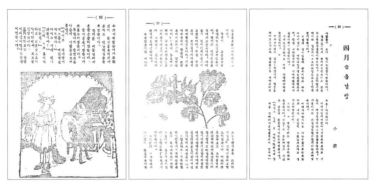

『어린이』 2권 5호(1924.5.)의 「4월 그믐날 밤」 삽화

다람쥐의 모습 속에 새 세상이 열리는 오월 초하루 잔치를 마음껏 축복하는 모습이 엿보이나요?

    사람들이 모두 잠자는 밤중이었습니다. -중략- 이렇게 밤이 깊은 때 잠자지 않고 마당에 나와 있기는 나 하나밖에 없는 것 같았습니다. 어디 서인지 아기의 숨소리보다도 가늘게 속살속살거리는 소리가 들렸습니다. 누가 들어서는 큰일날 듯한 가늘디 가는 소리였습니다. -중략- 그러나 그 속살거리는 작은 소리는 또 들렸습니다.-중략- 담밑 풀밭에서 나는 소리였습니다. -중략- "아이쿠 이제 곧 새벽이 될 터인데 꿀떡을 여태까지 못만들었으니 어쩌나!"

    하고 걱정하는 것은 곱디고운 보랏빛 치마를 입은 조그만 앉은뱅이꽃의 혼이었습니다. -중략- 모든 것이 즐거움을 이기지 못하고 덩실덩실 춤을 추었습니다.

    잔디풀 버들잎까지 우쭐우쭐하였습니다. 좋은 놀이었습니다.

    특별나게 햇볕 좋은 아침에 사람들은 모여들면서

    "아이고 복사꽃이 어느 틈에 저렇게 활짝 피었나!"

"아이그 이게 웬 나비들이야!"

"인제 아주 봄이 익었는걸!"

하고 기쁜 낮으로 보고들 있었습니다.

5월 초하루는 참말 새 세상이 열리는 첫날이었습니다.

　　　　　　　　　- 소파, 「4월 그믐날 밤」, 『어린이』 2권 5호, 1924.5.


'모두가 잠자는 밤중'은 민족 암흑기인 일제 수난기의 현실을 말하고 있다면 '나 하나밖에 없는 것'에서 방정환의 고독한 마음이 읽혀집니다. '누가 들어서는 큰일날 듯한 가늘디 가는 소리' 역시 어린이날을 준비했던 조심스런 마음입니다. 처절하도록 고독한 방정환선생님 곁에 처음으로 돕는 존재로 등장한 것은 담밑 풀밭에 속살거리는 '작은 앉은뱅이꽃의 혼'입니다. 일 년 중 제일 선명한 봄날의 햇빛이 잔치 마당을 환히 비추며 나라의 미래인 어린이들이 밝게 자라기를 바라는 방정환의 마음이 담겨져 있습니다. 밑줄 그은 단어인 '즐거움 · 좋은 것 · 놀이 · 기쁜 낮 · 새 세상'이 방정환선생님이 당시 어린이들에게 누리게 하고 싶었던 것입니다. 지금은 너무도 당연히 존중받는 귀한 존재인 어린이가 백여 년 전에는 참으로 고달픈 존재였었지요. 당시의 설렘과 함께 그 벽을 부수는 어려움을 아름다운 비유로 표현한 이 짧은 동화는 다른 나라 어떤 아동문학에서도 발견되지 않은 귀한 보물이라 생각됩니다.

## 방정환 동화가 가졌던 매력은 무엇이었을까?

서울 종로구 재동에 사셨던 필자의 아버지는 어린 시절 방정환 선생의 동화구연을 들으셨다고 해요. 이야기를 같이 들었던 형사들도 옆에서 눈물을 흘릴 정도로 방정환 선생이 들려준 동화는 감동을 주었다고 하셨지요.

그렇다면 방정환 동화가 가졌던 매력은 무엇이었을까요? 방정환 선생은 스물세 살 되던 1921년 2월 『천도교회월보』에 「왕자와 제비」를 번안하면서 '동화작가' 선언을 처음 하였습니다. 그리고 1923년에는 동화에 대한 공부도 꽤 깊어지게 되어, 「새로 개척되는 동화에 관하여」라는 평론을 발표하게 됩니다.

『개벽』 1923년 1월호에 발표한 「새로 개척되는 동화에 관하여」란 글에서 선생은 '동화가 가진 힘'을 다음과 같이 밝히고 있습니다.

> 동화가 아동에게 주는 이익은 결코 2, 3에 지止하는 것이 아니니, 다만 보육상으로 유효한 점으로만 본대도 동화에 의하여, 그 정의情意의 계발을 속히 하고, 의지의 판단을 명민(총명하고 민첩함)히 할 뿐이라, 허다한 도덕적 요소에 의하여 덕성을 길러서 타에 대한 동정심, 의협심을 풍부케 하고 또는 종종種種의 초자연, 초인류적 요소를 포함한 동화에 의하여 종교적 신앙의 기초까지 지어주는 등, 실로 그 효력이 위대한 것이다. 그러나 차등 교훈, 유익은 세世의 교육자 또는 종교가 등 아동 이외의 지도자의 동화 이용가가 운운하는 바이며, 결코 교훈뿐만이 동화의 정면의 목적은 아니다. 그리고 아동 자신이 동화를 구하는 것은 결코 지식을 구하기 위함도 아니고, 거의 본능적인 자연의 요구이다.
>
> — 「새로 개척되는 동화에 관하여」, 『개벽』, 1923.1.

이 글에서 방정환 선생은 어린이를 기를 때 이 동화가 어린이의 정의의 계발과 의지의 판단, 그 외에 동정과 의협심은 물론 종교적 신앙의 기초까지 지어준다고 하며 "실로 그 효력이 위대한 것"이라고 갈파하고 있습니다. 이처럼 동화에 대한 자기 이론은 분명히 세우고 신념을 바탕으로 동화를 창작하였기에, 그의 동화에는 남다른 위력이 표출되었다고 할 수 있습니다. 특히 다른 어떤 장르가 아닌 동화 속에 '어린이날'에 대한 마음을 담아놓으신 것은 참으로 감격스럽습니다.

혼신을 다하여 『어린이』를 발행하고 주관하면서 방정환 선생은 그때그때 어린이 행사의 주제와 계절 감각에 꼭 알맞은 동화를 여러 편 발표하였습니다. 더 알아보기 표에 제시한 동화 중 몇 편은 전래동화나 번안동화로 보는 분도 습니다. 그러나 유창근선생님의 『현대 아동문학의 이해』에 의하면 구체적 이름을 가진 개성적 인물, 구체적 지명의 배경 및 작가만의 세계관이 들어간 경우에 창작동화로 분류함에 필자 역시 동의합니다. 그러므로 이제 2023년, 『어린이』 창간 100주년을 생각하면서 방정환 동화 속에 숨겨진 비밀코드를 찾아 떠나보면 어떨까 합니다. 이 신나는 비밀코드 찾기 여행은 코로나 시대에 지친 우리 어린이들에게 힘이 되고 싶으신 우리 부모님, 그리고 학교 선생님들께도 큰 도움이 될 것입니다.

주로 『어린이』에 실린 방정환 선생의 창작동화를 위주로 그 속에 담긴 어린이상을 살펴보려고 합니다. 『어린이』 잡지를 직접 찾아보기 어려운 형편이라면, 전집으로 간행된 『방정환문학전집』(문천사, 1974), 『정본방정환전집』(창비, 2019)과 같은 책들이 도움이 될 것입니다.

# 첫 번째 코드, 옛이야기에 바탕을 둔 이야기체

어느 들에 어여쁜 나비가 한 마리 살고 있었습니다. 나비는 날마다 아침때부터 꽃밭에서 동산으로, 동산에서 꽃밭으로 따뜻한 봄볕을 쪼이고 날아다니면서 온종일 춤을 추어, 여러 가지 꽃들을 위로해 주며 지내었습니다.

- 소파, 「나비의 꿈」, 『어린이』 1권 6호, 1923.7.

설 명절 잔치에 떡잔치는 어린이의 것, 술잔치는 어른의 것인데…. 나는 이제 그 두 잔치를 얼러 합쳐서, 단단히 재미있는 이야기를 하나 하지요.

- 몽견초, 「설떡 술떡」, 『어린이』 4권 1호, 1926.1.

옛날 옛적 아주 오랜 옛날이야기올시다. 동산에 병풍을 치고 앞산 뒷산 담을 둘러서 불어오는 찬바람도 길이 막혀 돌아서고, 밝은 해와 달도 발돋움을 하고서야 넘겨다보는 두메산골 한 동리에서 아버지 김 서방과 맏아들 영길이, 둘째 아들 수길이, 세 식구가 날마다 재미있게 살아가는 집이 있었습니다.

- 소파, 「삼부자의 곰잡기」, 『어린이』 8권 6호, 1930.7.

세 편의 동화가 어떻게 시작되는지 각각 그 서두를 살펴보면 마치 바로 앞에 사람을 두고 이야기를 들려주는 것처럼 느껴집니다. 이처럼 '흡입력 있는 이야기체'는 방정환 동화가 가진 가장 매력적인 힘 가운데 하나입니다. 방정환 동화를 읽는 사람들은 한결같이 생생한 이야기를 듣는 것과 같은 분위기를 느낄 것입니다.

방정환 선생은 열 살 때 선물받은 환등기로 동네 아이들에게 이야기를 들려주기도 했고, 〈소년입지회〉라는 토론회를 조직해서 이끌기도 했는가 하면, 조선 전 지역을 다니며 통산 1천 회 이상 동화 구연을 했다고 합니다. 즉 여러 사람들 앞에서 이야기하면서 다듬어진 내용을 글로 쓴 것이 방정환의 동화라고 생각됩니다. 마치 옛이야기를 채록해 놓은 것을 읽는 것 같습니다. 또 한편으로 방정환 동화는 '-습니다' 입말체를 쓰고 있는데, 여기에서 어린 동무들을 귀하게 여기는 마음이 엿보입니다. 어린 동무 한 사람 한 사람을 온전한 인격체로 보고 존중하려는 마음이 '-습니다' 문체로 나타났던 것이지요.

특히 동화의 끝에 어른이 가르치려는 식의 교훈을 덧붙이지 않고 어린이들이 스스로 이야기의 속뜻을 느끼고 생각해 보게 한 점을 참으로 중요하다고 생각됩니다. 방정환 동화의 핵심은 무엇보다도 어린이가 어렵지 않게 쉽게 이해할 수 있도록 했다는 것입니다. 무엇보다도 방정환 동화는 '듣는 사람'과 '들려주는 사람'의 눈높이가 대등한 자리에서 서로 나눌 수 있는 이야기 문화로 어린이의 생명 싹을 키워주었다는 데 큰 의미가 있다고 생각합니다.


## 두 번째 코드, 캐릭터 속 아동상이 주는 매력

동화가 가진 힘으로서 '비밀코드'에 관심을 가져온 것은 2006년부터입니다. 그때부터 여러 차례 다양한 탐색을 하면서 '한국 아동문학의 향방'에 대한 설문조사를 한 적이 있었어요. 학부모, 아동문학가, 교사, 연구자 100명을 대상으로 실시하였지요. 주요 설문 내용은 문학의 구성 요소 6가지 '등장인물' '주제' '배경' '플롯' '문체' '시점'에 대한 것이었습니다. 이 글을 읽으시는 여러분은 어떤 답을 하실지 궁금합니다. 질문과 문학의 구성 요소 6가지는 다음과 같았습니다.

질문: 문학의 구성 요소 여섯 가지 중 어떤 것이 가장 오랜 시간이 되어도 기억에 남는지요?

문학의 구성요소 6가지

| 구성요소 | 내용 | 특성 |
|---|---|---|
| ① 등장인물 | 묘사된 인물은 어린이 독자에게 친구, 역할 모델이 된다. (51%) | 생동감, 성격묘사와 일관성 |
| ② 주제 | 오늘날의 삶의 문제와 이슈에 초점 (21%) | 작가의 문학적 상상력에 의해 다양한 주제들의 조합 |
| ③ 배경 | 사건이 일어나는 때와 곳 (9%) | 현재와 일상, 삶의 생활공간 |
| ④ 플롯 | 이야기 사건의 인과적 연쇄를 일컬음 (7%) | 유기적이고 밀접한 구성, 핍진성 |
| ⑤ 문체 | 작가가 이야기를 엮어내는 어휘와 글 쓰는 방식 (6%) | 중요 이미지 파악과 대화의 흐름이 자연스러운 문장패턴, 어휘 등의 처리가 중요 |
| ⑥ 시점 | 화자가 일정한 위치에서 이야기를 풀어나가는 서술의 초점 (5%) | 주체가 어린이로서 인물의 사고 이해와 강한 동일시가 필요 |

이 설문 조사 결과는 흥미로운 사실을 말해 줍니다. 즉, 가장 오랫동안 선명하게 기억되며 영향력 있는 문학 구성 요소로 '등장인물'을 선택한 사람이 51%로 가장 많았다는 것입니다. 그러면 방정환 동화 속 캐릭터, 곧 작가의 세계관이 투사된 아동상은 어떻게 그려졌을까요?

널따란 연못에 하얗고 어여쁜 집오리 두 마리가 길러지고 있었습니다. 두 마리가 모두 수컷이고 모양도 쌍둥이같이 똑같았습니다. / 그중 한 마리는 불쌍하게도 귀가 먹어서 사람의 소리를 잘 알아듣지 못하건마는, 다른 놈은 귀가 몹시 밝아서 사람들이 가는 소리로 소곤거리는 소리까지 잘 알아들으면서도 귀먹은 오리를 잘 보아주지 아니하고 늘 속이기만 하였습니다.

- 소파, 「귀먹은 집오리」, 『어린이』 3권 5호, 1925.5.

시골 쥐가 서울 구경을 올라왔습니다. 처음 길이라 허둥허둥하면서, 짐차를 두 번 세 번이나 갈아타고, 간신히 서울까지 왔습니다. / 남대문 정거장에 내려서, 자아 인제 어디로 가야 하나 하고 망설이고 섰노라니까, "여보, 여보!" / 하고, 뒤에서 부르는 소리가 들렸습니다. 보니까, 이름은 몰라도 역시 자기와 같은 쥐이므로 할아버지나 만난 것처럼 기뻐서, "처음 뵙습니다마는 길을 좀 알려주십시오. 시골서 처음 와 놓아서 그렇습니다." 하고 애걸하듯이 물었습니다.

- 몽견초, 「시골쥐의 서울 구경」, 『어린이』 4권 9호, 1926.10.

동화의 캐릭터는 어떻게 해서 만들어질까요? 오랫동안 아동문학평론을 하면서 살펴보았더니 작품 속 캐릭터들은 작가가 현실을 바라보는 관점, 즉 세계관을 바탕으로 만들어지더군요. 인물은 이야기와 사건을 통해 살과 피를 얻어서 형상화됩니다. 즉 작가가 무엇을 가장 본질적인 것으로 보느냐에 따라 등장인물의 성격과 환경, 배경 따위가 만들어지게 되는 것입니다.

두 편의 동화에서 엿볼 수 있듯이 방정환 동화 속 캐릭터의 특징은 분명하게 대비되는 인물이 많습니다. 「귀먹은 집오리」에서 성격이 다른 두 오리가 그렇고, 「시골쥐의 서울 구경」에서 서울 쥐와 시골 쥐가 그러하지요.

그렇다면 이렇게 동화 속에 그려지는 캐릭터들은 아동에게 어떤 영향력을 미칠까요?

첫째, 아동의 중요 특성 중 하나이기도 한 모방력에 큰 영향을 줍니다.

둘째, 다른 사람의 감정을 이해하는 감정이입으로 사회조망력과 함께 자기치유적 기능을 갖게 합니다.

셋째, 고강도의 자극이 되어 아동 학습력 특히 언어 학습과 사회성, 도덕성 발달에도 영향을 줍니다.

넷째, 경험 기대적 과정(experience expectant process)의 기회가 되어 인지발달에도 영향을 미칩니다.

다섯째, 캐릭터는 아동에게 흥미를 느끼게 하여 집중력을 높이며 다른 것과 비교하는 변별력(discrimination)을 주어 장기기억에 큰 도움이 됩니다.

여섯째, 작가가 추구하는 세계관인 아동상이 캐릭터를 통하여 집약적으로 표출되도록 돕습니다.

소파 동화에 나타난 아동상 역시 작가가 추구하고자 하는 세계관을 표현한 영혼의 합일 세계라 할 수 있습니다. 이때의 아동상이란,

어른인 작가가 어린이를 보는 아동관에 의해 어린이를 보는 아동관에 의해 추구되는 이상적인 어린이 모습을 말합니다.

이렇게 작가의 머릿속에 형성된 세계관이 여러 가지 유형의 아동상으로 나타나는데, 책을 고를 때에도 어린이의 미래를 위하여 다음과 같은 관점에서 살펴보는 것이 도움이 됩니다.

① 작가는 어떻게 어린이를 보고 있는가?
② 작가는 어린이에게 무엇을 바라는가?
③ 작가는 어린이에게 어떠한 지위를 주는가?

그동안 아동문학 연구자로서 현장 비평을 하면서 한국 동화에서 가장 미흡한 것은 '어린이의 마음에 느껴지는 동화 속 아동상'과 '작가가 의도하는 아동상'의 거리감이었습니다. 최근에는 그 거리가 많이 좁혀졌기에 참으로 다행이라고 생각됩니다. 이 '거리감'은 어린이가 보는 관점과 어른이 추구하는 관점이 서로 다른 데에서 연유한다고 생각됩니다. 어른이 추구하는 세계는 '전통, 의리, 질서'가 지배하는 데 비하여 어린이의 시간은 현재를 살아가는 존재로서 자연스럽게 놀이 속에서 성장하려는 자유로운 욕구가 강한 탓이 아닐까요?

1997년 사계 이재철 교수가 사재를 털고 여러 아동문학가들이 힘을 합하여 올림피아 호텔에서 제1차 세계아동문학대회를 개최하여 한국 아동문학의 황금기가 도래하게 되었습니다. 그때 필자는 스웨덴의 마리아 니콜라예바(Maria Nikolajeva)가 『아동문학의 미학적 탐색』(Aesthetic of Character, 2007)에서 제시한 아동상의 유형에 따라 방정환의 창작동화를 분석한 결과 다음과 같이 다섯 유형의 아동상을 찾아 볼 수 있었습니다.

그 결과 방정환의 동화에 나타난 다섯 가지 유형의 아동상을 찾을 수 있었습니다.

소파 동화 속 대표적 아동상

| | 소파 동화 속 대표적 아동상 | 마리아 니콜라예바 '성격의 미학' | 작품 수 | 작품의 예 |
|---|---|---|---|---|
| 1 | 동심의 아동상(순수한 아동) | 정적인 아동상 | 12편 | 귀먹은 집오리 |
| 2 | 고난 극복의 주도적 아동상 | 역동적 아동상 | 8편 | 선물 아닌 선물 |
| 3 | 협동의 아동상(단결, 우정, 위로) | 동적인 아동상 | 5편 | 나비의 꿈 |
| 4 | 현실고발(애상형)아동상 | 평면적 아동상 | 4편 | 벚꽃 이야기 |
| 5 | 성장형(내적 변화) | 다면적 원숙한 아동상 | 1편 | 4월 그믐날 밤 |

이 중에서 방정환 동화에 나타난 아동상은 순수한 아동을 표상하는 '동심의 아동상'이 가장 많았습니다. 대표적인 동화로 「귀먹은 집오리」에서도 보면, 세상 물정에 잘 영합하지는 못하지만 결국 귀먹은 집오리가 행복을 쟁취하는 것을 볼 수 있습니다.

다음으로 방정환 동화에는 '고난 극복의 주도적 아동상'이 많은 비중을 차지합니다.

방정환의 소년소설에서는 주로 '애상적이고 가련한 처지의 감상적 아동상'이 등장하지만, 그의 창작동화에서는 전통적인 가치관을 바탕으로 근면하고 효성스러우며 지혜로운 고난 극복의 주도적 아동상이 자주 등장합니다. 「선물 아닌 선물」에 등장하는 '안부자의 딸'이 바로 이러한 아동상입니다. 안부자의 딸은 '선물 아닌 선물'을 가져오라는 임금이 낸 어려운 문제를 지혜로 풀어 위기를 기회로 만들고 있습니다.

방정환 동화에서 세 번째로 많이 나타나는 아동상은 '협동의 아동상'입니다.

'서로 힘을 합하여 돕는 단결'의 의미와 어려운 친구를 돕는 진실된 '우정'과 형제의 '우애'도 이에 포함될 수 있습니다. 1923년에 발표한 동화 「나비의 꿈」은 좋은 예입니다. 「나비의 꿈」에 등장하는 여신은 나비에게 이미 여러 꽃들을 위로해 주는 직책을 부여하였지요. 그러나 나비는 그 직책에 만족하지 못하고 '좀 더 좋은 일'을 찾고자 합니다. 민수네 집을 찾아간 나비는 그의 친구인 꾀꼬리와 민수를 위해 치유의 노래와 춤을 전합니다. 진정한 위로를 전하는 '협동의 아동상'을 보여줍니다.

이러한 「나비의 꿈」이 『어린이』뿐만 아니라 여러 곳에도 게재되었는데 그 의미는 무엇일까요? 이는 농경문화에 뿌리를 둔 우리 민족 고유의 상조의식인 향약, 두레, 품앗이, 계 등에도 찾아볼 수 있었던 결속 · 단결 · 협동을 널리 전파하고자 하였던 방정환의 의도였다고 보여집니다.

'식민지 공간'이라는 민족 내적인 특수한 상황에서 방정환의 동화는 민족의 자주 독립이라는 일정한 목적의식을 명백히 내포하면서, 순수한 동심의 아동상 〉 고난극복의 주도적 아동상 〉 '협동의 아동상' 〉 현실을 고발하는 애상형 아동상 〉 다면적 원숙한 성장형 아동상의 순으로 그 아동상 유형이 나타나고 있음을 알 수 있습니다. 이는 시대적 애환과 아동문화 운동의 소명을 가진 소파의 강렬한 소망의 표출이라 보입니다.

## 세 번째 코드, 웃음의 미학

방정환 창작동화의 가장 큰 매력은 교훈이 들어있지만 절대로 겉으로 드러나지 않으며, 웃음과 해학이 흘러 넘친다는 점입니다. 주인공은 위기에 처한 어느 상황에서도 슬프거나 감상적이지 않습니다. 필자가 뽑은 방정환의 동화 23편 중 18편에 해학적 성격을 살려내고 있는데 그 예를 들어 봅니다.

"예, 죽더래도 시원히 알기나 하고 죽겠으니, 제발 좀 아르쳐 줍시요."
"아무리 무식한 사람이기로 그것도 모른단 말인가. 그것이 국 끓여 먹는 것이라네. 서울 사람들은 그걸루 국을 끓여 먹어요."/"허허, 그걸루 국을 끓여요? 맛이 있을까요?"/"맛이 있고말고. 맛이 없으면 서울 사람들이 먹을 리가 있겠나…. 맛 좋고 살찌고 아주 훌륭한 것이라네."
"대체 이것이 무엇인데 그렇게 맛 좋고 몸에 이롭습니까?"/"백어白魚라고 물속에 있는 생선을 잡아 말린 것이야."/"이상한 생선도 많습니다. 눈깔도 없고 이 앞에 요 뾰족한 것은 무엇입니까?"
"눈깔이 원래 없는 생선이야…. 그래서 더욱 귀하다는 것이라네. 그 뾰죽한 것(심지)은 주둥이가 아니고 무언가?"/"이 밑에 있는 이 구멍은 무업니까?"/"그것은 똥구멍이지 무어야."
– 몽중인, 「양초귀신」, 『어린이』 3권 8호, 1925.8.

근대화의 충돌과정에서 시대에 뒤떨어진 '어리석음'의 이야기를 해학과 풍자의 맛으로 재미있게 형상화한 작품입니다. 방정환의 창작동화 속에 이러한 새로운 문물에 대한 이해가 없어서 겪는 곤란을 해학과 풍자의 웃음으로 빚은 작품이 7편이상이나 됩니다.

'슬기로운 면'을 다룬 것이 9편이고 '어리석은 면'을 다룬 것이 9편으로 한 작품 속에 나란히 공존하기도 합니다. 옛이야기와 민담의 원래 유형에 충실한 해학적 성격을 잘 살려내고 있습니다. 방정환 선생은 동화가 가져야 할 요건으로 1925년 1월 1일 동아일보에서 아동에게 유열을 줄 것을 다음과 같이 당부하고 있습니다.

> 아동의 마음에 기쁨과 유쾌한 흥을 주는 것이 동화의 생명이라고 해도 좋을 것입니다. 교육적 가치문제는 셋째, 넷째 문제이고, 첫째 기쁨을 주어야 한다는 것입니다.
>
> – 방정환,「동화 작법」, 동아일보, 1925.1.

여기서 아동에게 유열愉悅을 줄 것을 당부한 것은 동화가 가져야 할 요건으로 웃음의 미학을 강조한 것으로 보입니다. 방정환 문학의 특징은 과거 '눈물주의'로 규정되면서 그의 문학에 풍부히 존재했던 익살, 웃음, 과장, 비약의 상상력이 상대적으로 과소평가되기도 했습니다. '웃음'보다 '눈물'이 상대적으로 강조되었던 한국 아동문학사를 볼 때 방정환 문학에 나타난 '웃음의 계보'를 소중한 문학적 자산으로 계승하는 일이 오늘의 우리 아동문학의 한 과제입니다.

# 큰 물결을 일으키기

『어린이』에 게재되었던 방정환 선생님의 '창작동화'가 가진 특성은 첫째, '옛이야기에 바탕을 둔 이야기체', 둘째, '캐릭터의 매력', 셋째, '웃음의 미학'에 바탕을 둔 한국적 정서인 해학성과 재미성이 강하게 드러납니다.

방정환 창작동화는 소년 소녀에게만 읽힐 것이 아니고, 넓고 넓은 인류가 다 같이 읽을 것으로 인류가 가지고 있는 '영원한 아동성'을 위한 한국 동화의 모범이 되고 있습니다. 이러한 방정환의 동화에 대한 생각은 잡지 『어린이』에 소년소설이나 탐정소설에서는 '북극성'이란 호를 쓴 것과 달리 창작동화를 발표할 시에는 '몽중인', '몽견초'와 '소파'란 호를 주로 사용하였는데 이는 '있어야 할 세계를 추구하던 방정환의 로맨티시즘'에 바탕을 둔 결과라고 생각합니다.

이러한 방정환 창작동화의 특징이 한국 아동문학의 특성인 절대 긍정의 아동상과 건강성의 모판으로 오늘날에도 강하게 작용하여 그 맥이 이어지고 있습니다.

만약에 소파 방정환이 60여 살까지만 살았다면 하는 아쉬움도 있지만 소파가 시작한 잡지 『어린이』란 모판을 통해 길러진 수많은 아동문학가들이 성장하여 현재의 한국 아동문학의 근간을 이루게 되었으니 방정환의 정신은 사라지지 않았습니다.

방정환은 격동적인 당대의 현실 속에 마치 거울이 빛을 반사하듯 시대적 비운의 감정과 소재를 최대한으로 반사시켰다고 간주되어 왔습니다. 그러나 그의 창작동화 속에서 엿보였던 소파小波-큰 물결 속 작은 물결로서 겸손하게 자신을 불사르던 방정환의 영혼이 보입니다.

소파를 불태웠던 그 연료는 무엇이었을까요? 일반적인 작가에게는 창작욕이라 할 수 있지만 방정환에게는 나라에 대한 지극한 사랑과 어린이에 대한 지고지순한 사랑이 그 연료가 되었습니다. 현대에 들어 우리 사회는 급격한 산업사회의 양상을 띠고 능률 지상주의, 경제 우선주의로 치달아 어린이들은 정작 내면적 가치관을 지닌 동화보다는 감각적·충동적인 흥미 본위의 것을 선호하고 있는 실정입니다. 즉 광고와 정보의 홍수 속에 상당한 성찰 능력과 사고적 가치관의 부재가 문제입니다. 이에 현대의 동화는 항상 새로운 언어로 우리 시대가 바라는 모습을 찾는 일이 시급한 것으로 보입니다. 그 동화만이 간직한 새로운 의미, 새로운 충격을 담아내야 하는 것으로 보입니다.

이러한 점에서 볼 때 소파가 추구했던 '어려움 속에서도 웃음을 잃지 않고 용기를 가진 문제 해결의 낙천적 어린이'는 바로 오늘의 우리 어린이의 모습이어야겠다고 생각됩니다. 정작 너무도 동화가 필요한 이때에 생명의 불꽃을 태워 탄생한 방정환 선생의 동화는 현재를 사는 어린이 마음에도 불을 밝혀주리라 생각됩니다.

5월 1일 어린이날을 기념하여 뿌린 전단 속 방정환 선생님이 남기신 다음의 말은 소파의 창작동화가 우리에게 주는 메시지이기도 합니다. 방정환의 동화가 오늘날의 어린이 마음에도 큰 물결을 일으키기를 기대해 봅니다.

'어린이는 어른보다 한 시대 더 새로운 사람입니다. 어린이의 뜻을 가볍게 보지 마십시오.'

'싹(어린이)을 위하는 나무는 잘 커가고 싹을 짓밟는 나무는 죽어 버립니다.'

'우리들의 희망은 오직 한 가지, 어린이를 잘 키우는 데 있습니다.'

'희망을 위하여, 내일을 위하여, 다 같이 어린이를 잘 키웁시다.'


## 더 알아보기: 방정환 동화 속 '어린이' 만나기


방정환 동화 속 캐릭터의 비밀을 연구하기 위해 읽었던 『어린이』 게재 방정환 동화 목록을 소개합니다. 방정환 동화 속으로 여행하며 다양한 어린이의 모습을 만나보세요.

잡지 『어린이』에 게재된 방정환의 동화와 아동상

| | 제목 | 발표지 | 발행일 | 필명 | 아동상 등장인물 |
|---|---|---|---|---|---|
| 1 | 나비의 꿈 | 1권 6호 | 1923.7. | 소파 | 협동·극복의 아동상 |
| 2 | 잃어버린 다리 | 1권 8호 | 1923.9. | 몽중인 | 극복의 아동상 |
| 3 | 선물 아닌 선물 | 2권 2호 | 1924.2. | 소파 | 동심&극복의 아동상 |
| 4 | 4월 그믐날 밤 | 2권 5호 | 1924.5. | 소파 | 협동·극복의 아동상 |
| 5 | 삼태성 | 2권 5호 | 1924.5. | 소파 | 애상형 아동상 |
| 6 | 막보의 큰 장사 | 2권 7호 | 1924.7. | 소파 | 동심의 아동상(웃음과 재미) |
| 7 | 귀신먹은 사람 | 2권 8호 | 1924.9. | 몽중인 | 극복의 아동상 |
| 8 | 성칠의 귀신잡기 | 2권 10호 | 1924.10. | 몽중인 | 동심&극복의 아동상 |
| 9 | 귀먹은 집오리 | 3권 5호 | 1925.5. | 소파 | 동심의 아동상(순수한 아동) |

| | 제목 | 발표지 | 발행일 | 필명 | 아동상 등장인물 |
|---|---|---|---|---|---|
| 10 | 까치의 옷 | 3권 6호 | 1925.6. | 몽중인 | 협동 · 극복의 아동상 |
| 11 | 과거 문제 | 3권 7호 | 1925.7. | 몽중인 | 고난 극복&애상형 아동상 |
| 12 | 양초귀신 | 3권 8호 | 1925.8. | 몽중인 | 동심의 아동상(순수한 아동) |
| 13 | 설떡 · 술떡 | 4권 1호 | 1926.1 | 몽견초 | 동심의 아동상(순수한 아동) |
| 14 | 벚꽃이야기 | 4권 4호 | 1926.4. | 몽견초 | 현실고발(애상형) 아동상 |
| 15 | 무서운 두꺼비 | 4권 5호 | 1926.5. | 삼산인 | 극복의 아동상 |
| 16 | 방귀출신 최덜렁 | 4권 8호 | 1926.9. | 깔깔박사 | 동심의 아동상, 해학 |
| 17 | 시골쥐의 서울 구경 | 4권 9호 | 1926.10. | 몽견초 | 동심의 아동상(순수한 아동) |
| 18 | 미련이 나라(자반 비웃을 먹은 뱀장어 외) | 5권 4호 | 1927.4. | 깔깔박사 | 동심의 아동상(웃음과 재미) |
| 19 | 세숫물 | 7권 3호 | 1929.3. | 소파 | 동심의 아동상(웃음과 재미) |
| 20 | 잘 먹은 값 | 7권 4호 | 1929.4. | 소파 | 현실고발 아동상 |
| 21 | 겁쟁이 도둑 | 7권 3호 | 1929.3. | 소파 | 동심의 아동상(웃음과 재미) |
| 22 | 조선 제일 짧은 동화 1. 촛불 2. 이상한 실 | 8권 3호 | 1930.3. | 소파 | 극복의 아동상 |
| 23 | 삼부자의 곰잡기 | 8권 6호 | 1930.7. | 소파 | 협동의 아동상 |

# 참고한 자료

『어린이』, 영인본『개벽』

## 논문

강난주, 「소파 방정환 동화의 특성 연구」, 건양대학교 교육대학원 석사학위논문, 2003.

신현득, 「방정환 바로 알기」, 『월간문학』 447호, 월간문학사, 2006.

염희경, 「소파 방정환 연구」, 인하대학교 박사학위논문, 2007.

이정석, 「어린이지에 나타난 아동문학 양상연구」, 전남대학교 교육대학원, 석사학위논문, 1993.

이재철, 「한국아동문학의 아동상」, 『아동문학의 이론』, 형설출판사, 1983.

정선혜, 「소파 동화상에 나타난 아동상」, 『한국아동문학』 1호, 현대 아동문학작가회, 1986.

정선혜, 「한국 동화의 구조를 위한 탐색」, 『한국아동문학을 위한 탐색』, 청동거울, 2000.

정선혜, 「한국 아동문학에 나타난 양비론 고찰」, 『한국어린이문학교육연구』, 4-1, 2003.

장정희, 「소파 방정환 장르 구분 연구」, 고려대학교 대학원 석사학위논문, 2013.6.

장정희, 「방정환 문학 연구」, 고려대학교 대학원 박사학위논문, 2013.6.

정선혜, 「한국아동문학의 향방을 위한 인식고찰」, 『한국어린이문학교육연구』 7-1, 2006.

정선혜, 「한국 아동소설에 나타난 아동상 탐색」, 『한국아동문학연구』 14호, 2008.

정선혜, 「해방 이후 한국 아동문학에 나타난 아동상」, 『아동문학평론』 153호, 2014.

조은숙, 「'동화'라는 개척지-방정환의 「새로 개척되는 동화에 관하야」를 중심으로」,『어문논집』50집, 2004.

유창근,『현대 아동문학의 이해』, 동문사, 2005.

B. F. Skinner, *About behaviorism*, New York: 1974.

Maria Nikolajeva, *Aesthetic Approaches to Children's Literature,* 2007.

Henry Nash Smith, M. twain, "Adventurers of Huckleberry Finn" in Forum, Lectres.

Nicholas, Mazza, 정선혜 외 번역,『시치료의 이론과 실제』, 학지사, 2006.


**단행본**

이재철 · 이주홍 · 이원수 편집,『소파문학전집』6권, 문천사, 1974.

재단법인 방정환재단,『소파방정환문집』상하, 하한출판사, 2000.

한국방정환재단,『정본 방정환 전집(5권)』, 창비, 2019.

# 저자 소개

정선혜 sunai@hanmail.net

방정환 선생님이 처음 다니셨던 매동초등학교를 졸업한 정선혜입니다. 타고 난 호기심 공주라 「한국 유년동화 연구」를 했고 결혼 후엔 홍콩의 〈국제센터 International center〉 교사도 했어요. 2006년 『아동문학평론』 편집장을 하면서 30주년을 맞이하여 아동문학 잡지를 특집으로 다룬 적이 있었지요. 그런데 8년 간의 『어린이』 원문 읽기의 꿈을 실현시킨 동무들을 만나서 너무나 자랑스러 워요. 잡지 『어린이』를 읽고 동시집도 출간하게 되었고 2018년에 '일제 강점기 조선 동요의 고찰과 치유적 적용'이란 글을 쓰면서 동요의 필요성을 절감하여 '한복의 노래' '김치의 노래' '배뚱뚱 잉어가족'등 여러 동요도 발표하게 되었어 요. 최근 코로나 중에는 동심치유아동문학연구소를 운영하며 학부모, 사서, 교 사, 공무원 대상으로 온라인 독서지도와 독서치료 강의를 하며 한국 아동문학 의 발전을 위해 작은 도움이 되고자 합니다.

평론집 『한국 아동문학의 탐색』으로 방정환문학상을 수상했고, 한영동시집 『다 롱이꽃』과 제2동시집 『초롱이, 방긋 웃으려 왔어요』 외 동수필집 『엄마가 딸에 게 주는 사랑의 편지』 등 아동문학과 『독서치료의 이론과 실제』, 『발달적 독서 치료를 통한 독서치료』, 『상호작용을 통한 독서치료』 등 여러 저서가 있습니다.

# 해방공간에서 만난
# 톰 아저씨 이야기

박형주

## 새얼의 번안소설

해리엇 비처 스토(Harriet Beecher Stowe)의 『톰 아저씨의 오두막
(Uncle Tom's Cabin)』은 미국의 남북전쟁(1861-1865) 발발 전 1852
년에 출판된 책입니다. 해방 후 복간된 『어린이』지 123호부터 129호
까지 새얼이 번안하여 연재한 『검둥이 톰 아저씨』는 아마 우리나라에
서는 처음 소개된 것으로 추정됩니다. 모든 문학이 그러하듯 이 작품
에도 그 당시의 문화와 역사가 반영되어 있습니다.

그럼, 해방 후 『어린이』에 소개된 『검둥이 톰 아저씨』에는 어떤 미
국 역사와 문화가 담겨 있을까요? 크게 두 가지로 소개하자면 첫째,
포스터의 "그리운 켄터키 옛집"이라는 노래와 켄터키주의 노예제
도, 둘째는 '미국 노예제도'와 '미국 도망노예법', '지하철도 비밀 결

사대', '그리고 원작의 작가인 해리엇 비처 스토의 기독교 사상' 등
입니다.

스토 여사의 『톰 아저씨의 오두막』은 미국의 흑인 노예인 톰 삼촌
(또는 아저씨)에 대한 이야기이며, 주인공 톰은 성인과 위엄, 고귀하
고 확고한 신념을 가진 사람으로 묘사됩니다. 또 다른 한편으로 '톰'
은 '엉클(Uncle)'이라는 이름으로 독자들에게 동정적인 이미지로 부
각되고 있는데, 원래 '엉클'은 나이 든 사람을 존중하는 미국 남부식
표현이라고도 합니다.

간단하게 원작 줄거리를 살펴볼까요? 『톰 아저씨의 오두막』은 미
국의 중동부 켄터키주의 셸비 집안의 노예인 톰 아저씨와 꼬마 해리
가 주인인 셸비의 빚 때문에 노예 상인에게 팔리게 되는 것으로 이야
기가 시작됩니다. 해리의 어머니 엘자는 아들을 구하기 위해 목숨을
걸고 캐나다로 탈출할 기회를 노리고 있고, 톰은 갑자기 그의 세 자녀
와 부인 클로이와 생이별을 해야 하는 상황입니다. 전체적으로 이 작
품은 톰이 켄터키주를 그리워하며 죽기까지 노예로서 강제 이동 및
노역하는 모습을 그리고 있습니다.

그러면 1948년 5월 『어린이』에 처음 연재되기 시작한 '새얼'의 번
안 작품 『검둥이 톰 아저씨』는 어떨까요?

다음 도표에 표기된 것처럼 주인공 이름은 한국어로 번안이 되어
있습니다.

이제부터는 한국식 이름으로 『어린이』에 연재된 『검둥이 톰 아저
씨』 이야기를 따라가 보겠습니다.

연속소설

**껌둥이 톰 아저씨**

(1) 새 얼 번안

『어린이』 123호

새얼의 번안본에 있는 주인공 이름

| 원작 | 번안 |
|------|------|
| Chloe | 금례 |
| Arther Shelby | 설참봉 |
| George Shelby | 정주 소년 |
| Eliza | 애자 |
| George Harris | 한길수 |
| Harry | 수남 |
| Augustine St. Clare | 구주사 |
| Eva | 옥히 |
| Miss Opheoia | 오부인 |
| Marie St. Clare | 구부인 |
| Simon Legree | 이가 |
| Quimbo | 금보 |
| Sambo | 삼보 |
| Tom Loker | 노가 |
| Mr. Haley | 허가라는 노예 상인 |

설참봉 가에서 다소 평안히 지내던 톰 아저씨는 허가라는 노예 상인에게 인수되어 켄터키주를 떠나 미시시피강을 따라 보트를 타고 노예시장을 향해 떠납니다. 기선에서 톰 아저씨는 옥희와 그녀의 아빠 구주사를 만납니다. 물에 빠진 옥희를 구해 준 톰 아저씨는 구주사가 허가한테서 샀습니다. 이후 톰은 구주사의 집이 있는 뉴올리언스로 갔습니다. 함께 행복하게 지내던 어느 날 톰 아저씨는 옥희와 구주사가 갑자기 세상을 떠나자 사악한 이가한테 팔려 루이지애나 시골로 끌려갑니다. 거기서 톰 아저씨는 그가 처음 머물렀던 켄터키 옛집을 그리워하며 이가와 그의 하수인 금보와 삼보에 의해서 죽임을 당합니다.

1913년 춘원 이광수에 의해서 처음으로 소개된 해리엇 비처 스토의 『톰 아저씨의 오두막』은 미국 최초의 저항소설로, 인권에 대한 다양한 목소리로 남북전쟁과 흑인 인권문제를 다룬 소설로 잘 알려져 있습니다. 하지만, 한국어 번역판에서는 제목 '검둥이의 설움'에서 엿볼 수 있듯이 전반적으로 흑인 노예인 톰 아저씨의 서러움을 부각시키고 있습니다.

## 포스터의 노래 〈그리운 켄터키 옛집〉과 켄터키주의 노예제도

톰 아저씨는 이동하고 노역하며 죽는 순간까지 고향 켄터키를 그리워했습니다.

톰이 얼마나 켄터키 고향을 그리워하고 있는지를 잘 반영한 노래가 있습니다. 바로, 우리가 학창 시절 때 즐겨 불렀던 포스터(Stephen Collins Foster) 작사·작곡 〈그리운 켄터키 옛집(My Old Kentucky Home)〉입니다. 포스터의 명곡 중 하나인 〈그리운 켄터키 옛집〉은 1853년에 발표된 것으로 알려져 있는데, 사실 그 시기는 정확하지 않다고 합니다. 하지만 미국 흑인 노예의 비참한 상황을 묘사한 스토 여사의 『톰 아저씨의 오두막』을 포스터가 읽고 영감을 받아 노래를 썼다는 이야기가 있습니다. 이렇듯 켄터키주는 『톰 아저씨의 오두막』에서 톰 아저씨가 늘 그리워하고 돌아가고 싶었던 고향인 것은 분명합니다. 또한 새얼의 『검둥이 톰 아저씨』 이야기에도 계속적으로 켄터키주로 돌아가고 싶어 하는 톰의 그리움이 잘 나타나고 있습니다.

포스터의 〈그리운 켄터키 옛집(My Old Kentucky Home)〉 노래를 한번 떠올려 볼까요?

그리운 켄터키 옛집

햇빛이 빛나는 그리운 켄터키의 우리 집이여.
여름이 오면 흑인들은 기뻐하고,
옥수수는 자라고,
목장의 꽃은 만발하고,
새는 온종일 지저귀네.

아이들은 오두막에서 놀고,
모든 것은 즐겁고,
행복에 빛나네.

그러나 슬플 때면 문을 두드렸던 그리운 켄터키의 내 집이여.
잘 있거라.
울어서는 안 되네.
사랑스런 사람이여,
오늘은 그만 울어요.
멀리 떨어진 그리운 켄터키의 우리 집을 위해 노래하자
- 〈그리운 켄터키 옛집〉
(이야기 팝송 여행 & 이야기 샹송칸초네 여행, 1995.5.1. 삼호뮤직)

왜 톰 아저씨는 항상 켄터키를 그리워하며 돌아가고 싶어 했을까요?
물론, 톰의 첫 주인인 셜비의 온화한 성격과 가족이 있기 때문이
겠지요. 새얼의 번안본 첫 번째 장에 켄터키 주는 다음과 같이 서술
되어 있습니다.

원래 이 켄터키주는 검둥이 종에 대한 태도가 매우 너그러워서 그렇게 몹시 학대를 하거나 또는 괴로운 일을 시켜서 죽도록 부려먹거나 하는 일이 드문 데다가 설참봉은 성미가 부드럽고 마음씨가 고운 사람이라 그의 집에 있는 검둥이들은 다른 데 비하여 대단히 자유스럽고 또 인자한 대접을 받고 살았습니다.

- 『어린이』 123호, 1948.5.

당시 켄터키주의 노예제도에 대하여 잠깐 살펴볼까요? 켄터키는 미국 중남부에 있는 주입니다. 미국의 노예제도하에서 노예는 주로 아프리카인들이었으며 남북전쟁(1861-1865)이 끝날 때까지 미국에 존재하였습니다. 켄터키는 대부분의 주보다 흑인 노예들에게 강압적이지 않았다고 보입니다. 1940년에 역사가 콜맨(J. Winston Coleman)은 "일반적으로 말해서, 켄터키에 있는 노예들은 행복하고 만족스럽고 평온한 종족이었습니다. 그들의 외모가 증언했듯이, 잘 먹고 과로하지 않았습니다."라고 서술하고 있습니다. 그러나 다른 여러 학자들은-조지 씨 라이트(George C. Wright), 제이 블레인 허드선(J. Blaine Hudson), 제럴드 엘 스키스(Gerald L. Smith), 루스 아담스(Luther Adams) 등- 켄터키에서는 노예가 된 아프리카계 미국인을 상품으로 사고팔고 임대하고, 보험을 들고 하는 거대한 사업이 이루어졌다고 기록하고 있습니다.

다음은 『톰 아저씨의 오두막』의 1852년 초판 그림 첫 표지 삽화입니다. 삽화에서 짐작할 수 있듯이 다소 평온한 삶을 엿볼 수 있습니다.

Boston: John P. Jewett and Company가 1852년에 출판하고, Hammatt
Billings가 그린 삽화가 들어간 「톰 아저씨의 오두막」 초판의 표지

## 미국 도망노예법과 지하철도 비밀 결사대

### 미국 도망노예법

저자인 해리엇 비처 스토가 『톰 아저씨의 오두막』을 통해 노예제
경험을 생생하게 극화함으로써 그 당시 미국의 노예제도를 비판하고
있는 것은 우리 모두가 잘 알고 있습니다. 『어린이』 124호에 실린 내
용에 보면, 오하이오주 주회의원(=국회의원 모양으로 이 땅의 법률
을 작정하는 인민의 대표) 부부의 대화 중 '도망노예법(Fugitive Slave
Laws)'에 대하여 소개하고 비판하는 내용이 나옵니다. 한번 볼까요?

- 오하이오주는 켄터키주와 같이 검둥이 종을 부리는 노예제도는 없지마는 강을 건너 도망 오는 검둥이들을 도와주거나 또는 그들을 숨기어 주지는 못하는 법이 있습니다.

- "켄터키주에서 이쪽으로 도망 오는 검둥이들에게서 밥 한 술 의복 한 가지 주어서는 안 된다는 법률이 회의에서 통과되었구려."

- 그 부인은 얼굴을 붉히면서, "그런 법이 어디 있어요. 가엾은 그들에게 따뜻한 밥 한 그릇과 하룻밤 편안히 잘 방을 빌려주는 것이 우리들 인간의 마땅히 할 의무가 아닙니까?" 하고 말하였습니다.

- "나도 그런 줄은 알지마는 켄터키주에 사는 마음 나쁜 사람들이 너무 야단을 치니까 할 수 없이 그런 법을 낸 것이요. 그러니까 우리도 조심해서 법에 걸리지 않도록 하여야겠소." 하고 주의원은 그 부인을 타일렀습니다.

- 『어린이』124호

## 도망노예법(Fugitive Slave Laws)은 무엇일까요?

도망노예법은 1793년과 1850년에 미국 의회를 통과한 여러 법률이며, 특정 주에서 다른 주로 또는 공유된 영토로 도망간 노예의 반환을 규정한 법입니다.

1830년 초 노예폐지운동의 등장으로 미국 북서부의 노예제도를 유지하려는 세력은 위기의식을 느꼈습니다. 그래서 "도망 온 주의 주인으로부터 그 노예의 노동 또는 용역을 합법적으로 권리 주장하는 경우, 그 도망자는 합법적인 반환 요구로 인정되어, 앞에서 말한 노동 또는 용역을 권리 주장하는 사람에게 송환된다."라는 규정을 만들었어요. 오하이오주에서는 1830년 이 도망노예법(Fugitive Slave Laws)을 채택하였습니다.

새얼의 『검둥이 톰 아저씨』에서 설참봉 부부가 소중하게 여기던 노예 중 혼혈 노예인 애자는 부부가 그녀의 아들 수남이를 팔았다는 사실을 알고 한밤중에 캐나다로 도망칩니다.

> 주인 설참봉이 장사에 실패를 하여 남의 빚을 갚지 못해서 할 수 없이 노예 상인 허가에게 톰과 애자의 아들 수남이를 팔았습니다. 이것을 미리 안 애자는 수남이를 데리고 주인집을 도망해 나와서 오하이오 강가까지 왔으나 강물 위에서 얼음덩어리가 쉴 새 없이 흘러 내려와서 배를 건널 수가 없고 뒤에서는 노예 상인 허가가 마차를 타고 붙잡으러 쫓아왔습니다.
>
> - 『어린이』 124호, 1948.6.

애자가 수남이를 데리고 정신없이 도망가던 중 오하이오주에 도착하여 위급 상황에서 어떤 마음 좋은 영감을 만나 주회의원 집을 소개받았습니다. 이들은 무작정 들어가서 이들의 도움을 받지요. 다정한 주회의원 부인은 기꺼이 도움을 줍니다. 이 도망노예법이 통과되었는데도 말이죠. 친절하고 따뜻한 정치인 부부를 애자는 만났습니다.

1839년 오하이오주의 도망노예법(The Ohio Fugitive Slave Law of 1839)은 14조항으로 구성되었고 도망한 노예를 반환받을 권리와 노예주 재산권을 보장하는 법률이었습니다. 심지어 노예들에게 어떠한 구호 활동조차도 못 하게 하였습니다. 정의가 실종된 인권과 인종 차별이었지요. 노예폐지론자들의 집회와 시위 그리고 구조 및 구호 활동도 반역 행위로 여겨졌습니다.

하지만 반전이 있었습니다. 이후 노예제도 폐지론자들에 의해 1857년 오하이오주의 인신자유법(The Ohio Personal Liberty Laws of 1857)이 만들어졌으며, 이는 급기야 노예제폐지운동(Abolitionist Movement)의 구심점 역할을 하게 됩니다. 이후 남북전쟁 중인 1864년 상원에 의해 발의, 이듬해 1865년 하원에 통과됨으로써 미국 수정 헌법 제13조는 공식적으로 노예제도를 폐지합니다.

## 비밀결사대 '지하철도'를 들어보신 적이 있나요?

애자가 아들 수남이와 탈출하던 시기, 결사대는 지하철도(Underground Railroad)라고 불렸습니다. 19세기, 특히 1850년과 1860년도 사이에 이들 결사대는 왕성하게 활동합니다. 미국에서 노예해방운동을 위한 비공식 네트워크, 즉 노예 흑인들을 동정하거나 노예폐지론자들을 위하여 인권운동 활동을 하는 단체였죠. 이들은 흑인 노예들의 자유를 위해 비밀스러운 탈출 경로와 안전한 장소 및 음식을 제공하였습니다. 이 결사대는 그들만의 방법, 즉 암호 및 신호 등으로 흑인 노예의 탈주를 도왔습니다. 경로는 다양했습니다. 주로 철도로 움직였으나, 추적자를 따돌리기 위해 배, 마차, 그 외 다른 교통수단으로도 이동했습니다. 중남미, 캐나다 등 해외로 탈출한 흑인 노예도 많다고 합니다. 특히, 노예제도가 금지된 영국령인 캐나다로 많이 갔다고 합니다.

이들은 철도 용어를 빌린 은어를 주로 사용하였다고 합니다.

어떤 은어가 있는지 잠깐 살펴볼까요?

철도 용어를 빌린 은어

■ 판매원(또는 목자) - 지하철도를 이용할 흑인 노예를 발견한 사람
■ 차장 - 경로 안내인
■ 역 - 은신처
■ 선로 - 노예제 폐지론자
■ 역장 - 자신의 집에 탈주 노예를 숨겨주는 사람
■ 승객(또는 화물) - 탈주 중인 노예
■ 차표 - 탈주를 계획 중인 노예
■ "바퀴는 굴러간다네(wheels would keep on turning)" - 찬송가의 한 구절로 도망 중임을 나타냄
■ 주주 - 재정 지원자
■ 북두칠성을 이용하여 북극성을 찾는 방법이 들어 있는 민요 〈Follow the Drinkin' Gourd〉 - 북쪽으로 자유를 찾아가는 것을 암시

다시, 새얼의 『검둥이 톰 아저씨』로 돌아와서 애자와 그녀의 아들 수남이 상황을 보겠습니다. 이들은 주위의 도움으로 수남이 아버지 한길수를 만나 함께 캐나다로 향하는 기선을 함께 탑니다. 자유를 향한 간절

한 마음으로 애자, 길수 그리고 아들 수남이는 캐나다를 향하게 됩니다.

> 오랫동안 갖은 모험과 고생을 다 해 가면서 무지한 노예제도를 벗어나
> 자유를 찾아가는 최후의 순간입니다. 떨리는 가슴을 두 손으로 누르면서
> 몇 시간을 졸이는 마음으로 지낸 후 그들의 눈앞에는 오래 기다리고 바
> 라던 캐나다의 땅이 보였습니다. 오~ 축복받은 자유의 땅이여! 이 자유
> 의 나라를 불쌍한 검둥이들은 얼마나 그리워하였던고? 애자와 한길수와
> 수남이는 모르는 사이에 눈물이 흘렀습니다. 그리고 서로 얼싸안고 느끼
> 어 울었습니다. 꿈과 같은 자유를 찾았기 때문입니다.
>
> – 『어린이』 129호, 1948.12.

이 가족이 무사히 탈출할 수 있었던 것은 당시 비밀결사대 지하철도
(Underground Railroad)의 도움이 있었을 것이라고 추측할 수 있습니다.


## 미국 노예제도와 스토 여사의 기독교 사상

미국에 흑인이 처음 도착한 시기는 네덜란드 상인에 의한 식민시
대(1619-1776)로 알려져 있습니다. 이들 흑인이 처음 도착한 곳은
버지니아 제임스타운입니다. 이후 산업과 농업 분야에 일손이 부족
한 미국의 흑인 노예 수는 점차 증가했죠. 미국이 독립선언을 하던
1776년까지 약 50만 명의 흑인이 미대륙에 있었다고 합니다. 미국
남북전쟁(1861년 4월 12일-1865년 4월 9일) 시기에는 흑인 군인도

양산되었습니다. 링컨의 노예 해방 선언 이후 흑인들은 자신들만의 학교와 교회를 세웠고 교육을 받은 흑인들은 지방 및 연방 정부 등 다양한 분야에서 일하게 됩니다.

미국의 개신교는 노예제를 둘러싼 성경의 해석에 따라 남부와 북부로 나뉘었습니다. 남쪽은 성서를 문자적으로 해석하여 노예제에 찬성하였고, 진보 성향이 강한 북쪽은 성서를 역사 및 상황에 근거하여 재해석하는 입장으로 노예제를 반대했습니다.

흥미로운 점은 백인 농장주는 흑인 노예들에게 순종과 온순함과 같은 그리스도의 미덕을 가르쳐 가부장적 기독교 농장 공동체를 만들고자 선교하였지만, 흑인 노예들은 그들 나름대로 기독교를 받아들여 자신들만의 기독교 문화로 발전시켰습니다. 즉, 백인 농장주의 선교는 노예 통제를 위한 수단이지만 흑인 노예들은 순종의 미덕이 아니라 구원에 대한 성경적 약속에 가치를 두었습니다. 인내와 영적 행복의 원천이었던 것이죠.

그럼, 저자인 해리엇 비처 스토 여사의 『톰 아저씨의 오두막』에 나타난 기독교 사상은 어디에 뿌리를 두고 있을까요?

스토 여사는 1811년 미국 코네티컷 리치필드의 유명한 장로교 목사인 리만 비처의 11남매 중 일곱째로 태어났습니다. 목사인 아버지는 노예찬성론자였습니다. 5살 때 어머니를 잃은 이유였을까요? 스토 여사는 항상 어머니의 사랑을 갈구하였고, 특히 흑인 어린아이들이 노예라는 이유 때문에 강제로 부모님과 헤어지는 상황에서는 누구보다 깊은 연민과 동정을 품었다고 합니다. 켄터키주 여행 중 노예들의 불쌍한 생활상을 본 스토 여사는 이후 노예폐지운동에 정열을 쏟았다고 합니다. 그녀는 성서를 문자적으로 해석하여 노예제에 찬성한 미국 남부의 기독교 정신을 비판하고 역사와 시대에 따라 가치 추구를 해야 한다고 주장하는 당시 미국 북부의 진보적 기독교 사상에 동조했습니다.

특히, 스토 여사는 『톰 아저씨의 오두막』의 여자 등장인물들을 통해서 남부 기독교 사상에 대한 생각을 독자들에게 전달합니다.

스토 여사는 여성들을 도덕적이고, 신뢰할 수 있고, 용감한 인물로 묘사하고 있습니다. 어머니들이 아들에게 미치는 강한 영향과 유사하게 『톰 아저씨의 오두막』 여성들은 남편의 도덕과 행동을 형성하는 데 중추적인 역할을 합니다. 새얼의 번안 『검둥이 톰 아저씨』에는 원문만큼 다양한 여성들의 목소리가 나타나지는 않습니다. 하지만, 스토 여사를 대신하는 분신처럼 여겨지는 인물은 구주사의 딸 옥희입니다. 옥희는 천사의 이미지를 가지고 있으며 노예제도로 인해 상처입은 흑인들을 이해합니다. 옥희는 자신이 지켜본 일들을 가슴속에 품으며 진실한 모습으로 독자들에게 감동을 줍니다.

스토 여사가 소설 속에서 에바(옥희)를 묘사한 부분과 새얼이 번안 작품에서 옥희(에바)를 묘사한 부분을 비교해 봅시다.

> "에바는 아주 성숙한 어린이였고 노예제도하에서 살고 있는 흑인들에게 가해진 사악함을 목격한 것들을 하나씩 기억하며 그녀의 사려 깊은 가슴속에 쌓아두었다."
>
> Eva was an uncommonly mature child, and the things that she had

witnessed of the evils of the system under which they were living had fallen, one by one, into the depths of her thoughtful, pondering heart. (297)

"아버지와 어머니! 여러 동무들! 더구나 불쌍한 검둥이 종들! 그중에도 톰 아저씨! 이들을 생각할 때 불쌍한 검둥이들의 신세가 몹시 서러웠습니다."

하루는 아버지를 보고,

"아버지! 나는 얼마 아니하여 아버지 곁을 떠납니다. 다시 돌아오지 못하는 곳으로 갑니다. 아버지! 내 평생 청을 한 가지 들어주셔요."

하고 눈물을 지었습니다.

"그게 무슨 말이냐? 약을 잘 먹고 공기 좋은 데서 조심하면 이제 곧 나아서 일어난다."

하고 구주사는 말했습니다.

"아니야요. 아버지! 내가 잘 알아요. 그러니 아버지! 저 불쌍한 검둥이들을 다 속량해 주어서 자유의 몸이 되게 해 주셔요. 그리고 톰은 제일 먼저 자유를 주어서 저의 고향으로 돌아가게 해 주셔요."

－『어린이』127호, 1948.10.

새얼의 번안 작품 『검둥이 톰 아저씨』에서 옥희가 한 말을 살펴보면, 흑인 노예에 대한 더없이 깊은 동정과 사랑의 마음을 가진 것을 알 수 있습니다.

이제는 말할 기운도 없고 눈을 뜰 정신조차 없어진 옥희는 자기의 머리털을 가위로 베어가지고 집안사람들에게 나누어 주었습니다.

"이것은 내가 당신들을 참마음으로 사랑하고 있다는 표적이요. 언제든지 내 머리카락을 볼 때마다 나를 생각하고 그리고 내가 당신들을 사랑한 것과 같이 이 세상 사람들을 사랑하여 주시오."

하고 말하였습니다. 이것은 참으로 성스럽고도 눈물겨운 일이었습니다. (중략)

"아버지 어머니 서러워 마셔요. 나는 평화스럽고 즐거운 하늘나라로 갑니다. 그리고 아버지! 전날 약속하신 검둥이 종들을 자유로 하여 주신다는 것을 잊지 마십시오…."

- 『어린이』 127호, 1948.10.

또한, 스토 여사는 톰을 백인 노예주들보다 성격 면에서 훨씬 우월한 미덕과 위엄의 모범적인 인간으로 묘사하고 있습니다. 아무리 어렵고 힘든 상황에도 톰은 폭력에 반대하며 기독교 신념을 가지고 살고 있지요. 새얼의 『검둥이 톰 아저씨』에서 이러한 톰의 성격은 리그리 농장 생활에서 잘 묘사되고 있습니다.

"아 그러나 이러한 곳에도 하나님은 나와 같이 계시다."

하고 눈물로 씻고 성서를 소리 내어 읽었습니다. 톰은 모든 것을 단념하고 이튿날부터 일터로 나갔습니다. 지금이 한참 면화를 딸 때라 검둥이 종들을 뼈가 녹도록 일을 시켰습니다.

- 『어린이』 128호, 1948.11.

톰은 용감하고, 강하고, 착한 인물입니다. 예를 들면 뉴올리언스에서 경매에 부쳐지기 위해 배를 타고 이송되는 동안, 톰은 용서를 베푸는 천사 같은 어린 소녀 리틀 에바의 목숨을 구합니다. 이러한 인연으로 그녀의 고마운 아버지는 톰을 구매하게 되고 이후 이 연약한 어린 딸인 리틀 에바와 톰은 다정하고 좋은 친구가 됩니다. 훗날 탐욕스럽고 잔인한 이가와 그의 부하인 금보와 삼보의 채찍질에 끝내 죽음에 이르기까지 톰은 변함없이 기독교적인 태도를 유지합니다.

"나는 죽어도 하느님을 버릴 수는 없습니다."
톰은 눈물이 고인 눈으로 주인을 치어다보며 말하였습니다.
"죽어도 못 버틴다! 어디 죽어 보아라."
이가의 발길과 주먹은 사정없이 병든 톰의 몸을 때리었습니다. 그러나 톰은 조금도 굽히지 않았습니다.
"하나님이 당신을 용서하시게 하여 주소서."
톰은 오히려 주인을 위하여 빌었습니다. 이가는 더욱 펄펄 뛰었습니다. 자기가 부리는 검둥이 종이 자기를 얕보는 것 같은 생각이 나서 더하고 잔인해졌습니다. 그리하여 삼보와 금보를 불러서
"이놈을 피 한 방울 남지 않도록 때려라."
하고 소리쳤습니다. 폭풍우 같은 채찍이 톰의 몸에 퍼부었습니다. 톰의 뼈는 으스러지고 살은 흩어졌습니다. 톰은 기운 없는 소리로
"나는 당신들을 용서하오."
하였습니다.

— 『어린이』 129호, 1948.12.

톰의 상황을 알게 된 설참봉 아들 정주는 톰에게 달려와 '켄터키 옛집'으로 가자고 하지만, 악랄한 이가의 손에 피투성이가 된 톰은 정주의 품에서 죽게 됩니다.

"아…니오. 도련님! 나는 더 좋은 집으로 가오. 저 천당으로. 그러면 도
런님 안녕히…."

- 『어린이』 129호, 1948.12.

새얼의 번안본에는 톰의 사망 장면이 마지막입니다. 하지만, 스토
여사의 작품 원문에는 조지 셸비(정주)가 톰 아저씨와 작별 후 바로
켄터키로 돌아가 본인 농장에 있던 흑인 노예를 모두 해방시킵니다.
마지막 장면에서 이가, 금보, 삼보를 통해 미국의 반봉건적 남부의
기독교적 사상, 즉 노예제도가 얼마나 인간성을 말살하는지 잘 보여
줍니다. 노예 학대에 대한 공포와 억압을 묘사함으로써 노예제도에
대한 부정적이고 위선적인 개념을 독자들에게 전달하여 설득과 지
지를 얻고자 하였겠지요. 이런 이유였을까요? 이후 미국의 에이브러
햄 링컨 대통령은 남북전쟁이 끝나자 노예해방 선언(Emancipation
Proclamation, 1862년 9월 22일 예비선언문을 1863년 1월 1일부터
노예를 전면적으로 해방)을 함으로써 미국의 노예제도를 폐지하게
됩니다. 마치 정주가 본가가 있는 켄터키주로 돌아가 본인 소유의 흑
인 노예 모두를 해방시킨 것처럼 말이죠.

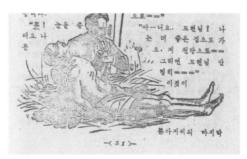

『어린이』 129호

# 어린이들이 누리는 평화가 더욱더 완벽해지기를

지금까지 방정환의 『어린이』에 연재된 새얼의 '연속번안소설' 『검동이 톰 아저씨』에 담겨 있는 미국 역사와 문화를 살펴보았습니다. 포스터의 〈그리운 켄터키 옛집〉, 오하이오주의 '도망노예법', 흑인 노예들 탈출을 도왔던 비밀 결사대인 〈지하철도(Underground Railroad)〉, 그리고 흑인 노예들에 대한 미국 남북의 상반된 사상과 스토 여사의 주장 등이 대략 그러한 내용들입니다.

비록, 새얼의 번안본에는 원작에서 작가 스토 여사의 목소리를 대변하는 여성들의 목소리가 거의 삭제되었지만, 애자, 옥희, 주회의원의 부인과 같이 간단하게 소개된 여성의 목소리를 통해 노예제도라는 문화가 얼마나 반인륜적인가 하는 현실을 고발하고 있지요.

1948년 방정환의 복간호 『어린이』에 연재된 새얼의 『검동이 톰 아저씨』가 해방공간에서 우리 어린이들에게 전달하고 싶은 부분은 무엇이었을까요?

일제강점기 시절 암울하고 처절했던 현실을 극복한 우리들이다, 그러니 새롭게 탄생되어 자유를 바라는 마음, 그리고 당시 어린이들이 누리는 평화가 더욱더 완벽해지기를 간절히 바라는 마음이 아니었을까요?

아동문학 및 문화운동을 통하여 어린이들에게 희망의 메시지를 전달하고자 했던 소파 방정환 선생님은 『어린이』에 꽤 많은 번안 아동문학을 소개하고 있습니다. 아동 존중 사상을 끊임없이 강조하셨던

방정환 선생님은 『어린이』에 선별된 세계아동문학을 통해 어떠한 시
대정신과 메시지를 어린이들에게 전달하려고 하셨을까요? 세계아동
문학과 『어린이』를 통해 방정환 선생님의 인간존엄에 대한 보편적 타
당성 및 교육으로 아동의 인권 존중과 실천의 완성도를 높이고자 하
셨던 노력이라고 여겨집니다. 어린이들을 위한 그의 몰입과 뜨거운
열정 및 실천 그리고 간절한 믿음은 지금까지도 우리를 숙연하게 합
니다.

# 참고한 자료

박진영, 『번역가의 탄생과 동아시아 세계문학』, 소명출판, 2019.

한국민족문화대백과사전(어린이), http://encykorea.aks.ac.kr/Contents/Item/
E0035937

Susan Belasco, *Uncle Tom' Cabin in Our Time,* Vol.29, No.2 University of
Nebraska Press, 2012.

https://ko.wikipedia.org/wiki/

http://uncletomsjournal.weebly.com/map-of-my-journey.html

버지니아 대학 웹사이트 '톰 아저씨의 오두막과 미국 문화: 멀티미디어 자료.'

## 저자 소개

**박형주** hjjudypark@gmail.com

세계아동문학과 관련 번역 및 번역 연구에 관심이 아주 많아요. 현재, 아시아, 오세아니아 문화권의 그림책 및 아동문학 번역 및 연구에 조금 더 중점을 두고 있습니다. 세계아동문학과 번역 및 번역 연구를 통하여 우리 어린이들이 다양한 지구촌 문화를 이해하는 데 도움을 주고 싶어요. 무엇보다, 소중한 우리 어린이들에게 세계의 다양한 문학을 소개함으로써 울트라 슈퍼 메가급 상상의 날개를 달아주고 싶습니다. 『어린이』를 통해 인간 존엄에 대한 보편적 타당성 및 교육과 실천으로 아동교육의 완성도를 높이고자 하셨던 방정환 선생의 노력과 간절한 희망, 실천 그리고 그 굳은 믿음. 저도 어린이에 대한 무한한 사랑을 실천하도록 계속 노력하겠습니다.

# 지상토론회
# 〈봄이 좋은가 가을이 좋은가〉

이정아

## 『어린이』잡지의 소년토론

2019년 1월 9일 영화 〈말모이〉가 개봉되었습니다. 여기서 '말모이'는 순우리말로 '사전'을 의미합니다. 이 영화에서 1940년대 초 일제의 탄압으로 우리말과 우리글을 잃어가고 있을 때, 조선어학회가 우리말 사전을 만들기 위해 노력하는 모습을 보여줍니다. 예를 들면 잡지 『한글』의 광고란을 활용하여 전국의 사투리를 우편으로 모았습니다. 그리고 일제의 감시를 피해 조선어학회의 대표 류정환은 여러 교사들을 모아 공청회를 열었습니다. 그러나 안타깝게도 결국 발각되어 공청회는 해산이 되었지요. 그날 사전 만드는 일을 도우면서, 난생처음 글을 읽고 쓰게 된 김판수도 죽게 됩니다. 하지만 그가 숨겨놓은 가방이 해방 후 서울역 창고에서 발견되고, 1947년 드디어 류정환에 의해 우리말 사전이 세상에 나오게 됩니다. 사실 이와 같은 우리말과 우리글을 지키기 위한 노력은 영화『말모이』뿐만 아니라 1923년에 창간된『어린이』에서도 찾을 수 있습니다.

그 당시『어린이』는 식민지 조선 어린이를 위한 교육매체로서 역할을 하였습니다. 또한 조선어학회에서 〈잡지광고〉란를 통해 사투리를 모은 것처럼, 〈소년토론〉란을 만들고, 독자들에게 미리 토론 주제를 알리며 우리말과 글로 쓴 토론글을 모았습니다. 여러분 혹시 지상토론에 관해 들어보신 적이 있나요? 네이버 국어사전에 따르면, 지상토론紙上討論은 '신문이나 잡지 따위에 글을 써서 어떤 문제에 대한 각자의 의견을 내세우고 그것의 정당함을 논하는 일'입니다.『어린이』는 〈소년토론〉을 통해서 지상토론회를 진행한 것입니다. 그리고 잘된 토론글에 대한 투표 결과를 〈독자담화실〉을 통해 발표하기도 했습니다.

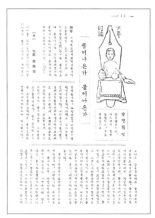

『어린이』 5권 3호, 1927.3.

다음은 지상토론회 주제 중의 하나입니다.

〈물이 나은가 불이 나은가〉

소년토론

[방청환영]

다 들으시고, 어느 편이 말을 잘했다고, 투표해 주십시오.

물이 나은가 불이 나은가

[개회] 이제로부터 개회하겠습니다.

〈셋째 마당. 서로서로 존경하는 마음으로

오늘 문제는 보시는 바와 같이 우리의 생활상에는 물이 나으냐 불이 나으냐 하는 문제입니다. 문제에 있는 차례대로 물 편에서부터 나와 말씀하겠습니다. (박수)

－『어린이』5권 3호, 1927.3.

토론의 현장감을 높이기 위해 지상토론회에서는 위와 같이 소년토론 주재자가 등장하기도 했습니다. 소년토론 주재자는 방청을 환영한다는 소개를 하면서, "다 들으시고, 어느 편이 말을 잘했다고 투표해 주십시오."라고 안내를 하였습니다. 토론회의 시작을 알리는 절차는 투표를 독려하고 개회를 선언하며 토론 주제를 환기시켰습니다. 그리고 청중들의 적극적인 참여를 위해 박수도 유도하였습니다.

## 『어린이』 안에서 비판적 사고력 키우기

민주주의 발달을 통해 정치 영역뿐만 아니라 일상생활에서도 개인의 권리가 강화되고 토론은 생활화되고 있습니다. 이러한 이유로 교육 분야에서도 토론이 강조되는 추세입니다. 최근 토론수업을 통하여, 지필고사 중심의 입시제도를 벗어나기 위한 자성의 노력도 하고 있습니다. 교육학계에서 대체로 비판적 사고력에 관심을 가지게 된 것은 존 듀이 (John Dewey, 미국 철학자, 1859~1952)의 '반성적 탐구와 사고력'이 주목받은 이후로 봅니다. 존 듀이는 '낱낱의 사실이나 정보를 단순하게 아는 것이 아니라 이를 다룰 줄 아는 능력'

을 비판적 사고력으로 인식하고 이를 민주시민 덕목의 하나로 보았습니다.

방정환이 『어린이』 잡지를 통해 〈소년토론〉을 마련한 것은 같은 맥락이라고 봅니다. 그는 식민지 조선 어린이들이 비판적 사고력을 가진 어린이가 되기를 희망하였습니다. 민주주의의 기본 덕목인 비판적 사고력은 곧 자주독립을 위한 발판이 되기 때문입니다. 또한 방정환은 비판적 사고력을 키울 수 있는 토론의 중요성도 놓치지 않았습니다. 『어린이』에서 지상토론회를 열고 비판적 사고력을 키우기 위한 구체적인 방편을 마련하였습니다. 여기서 비판적 사고력을 가진 어린이는, 즉 '어떤 사안에 대해서 어린이 스스로가 판단하고 선택하며 그 결정에 책임을 지는 어린이'라고 말할 수 있을 것입니다.

그러면 『어린이』 잡지가 지상으로 마련한 〈소년토론〉는 몇 차례 개최되었을까요? 여섯 번입니다.

첫 번째, 〈바다가 좋은가 산이 좋은가〉
두 번째, 〈장님이 나으냐 벙어리가 나으냐〉
세 번째, 〈물이 나은가 불이 나은가〉
네 번째, 〈사업을 성취하는 데 지혜가 중한가 성근이 중한가〉
다섯 번째, 〈우리 생활에는 봄이 좋은가 가을이 좋은가〉
여섯 번째, 〈사람이 생활하는 데 손이 나은가, 발이 나은가〉

이렇듯 식민지 조선에서 토론 배틀이 열렸다는 사실이 참으로 놀랍습니다. 지상토론회는 위와 같이 재미있는 주제를 중심으로 토론이 진행되었습니다. 〈소년토론〉은 식민지 조선 어린이들이 바판적 사고력을 키우고 민족의 독립을 위한 인재가 되는 좋은 방법이었습니다.

## SNS와 같았던 소식지

3·1운동 전후 민족해방운동이 본격화되고, 일본제국이 군국주의 체제로 전환되면서 식민지 조선의 교육은 크게 변화하였습니다. 이러한 식민지 조선의 교육 정책 중 가장 눈에 띄는 것은 우민화정책이었습니다. 고등교육과 중등교육 확대는 극히 제한적이었고, 일제는 초등교육을 보편화 시키는 데 주력하였습니다. 이 과정에서 초등교육 기관인 보통학교의 어린이들은 훈육과 규율로 철저하게 통제되어 있었습니다. 방정환은 이러한 이유로 일제 식민지 교육의 제도권 밖에서 학교 교육 이외에 잡지나 신문을 통한 사회교육을 해 나갔습니다.

1923년에 창간된 『어린이』는 계속해서 독자가 늘어나면서, 〈소년토론〉 현상모집을 한 1927년에는 10만 독자를 자랑하게 되었습니다. 당시 『어린이』에는 '600만 조선 어린이'를 여러 차례 호출한 것을 볼 수 있는데, 지금의 기준에서 보더라도 '10만 독자'는 어마어마한 숫자입니다. 이렇게 많이 보게 된 이유는 각 지역 소년회들이 잡지를 돌려 보았기 때문입니다. 조선 팔도뿐만 아니라 해외 동포와 많은 어린이까지 잡지를 읽게 되었습니다. 구독자 수가 확대되면서 『어린이』
는 각 지방 소년운동을 결집시키는 데 좋은 매개체가 되었습니다. 또
한 부록으로 나온 『어린이세상』은 여러 소년회들이 어린이날 행사를
준비하는 데도 유용하게 쓰였습니다.

그 당시에는 SNS(사회적 관계망 서비스, Social Networking Service
의 약자)와 같은 네트워크가 없잖아요. 『어린이』의 〈독자담화실〉을
통해서 지금의 SNS와 비슷한 역할을 하게 됩니다. 어떨 때는 어린이
들의 사진을 보내라고 합니다. 그러면 〈독자 사진첩〉에 사진을 실어
줍니다. 그리고 현상문제, 당선발표도 있었습니다. 〈소년토론〉에 대
한 어린이들의 적극적인 참여는 이와 같은 연장선에서 생각해 볼 수
있습니다.

그러면 『어린이』에 소년토론이 어떻게 시작되었는지 모집 광고 내
용을 보겠습니다.

> 십만 독자의 오래 기다리시던 『소년토론』을 시작하게 되었습니다. 천
> 하의 소년 변사 여러분 다 나아와 이때에 웅변을 뽐내십시오. 이 일은 글
> 과 말과 의견이 함께 늘어가는 것이라 참례하는 이는 물론이거니와 읽고
> 보는 이에게도 대단히 유익한 것이니 독자는 다 같이 응원하여 이 꽃다
> 운 말싸움을 크게 번화하게 하십시다. …
> 이번 첫 번 문제는 『산이 좋은가 바다가 좋은가』로 내었습니다. 산 편
> 에 드는 이는 산이 어째서 바다보다 좋은 까닭을 쓰고 바다 편에 드는 이
> 는 바다가 어째서 산보다 좋은 까닭을 써 내주십시오.
> 잘된 글은 뽑아서 책에 내어드리겠고 특별히 뽑힌 글을 보아 이기고

지는 승부를 정하고 이긴 편에 뽑힌 이에게만 상품을 보내드립니다.

1행 16자 30행 이내(30행 넘은 것 무효)『토론』이라고 반드시 써내어 8월 15일까지

－「여름 특별 현상 모집-토론! 대토론!」,『어린이』4권 7호, 1926.7.

위의 편집실에서 낸「여름 특별 현상 모집」에 따르면, 〈소년토론〉은 '꽃다운 말싸움'이라는 것을 알 수 있습니다. '꽃다운 말싸움'이란 표현에서 서로 다른 의견을 가진 토론자들이 상호 존중하는 관계를 '꽃과 같다'고 비유적으로 표현하였습니다. 그리고 〈소년토론〉을 통해서 웅변을 뽐내는 것은 어린이 독자들의 말과 글이 향상되고 읽고 보는 이에게도 대단히 유익한 일이었습니다. 한편 토론문을 쓰는 방법으로 까닭, 즉 근거를 제시해야 함을 안내하였습니다. 어린이 독자들이 보내는 글에『토론』을 표시하게 하였고, 글의 분량과 마감 날짜까지 세심하게 챙겼습니다. 방정환은 교육의 목적과 교육의 방법 면에서 이와 같이 앞서 있었습니다. 1920년대 이미 상호 존중을 바탕으로 비판적 사고력을 키울 수 있는 토론이 조선에서도 이루어졌다는 점을 주목해야 합니다.


## 지상토론회: 봄이 좋은가 가을이 좋은가

토론과 토의는 어떻게 다를까요? 토론은 어떠한 문제에 대하여 각각의 의견을 가지고 자신의 입장에 서서 근거를 제시하고 논의하는

대화법입니다. 토의는 공동의 관심사가 되는 문제를 협력적으로 바람직한 해결 방안을 모색하는 대화법입니다. 〈소년토론〉은 자신의 의견을 분명히 하고 근거를 제시하며 상대를 설득하는 대화로 되어 있습니다.

그럼, 본격적으로 〈봄이 좋은가 가을이 좋은가〉 편의 토론 내용과 형식, 그리고 토론의 태도가 어떠하였는지 알아보도록 합시다. 토론 글은 봄 편 가을 편 각각 세 편씩 실렸지만 그중 한 편씩만 소개해 봅니다.

『어린이』 6권 5호, 1928.9.

소년토론

[방청 환영] 다 들으시고. 어느 편이 말을 잘했다고, 투표해 주시요.

[제5회 문제] 우리의 생활에는 봄이 좋은가? 가을이 좋은가?

[개회] 자아 조용하십시요. 이제 시간이 되었으니 개회하겠습니다. 문제에 쓰여 있는 차례대로 봄 편에서부터 시작하겠습니다. (박수)

- 『어린이』 6권 5호, 1928.9.

먼저 '봄이 좋다'는 편에서 토론을 한 '수원 주봉출' 어린이의 글을 보겠습니다.

〈봄 편〉 수원 주봉출

① 에헴 저는 가을보다 봄이 좋다고 생각하는 고로 봄 편을 들어 한 말씀 하겠습니다.

② 얼른 생각하면 가을에는 여러 가지 과실과 곡식이 익으니 대단히 소중한 때라 하겠습니다. 과연 그렇습니다. 가을처럼 우리 생활에 고마운 때는 다시없습니다.

③ 그러나 그 고마운 가을도 어디서 별안간에 뚝 떨어져 오는 것이 아니라 봄이라고 하는 씨를 뿌리는 생명을 심는 거룩한 때가 있어서 그것이 자라고 커가고 익어 가지고 가을로 하여금 고마운 철이 되어 주게 하는 것입니다.

④ 그러니 가을보다도 그 근본 되는 봄이 더 고맙고 좋은 철입니다.

⑤ 보십시오. 일 년이라고 하는 것은 봄에서 시작되지 않습니까? 그만큼 봄이 더 좋은 것입니다.

⑥ 그리고 봄에는 초목 짐승들까지도 살아나느라고 기쁜 소리를 치는 때요, 가을은 죽어 움츠러지느라고 슬픈 소리를 내는 때가 아닙니까? 그러니 여러분은 슬픈 때가 좋습니까? 기쁜 때가 좋습니까?

⑦ 우리들 자라가는 어린 사람은 더구나 새 생명의 봄을 찬양해야 하겠습니다. (박수)


토론 전개 과정에 따라 ① ② 하는 식으로 번호를 달아 보았습니다. '수원 주봉출' 어린이의 토론글을 다음과 같이 내용, 형식, 태도의 세 가지 분석 틀로 살펴보겠습니다.


**내용** 면에서 살펴보면, 먼저 ①에서 '가을보다 봄이 좋다'는 '주장'을 내세웁니다. ②에서는 '반론'을 예상하여 '가을이 나은 면'에 대해서도 언급해 줍니다. 그러나 ③에서는 그렇지만 '봄이 좋다'는 주장의 '근거1'(씨를 뿌리는 생명의 때)을 제시합니다. ④에서는 '그러니' 하고 자신의 '주장'을 재확인합니다. ⑤에서는 다시 '봄이 좋다'는 주장의 '근거2'(봄에서부터 시작되는 일 년)를 제시하고, 연이어 ⑥에서 '근거3'(초목이 살아나는 기쁜 소리의 봄)을 추가로 제시합니다. 이렇게 해서 주봉출 어린이의 글은 ⑦에서 '새 생명의 봄을 찬양하자'는 '결론'에 이릅니다.

**형식** 면에서는 주장과 근거를 번갈아 가며 제시하고, 중간에는 반론을 예상하는 부분이 있습니다. 즉 반론을 예상하고 그것을 반박하는 세 가지의 근거를 제시하는 방식은 주장의 타당성을 높이는 진행 방식입니다. 논리적 전개뿐만 아니라 다양한 근거 제시가 좋습니다.

**태도** 면에서도 차이와 다름을 인정하고 상호 동등한 관계를 보여 줍니다. "얼른 생각하면 여러 가지 과실과 곡식이 나는 가을도 대단히 소중한 때"라며 가을 편의 입장을 충분히 존중하고 있습니다.
다음은 '가을이 좋다'는 편에서 토론을 한 '태천 박응삼' 어린이의 글을 보겠습니다.

〈가을 편〉 태천 박응삼
① 이번 토론에 봄 편 연사가 되신 이는 불행입니다. 문제부터 미리 한 수 지고 들어가니 어찌 불행이 아닙니까?
② 봄철은 일 년의 시초요, 씨를 뿌리는 때요. 만물이 생기가 있어 우쭐

우쭐 커가는 때니까 좋다고 하지만은 그 우쭐우쭐 커가는 것이 어디를 향하고 커가는 것입니까?

③ 씨를 뿌리는 것은 무엇을 바라고 뿌리는 것입니까? 모두 가을 때문입니다.

④ 가을의 성공 가을 기쁨 때문에 봄의 소생도 비로소 가치가 있는 것이랍니다. 봄도 좋은 것입니다. 그러나 가을 때문에 봄도 좋은 값이 나가는 것이지 봄만 뚝 떨어져 가지고는 아무 가치가 없습니다.

⑤ 그리고 또 봄에는 꽃이 피어서 경치가 좋다고 하지요.

⑥ 그렇지만 가을의 무르녹은 경치는 봄꽃보다 몇 갑절 더 좋은 것입니다. 옛날 학자들도 가을에 서리 맞아 물든 잎이 봄꽃보다 낫다고요.

⑦ 또 어떤 이는 가을은 쌀쌀하여서 싫고 봄은 따뜻하여서 좋다고 하지만은

⑧ 봄은 꽃이 피어서 사람의 마음을 들뜨게만 하거나 그렇지 않으면 우리의 육체를 노곤하게 게으르게 하고 우리의 정신을 흐릿하게 만듭니다.

⑨ 씩씩하고 쾌활한 기상을 가진 가을이 좋지 어째서 다 죽은 늙은이같이 늘큰한 봄이 좋습니까. 우리들 씩씩히 커갈 소년은 가을의 기상을 배워야 합니다.

⑩ 봄이 좋다고 하는 분은 남보다 더 가을 기상을 배워야겠습니다. (박수)


'태천 박응삼' 어린이의 글에도 편의에 따라 ① ② 하는 식으로 번호를 달았습니다. 박응삼 어린이는 '봄 편'의 주장을 반박해 가면서 자기의 토론을 펼쳐 나가야 하기에 '수원 주봉출' 어린이의 글보다 더 정교한 논리가 필요해 보입니다. 마찬가지로 '태천 박응삼' 어린이의 글도 내용, 형식, 태도의 세 가지 분석 틀로 살펴보겠습니다.

**내용** 면에서 살펴보면, 먼저 ①에서 '이번 토론 봄 편의 인사 되시는 이는 불행'하다며 '주의'를 환기시킵니다. ②에서는 '반론1'을 예상하여 '봄철이 일 년의 시초이고 씨 뿌리는 때'임을 언급해 줍니다. 그러나 ③에서는 '씨를 뿌리는 것은 가을' 때문이라며 '가을이 좋다'는 '주장'을 폅니다. ④에서는 그 '근거1'(가을의 성공으로 봄의 소생도 가치)을 제시합니다. 한편, ⑤에서는 다시 '반론2'를 예상하며 '봄에는 꽃이 피어 경치가 좋다'고 봄 편의 입장을 설명합니다. 그러나 ⑥에서 박웅삼 어린이는 '가을의 무르익은 경치는 봄보다 좋다'며 오히려 자기의 주장을 재확인합니다. ⑦에서는 또다시 '반론3'을 예상하면서 '가을은 쌀쌀하고 봄은 따뜻해 좋다'고 합니다. 그러나 ⑧에서는 주장의 '근거2'(봄은 마음을 들뜨게 하거나 육체를 노근하게 하여 정신을 흐림)를 제시하고, 연이어 ⑨에서 '근거3'(씩씩하고 쾌활한 기상을 가진 가을이 좋음)을 제시하여 자기의 주장을 뒷받침합니다. 이렇게 해서 박웅삼 어린이의 글은 ⑩에서 '가을의 기상을 배우자'는 '결론'에 이릅니다.

**형식** 면에서는 반론 예상을 세 번 하고 자신의 주장에 따른 근거 제시도 세 번 이루어집니다. 또한 주장하기 전에 주의를 환기시키고 전체적인 흐름을 매끄럽게 이어가기 위해 중간에서 주장을 재확인하였습니다. 이렇듯 주장을 재확인하고 반론을 예상한 뒤 세 가지 자신의 주장 근거 중 두 가지를 마지막에 제시하는 방식입니다. 반론의 근거를 다양하게 예상하면서도 자신의 주장을 탄탄히 하는 근거를 적절한 위치에 배치하여 효과적으로 설득한 글입니다.

**태도** 면에서는 '수원 주봉출' 어린이의 토론글에서는 반론 예상을 한 번 제시한 것과 다르게 '태천 박응삼' 어린이는 반론 예상을 세 번 함으로써 '다양성 존중' 정신이 잘 드러납니다.

〈봄이 좋은가 가을이 좋은가〉 편에서 제시된 주장과 근거에 바탕을 둔 토론은 어린이가 자신의 생각을 언어로 표현할 수 있는 능력과 함께 비판적 사고력도 향상시킬 수 있습니다. 토론의 내용은 자신의 생각을 언어로 분명히 할 수 있는 능력이 바탕이 되어야 하는데 이는 비판적 사고력과 같은 고등사고력입니다. 토론의 형식은 자신의 주장을 근거 있게 펼칠 수 있는 논리적 구성입니다. 지상토론에서 1) 주의환기, 2) 주장하기, 3) 타당한 근거 제시하기, 4) 반론 예상하기, 5) 결론 내리기의 전 과정에 관심을 가져야 할 이유입니다.

전 토론의 태도 또한 토론의 내용과 형식만큼 중요하다고 생각합니다. 비판적 사고력을 바탕으로 한 토론을 통하여 올바른 인격 형성이 가능한데, 이는 자신의 가치관을 정립하고 상대를 존중하는 태도에서 시작될 수 있습니다. 우리는 상호 동등한 관계를 형성하고, 차이와 다름을 존중하며, 다양성을 인정하는 열린 자세를 〈봄이 좋은가 가을이 좋은가〉 편에서 배울 수 있습니다.

그러면 한 걸음 더 들어가 〈봄이 좋은가 가을이 좋은가〉의 토론 주제 설정이 흥미를 끄는 점에 관하여 자세히 이야기하겠습니다.

첫째, 〈봄이 좋은가 가을이 좋은가〉는 생명의 탄생과 소멸이라는 생태주의 사상을 가장 잘 보여줍니다. 근대문명 이후로 일관해 온 인간 중심의 사고로부터 이제는 인간과 자연이 조화를 이루어야 한다는 사상이 바로 생태주의 사상입니다.

> 봄이 좋은가 가을이 좋은가 이렇게 말대로 생각하면 어느 편이 좋을는지 얼른 판단되지 아니하지마는 이 세상 모든 생물이 나는 것이 좋으냐 죽는 것이 좋으냐 하면 〈봄 편〉 웅기 김수일

> 봄에는 꽃이 피고 가을에는 단풍이 드는데 꽃은 희망의 웃음이요 단풍은 서러운 눈물입니다. 눈물보다 웃음이 좋은 것은 다시 말할 것이 없지 아니합니까. 〈봄 편〉 요양 박해쇠

생물이 나는 것과 죽는 것 중 어느 것이 좋은가를 이야기하면서 '만물이 살아나는 것'을 중요한 근거로 주장할 때는 봄을 좋아하는 경향이 컸습니다. '생물이 나는' 봄이 좋다고 주장하는 '웅기 김수일' 어린이의 의견이 대표적입니다. 봄 편에서는 웃음과 눈물 중 웃음을 더 선호하였습니다. '요양 박해쇠' 어린이는 봄에 피는 꽃은 생명 탄생인 '희망의 웃음'이고 가을의 단풍은 생명 소멸인 '서러운 눈물'로 비유하였습니다. 위와 같이 만물의 탄생과 소멸은 삶과 죽음의 문제이며, 이는 코로나 팬데믹 시대를 살고 있는 우리에게도 여전히 중요한 화두입니다.

둘째, 어린이날은 봄에 있었습니다. 아래와 같이 '요양 박해쇠' 어린이는 봄이 가을보다 좋은 이유를 어린이날이 봄에 있기 때문이라고 했습니다.

생각이 봄이요, 모양도 봄이요, 살림이 또 봄입니다. 그러므로 '어린이날'도 가을에 잊지 않고 오월 초승 새파란 봄에 있지 않습니까.
〈봄 편〉 요양 박해쇠

여기서 우리가 한 가지 살펴봐야 하는데, 그것은 어린이날의 유래입니다. 1922년 5월 1일 천도교소년회에서 창립 1주년 기념으로 '어린이의 날' 행사를 했습니다. 지금의 어린이날이 5월 5일인 것과는 달랐지요. 5월 1일 날은 메이데이, 즉 노동절이었어요. 1923년 '어린이날' 행사도 5월 1일에 이루어졌습니다. 이날은 천도교소년회뿐만 아니라 불교소년회, 조선소년군 회원 1,000여 명이 모여 천도교중앙대교당에서 선언식을 했습니다.

이날의 「소년운동의 기초조건」을 근거로 〈어린이해방선언문〉이 발표됩니다. '어린이를 재래의 윤리적 압박과 재래의 경제적 압박으로부터 해방하고, 어린이들이 편안히 배우고 즐길 수 있는 가정과 사회적 시설을 제공하라'는 내용이었습니다. 이후 1927년 조선총독부는 5월 첫째 주 일요일을 '아동보호일'로 정하게 됩니다. 초기 '어린이해방정신'은 '아동애호 또는 아동보호'로 그 의미가 퇴색되었습니다. 일제는 조선 어린이들이 주체적인 판단과 결정을 할 수 있는 존재로 성장하는 일을 두려워했습니다.

셋째, 조선인으로서 씩씩하고 쾌활한 기상의 중요성과 농자천하지 대본(농업이 국가 유지에 근간이 된다)의 문제를 제기했다는 점이 매우 흥미롭습니다. 대체로 봄 편보다는 가을 편에서 이러한 주장을 하였습니다.

> 씩씩하고 쾌활한 기상을 가진 가을이 좋지. 어째서 다 죽은 늙은이같이 늘큰한 봄이 좋습니까. 우리들 씩씩히 커갈 소년은 가을의 기상을 배워야 합니다. 〈가을 편〉 태천 박웅삼

'태천 박웅삼' 어린이는 가을을 씩씩한 소년의 기상을 느낄 수 있는 때라고 주장하였습니다. 방정환은 조선인으로서 기상의 문제를 늘 중요하게 인식하고, 이를 소년 소녀들에게 빠지지 않고 이야기하였습니다. 가을은 호연지기를 느낄 수 있는 좋은 때로 본 것입니다.

> 여러분! 우리는 어떤 사람입니까. 우리는 조선사람입니다. 조선은 천하의 대본인 농업나라입니다. 우리들은 농업국 사람인 고로 우리 생활에는 경치 좋은 봄보다도 꿈나라같이 아즈랑이 끼는 꽃동산보다도 그 누런 볏단을 거둬들이는 가을이 더 좋습니다. 〈가을 편〉 일본 유복개

'일본 유복개' 어린이는 가을을 추수를 통해 봄보다는 곡식이 더 많고 가난한 이들이 배고픔을 해결할 수 있는 때라고 보았습니다. 이에 먹고사는 기본적인 욕구가 충족이 되지 않을 때, 꽃구경만 할 수는 없다는 의견을 주장하였습니다. 한편 조선은 농업국이고 오래전부터

천하의 대본을 농업에 두었다는 점을 강조하고 있습니다. 누런 볏단을 거둬들이는 가을이 그렇기 때문에 더 좋다는 의견이었습니다.

요약하면 지상토론회는 토론의 내용, 형식 면에서 비판적 사고력을 향상시킬 수 있는 요소가 있습니다. 게다가 토론의 태도는 상호존중을 바탕으로 한 다름의 인정이며, 올바른 인격 형성과 밀접한 관련이 있다고 생각합니다. 여섯 가지 지상토론회 중에서 특히 〈봄이 좋은가 가을이 좋은가〉의 토론 주제는 다음과 같은 점에서 흥미를 끕니다. 첫째, 생명의 탄생과 소멸이라는 생태주의 사상을 잘 반영하였고, 둘째, 방정환의 어린이해방정신을 잘 보여주었으며, 셋째. 농사를 근본으로 하는 조선인의 기상을 잘 나타냈다는 점입니다.

## 더 들어가 보기-지상토론회 투표 이야기

더욱더 흥미로운 점은 이런 〈소년토론〉을 읽은 독자들에게 〈현상모집〉을 통해 투표를 독려했다는 사실입니다. 하지만 아쉽게도 〈봄이 좋은가 가을이 좋은가〉는 빠져 있네요. 저는 개인적으로 봄 편에 한 표를 던지고 싶은데, 여러분은 어떨지 궁금하네요.

> 현상모집懸賞募集
> 이 토론을 읽은 후에 어느 편이 말을 잘했나 잘 보아서 지혜智慧 편이 말을 잘했다든지 성근誠勤(성실하고 근면함) 편이 잘했다든지 투표하시면 투표 많은 편을 이긴 편으로 정하고 이긴 편에 투표한 이 중에서 제비뽑아 삼십 명께 어여쁜 상품을 보내드립니다. 기한 10월 20일

題賞募集

이 토론을 닑은후에 어느편이 말을잘햇나 잘보아서 智慧편이 말을 잘햇다던지 誠勤편이 잘햇다던지 투표하시면투표만혼편을 닉인편으로덩하고 닉인편에 투표한이다에서 제비쌉아三十명에 어엽분상품을 보내드립니다. 귀한 十月二十日

『어린이』 5권 7호, 1927.10.

〈사업을 성취하는 데 지혜가 중한가 성근이 중한가〉 편의 〈현상모집〉입니다. "이긴 편에 투표한 이 중에서 제비뽑기를 하여 삼십 명에게 어여쁜 상품을 보내드립니다."라는 내용입니다. 〈당선발표〉는 총 여섯 번의 지상토론회 중 네 번 이루어졌습니다. 그럼 〈토론심판 투표결과〉를 살펴볼까요? 바다와 산 중에는 바다가 387표, 산이 598표입니다. 장님과 벙어리 중에는 장님이 1,632표, 벙어리가 1,616표입니다. 물과 불 중에는 물이 2,817표, 불이 1,541표입니다. 계속해서 투표에 참여하는 인원이 늘어나고 있으니 당시의 독자들의 관심이 대단했다는 걸 알 수 있겠지요. 이러한 〈현상모집〉은 토론 참가자들만 아니라 독자들 전반에 걸쳐 교육적 효과를 가져왔다고 봅니다.

〈제4회 토론심판 투표결과〉는 〈사업을 성취하는 데 지혜가 중한가 성근이 중한가〉 편에서 이루어진 지상토론에 관한 〈당선발표〉입니다. 지혜와 근성 중에는 지혜가 2,843표, 근성이 2,844표입니다. 이긴 근성에 투표한 삼십 명 어린이의 사는 곳과 이름이 기재되었습니다. 이긴 편에서 토론한 어린이 세 명에게는 메달을 드리고, 진 편에서 토론한 어린이 세 명에게는 수첩을 드린다는 이야기도 담고 있습니다. 지금 여러분도 이런 현상모집을 한다면, 어느 편에 손을 드시겠습니까? 이기는 편의 상품은 메달이고 진 편의 상품은 수첩입니다.

『어린이』 5권 8호, 1927.12.

## 지금 어린이들에게 '꽃다운 말싸움'은 무엇일까요?

이 글에서는 『어린이』 잡지가 지상으로 진행한 〈소년토론〉을 통해 식민지 조선 어린이들이 어떻게 비판적 사고력을 키웠는지에 관하여 썼습니다. 특별히 만물의 탄생과 소멸, 어린이날의 유래, 조선인의 씩씩한 가을 기상과 같은 내용을 담고 있는 〈봄이 좋은가 가을이 좋은가〉의 〈소년토론〉 주제를 주목해서 살펴보았습니다. 이러한 〈소년토론〉은 내용, 형식, 태도 면에서 비판적 사고력의 요소를 잘 반영하고 있었습니다. 자신의 주장을 언어로 분명히 하고 논리적인 근거를 가지고 주장을 전개해 나가는 사고 과정은 고등 수준의 사고력입니다. 인간의 사고 과정과 언어는 밀접하게 관련되어 있고 끊임없이 상호작용을 하기 때문에 토론은 비판적 사고력을 키우는 데 좋은 방편이 됩니다.

방정환은 교육 주체로서 어린이가 성장하는 것을 강조하였습니다. 여기서 주체적인 어린이는 '스스로 판단하고 근거 있게 주장할 수 있는 비판적 사고력을 가진 어린이'입니다. 비판적 사고력은 논리력, 분석력, 문제해결력, 상상력, 창의적 사고력 등과 같은 고등 수준의 사고력입니다. 21세기는 정보통신기술의 융합인 4차 산업혁명과 컴퓨터가 인간과 같이 사고하고 학습하는 AI시대(인공지능, Artificial Intelligence의 약자)로 빠르게 변화하고 있습니다. 급변하는 사회에서 비판적 사고력은 지금도 중요합니다. 이제 우리에게 필요한 건, 낱낱의 지식과 정보가 아니라 그것을 종합하고 융합해 낼 수 있는 능력이기 때문입니다.

방정환은 아동존중사상을 강조한 1920년대 어린이교육운동의 선구자였습니다. 방정환의 이러한 모습은 지금 현재를 살아가고 있는 우리 어린이들에게 어떤 의미가 있을까요? 전 여기서 비판적 사고력을 고취시키는 일뿐만 아니라 상호 존중하는 토론 태도를 키워야 한다고 생각합니다. 여러분의 생각은 어떤가요? 이러한 맥락에서 토론을 제대로 한다면 올바른 인격 형성도 가능하다고 봅니다. 상대를 존중하는 태도 가운데 상대방과 의사소통할 수 있는 능력도 키울 수 있기 때문입니다. 『어린이』 안에서 소년토론을 '꽃다운 말싸움'으로 보았습니다. 지금 어린이들에게 '꽃다운 말싸움'은 무엇일까요?

## 참고한 자료

영인본『어린이』1~10, 보성사, 1976.

김경희 외 5인,『『어린이』총목차: 1923~1929』, 소명출판, 2015.

김미미,「일제강점기 학생 잡지『어린이』의 국어교육적 연구」, 고려대학교 박사
  학위논문, 2020.

신헌재 외 16인,『초등국어교육학 개론』, ㈜박이정, 2017.

안경식,『소파 방정환의 아동교육운동과 사상』(개정증보판), 학지사, 2003.

이정아,「천도교 개벽사상을 기반으로 한 방정환 어린이교육운동의 현재적 함
  의」,『방정환연구』제5호, 2021.

이주영,『방정환과 어린이 해방 선언 이야기』, 도서출판 모시는 사람들, 2021.

이주희,「1920년대 조선총독부의 '아동보호일' 제정과 그 성격」,『역사와교육』
  제30집, 2021.

정문성,「사회과 토론수업의 비판적 사고력 신장 효과에 대한 교사의 인식 연
  구」,『열린교육연구』제29권 제4호, 2021.

## 저자 소개

이정아 mieru97@naver.com

제 이름은 이정아입니다. 정아政娥의 뜻은 '아름답게 다스리다'라는 것 같아요.
현재 방정환 연구자로 지내고 있습니다. 사)한국교육연구네트워크의 사무국장
을 했었고, 성당 교사, YMCA클럽활동 교사, 노틀담수녀원 방과후 교사 등 아
이들을 가르치고 아이들에게 배우는 일을 해 왔어요. 2008년부터 십여 년 동안
대학에서 강의하고 요즘에는 중고등학생들도 만나고 있습니다. 방정환 선생님
의 사랑을 전하는 일을 소명으로 삼고 있습니다. 최근에는 동시 쓰기를 재미있
게 하고 있어요. 이제 교육받은 여성으로서 가정과 일을 균형 있게, 나름의 의
미를 찾으며 자유인으로 살고 싶습니다.
잡지 『어린이』를 만나고 함께 읽고 이렇게 완독을 하게 되어 참 기쁩니다.
2016년 2월로 기억하는데, 방정환문학 원문읽기 모임을 하는 선생님들과 처음
만났지요. 『어린이』는 방정환 연구자인 저에게 중요한 안내서입니다. 그리고
원문 읽기는 나이가 들어도 '어린이'라는 화두를 놓지 않겠다고 다짐하게 한 중
요한 계기가 되었습니다. 전 어린이의 동무가 되고 싶습니다.

『어린이』 5권 6호, 1927.7. 표지

# 함께 해 보자

우리 집 사랑방에서 어린이 2주년 축하회를 열자고 어린이 애독자 10여 인
이 모여서 의논하였습니다. 『어린이』 보지 않는 동무도 많이 청해 놓고 우리가
『어린이』 제1호부터 이때까지 모아놓은 그 책 속에서 제일 재미있는 동화와 동
화극과 기술과 동요 독창을 추려서 하기로 하고 나중에 『어린이』 만세를 부르
고자 했습니다.

- 인천 서문 외 반복경, 「독자담화실」, 『어린이』 3권 3호, 1925.3.1.


정인섭 선생님 「잠자는 미인」 연극을 재미있게 읽고 동모 이십일 인을 모아
가지고 실제로 해 보기까지 하였습니다. 그런 것을 자주자주 내어 주십시오.

- 포천 영평리 신직박, 「독자담화실」, 『어린이』 4권 9호, 1926.10.1.

# 『어린이』에 실린 '최초'의 창작동요를 찾아서

장정희

## 100년 전 동요 세계로 들어가 볼까요?

요즘 같은 시대에 '동요'라고 하면 마치 옛날의 '민요'라도 되는 양 오래된 노래 양식으로 생각하실 분도 더러 있는 듯합니다. 그러나 '동요'는 어린이 시기에 어린이 마음을 가장 깨끗하게 길러주는, 노래 중에서도 귀한 노래 장르입니다. '동요'는 어린이부터 언니 오빠, 엄마 아빠, 할머니 할아버지까지, 온 가족이 함께 부를 수 있는 노래입니다.

김부식의 『삼국사기』에도 '서동요'가 아이들 속에서 불리었다는 기록이 남아 있지만, 근대적 의미의 동요가 우리나라에서 처음 창작되기 시작한 것은 방정환과 색동회, 『어린이』 잡지를 무대로 어린이운동이 구체적으로 실행되면서부터라고 할 수 있습니다.

넷째 마당. 함께 해 보자

어린이운동의 선구적 활동에 힘입어 우리나라는 일찍이 1925년 '동요 황금기'의 꽃을 피우게 됩니다. 방정환 선생이 창간한 『어린이』를 펼쳐보면 우리나라 창작동요의 발생기부터 황금기까지의 과정이 잘 나타나 있습니다. 『어린이』에 실린 우리나라 창작동요 악보를 통해 그 시대의 동요 세계를 만나러 가볼까요? 그중에서도 『어린이』에 실린 우리나라 '최초'의 창작동요가 어떤 작품인지 살펴보기로 하겠습니다.

## 『어린이』에 실린 창작동요 악보를 살펴보니

『어린이』는 1923년 창간되어 일제강점기에 122호(1935.3.)까지 발행되고, 해방 후 123호(1948.5.) 복간호로 다시 시작되어 137호(1949.12.)까지 발행되었습니다. 현재 미발굴 『어린이』는 7개 호 정도입니다. 7개 호를 제외한 130개 호를 이번에 모두 살펴보았습니다. 총 48편의 창작동요 악보가 수록된 것을 헤아릴 수 있었습니다. 이 가운데 일제강점기 43편, 해방 후 5편입니다.

가장 많은 곡을 작곡한 사람은 단연 윤극영으로, 그가 작곡한 동요는 무려 23편이었습니다. 『어린이』에 실린 창작동요 악보의 절반가량을 차지한 셈입니다. 해방 후 발행된 『어린이』에 실려 있는 동요곡 5편 중에서 4편이 윤극영 작곡으로 확인되었습니다. 다음으로 뛰어난 활약을 보여준 동요 작곡가는 정순철입니다. 『어린이』에는 정순철의 동요곡이 10편 실려 있습니다.

이로 볼 때 윤극영과 정순철은 우리나라 초창기 창작동요 개척기에 있어 가장 공로가 많은 인물이라고 할 수 있습니다. 두 사람은 방정환과 함께 일본 동경에서 창립한 색동회의 창립 멤버였습니다. 두 사람은 차례로 『반달』(1926, 윤극영), 『갈닙피리』(1929, 정순철)로 나란히 동요곡집을 출간하였으니, 실로 우리나라 창작동요 개척의 쌍벽을 이루었다는 평가를 할 수 있습니다. 두 사람 외에도 『어린이』의 창작동요 악보는 홍난파 4편, 박태준 3편, 정인섭 1편, 박민종 1편, 독고선 1편이 실려 있습니다.

한편 『어린이』에 실린 창작동요 악보의 가사는 윤석중이 7편으로 가장 많았습니다. 「한 개 두 개 세 개」를 포함하여 6곡이 모두 윤극영 작곡입니다. 두 사람의 인연은 해방 후 '노래동무회'까지 이어지게 됩니다. 사실, 작사자와 작곡자로서 윤석중과 윤극영의 인연은 1924년으로 거슬러 올라갑니다. 이때 윤석중은 불과 14세의 어린 소년이었습니다. 윤극영의 동요곡집 『반달』에 실린 「흐르는 시내」(꽃동산: 윤석중)는 바로 윤석중이 쓴 동요입니다. 윤석중은 『반달』 동요곡집이 출간된 이후에야 자신의 동요가 작곡되어 실린 것을 알았다고 합니다.

『어린이』에 발표된 창작동요가 가장 많이 발표된 해는 1924년이었습니다. 총 7편의 창작동요가 이 한 해에 발표되었습니다. 한 달 걸러 동요곡이 한 편이 수록된 것입니다. 1924년 발표된 동요곡 7편 중 5편이 윤극영, 1편이 정순철, 그리고 나머지 1편은 방정환 동요 「가을밤」으로 작곡자 이름은 적혀 있지 않습니다.

1924년은 우리나라 창작동요사에서 매우 중요한 해입니다. 이해에 윤극영은 100년의 시간이 지난 지금까지 동요계의 명작으로 남은 「설날」과 「반달」 두 편을 발표합니다. 이들 작품은 그가 직접 가사를 짓고 곡까지 붙인 명편입니다. 1924년부터 동요 작곡에 매달린 윤극영은 1926년 우리나라 최초의 동요곡집 『반달』을 간행하게 됩니다.

그런데 놀랍게도, 윤극영의 첫 동요곡집 『반달』에 실린 동요 목록을 살펴보니 수록된 곡 10편 가운데 무려 7편이 『어린이』에 먼저 발표된 것이었습니다. 이러한 사실은 그동안 잘 알려지지 않았습니다.

## 『어린이』에서 윤극영의 동요곡집 『반달』(1926)까지

엄필진의 『조선동요집』　　　　윤극영의 동요작곡집 『반달』

『어린이』에서 출발하여 우리나라 최초의 동요곡집『반달』까지 서로 이어진 이야기를 해 보겠습니다.

동요와 민요에 대한 초기 문헌 조사 작업으로는 엄필진嚴弼鎭이 펴낸『조선동요집』(1924, 彰文社)이 대표적입니다. 이 동요집에는 동요·민요 80편과 부록 외국 동요 6편이 실려 있습니다. 그러나 이 동요집의 표제는 '동요집'이라고 하였으나 수록된 많은 작품이 동요라고 할 수 없습니다. 대구교육대학교의 류덕제 교수도 엄밀한 의미에서 엄필진의『조선동요집』은 최초의 동요집이 되지 못한다고 평가한 바 있습니다.

엄필진의『조선동요집』이후 2년 뒤에 간행되는 윤극영의『반달』(서울따리아회)이야말로 '어린이 예술'의 창조적 세계를 개척한 진정한 의미의 최초 한국 창작동요집이라고 할 수 있습니다. 일찍이 한용희는 저서『한국동요음악사』에서『반달』에 수록된 10편의 동요를 소개한 바 있습니다.

이렇게 내용은 알고 있었으나 실제로 윤극영의 첫 동요곡집『반달』자료가 세상에 발굴, 공개된 것은 불과 10여 년 전 일입니다.『반달』에 실린 10여 편의 동요곡 중『어린이』에 실린 것을 적어봅니다.

「설날」(『어린이』1924.1.~2. 윤극영 작사·작곡)

「고드름」(『어린이』1924.2. 류지영 작사, 윤극영 작곡)

「귓드람이」(『어린이』1924.10. 방정환 작사, 윤극영 작곡)

「반달」(『어린이』1924.11. 윤극영 작사·작곡)

「꾀꼬리」(『어린이』1925.7. 윤극영 작사 · 작곡)

「두루미」(『어린이』1925.8. 한정동 작사, 윤극영 작곡)

「꼬부랑 할머니」(『어린이』1925.4. 최영애 작사, 윤극영 작곡)

7곡 가운데 윤극영이 작사 작곡을 모두 맡은 것이 3편, 류지영 · 방정환 · 한정동의 동요 가사에 각각 곡을 붙인 것이 3편, 독자 문예로 투고한 '최영애' 어린이의 동요 작품에 곡을 붙인 것이 1편입니다. 이렇게 윤극영은 기성 문인과 어린이의 작품에 두루 곡을 붙여 동요를 만들었습니다.

이와 같이 『어린이』는 우리나라 동요 창작 시대를 활짝 열어 주었습니다. 무엇보다 우리나라 창작동요 역사에서 『어린이』지가 중요한 것은, 바로 이 잡지에 우리나라 '최초'의 창작동요 악보가 발표되었다는 점입니다.

이제 이야기할 우리나라 최초의 창작동요는 윤극영의 「설날」이 되겠습니다.


## 『어린이』에 실린 최초의 창작동요 윤극영의 「설날」 이야기

일반적으로 윤극영의 「반달」이 워낙 유명해서 이 동요가 최초의 창작동요곡으로 잘못 알려져 왔습니다. 그러나 실제로는 「반달」보다 10개월 앞서 발표된 「설날」이야말로 우리나라 최초의 창작동요곡임을 바로 알 필요가 있겠습니다.

「설날」(윤극영 작사·작곡)과 「고드름」(류지영 작사, 윤극영 작곡)의 악보는 『어린이』 1924년 2월호에 함께 실려 있습니다. 그렇다면 왜 두 편 가운데 「설날」 한 편을 '최초'의 창작동요 악보라고 말하려고 하는 것일까요?

주목할 점은 원래 「설날」은 윤극영이 1924년 '신년호'에 발표할 목적으로 가사와 악보를 함께 『어린이』에 보내 주었다는 사실입니다. 그러나 동요 「설날」은 1월호에 가사가 먼저 실리고, 그 악보는 다음 호인 2월호에 분재하여 실리게 됩니다. 이것은 어디까지나 그 당시 『어린이』 편집자의 판단 때문이었습니다.

그러면 어떻게 이러한 사정이 생기게 되었는지 거슬러 올라가 보기로 합시다.

『어린이』1924년 1월호 「설날」가사　　『어린이』1924년 2월호 「설날」악보

왼쪽 그림은 『어린이』 1924년 1월호에 실린 「설날」의 4절까지 가사 내용이고, 오른쪽 그림은 2월호 뒤표지에 실린 「설날」 2절까지의 내용과 동요곡 모습입니다. 「설날」은 새해를 맞이하는 신년호에 신기에 안성맞춤이었습니다. 1월호를 보면, 「설날」이라는 큰 제목 아래 '윤극영 씨 작요 작곡'이라고 '이미' 인쇄된 것도 볼 수 있습니다. 「설날」의 가사와 악보가 함께 『어린이』 편집부에 도착해 있었다는 걸 간접적으로 확인할 수 있습니다.

그런데 윤극영이 보내온 동요곡 「설날」은 가사가 4절까지 있었습니다. 4절까지의 가사 내용이 너무 길었던 것일까요? 4절 끄트머리에 "(곡보는 다음 책에 납니다)"라고 해 놓았습니다. 4절까지의 가사만으로도 1면 편집이 꽉 찼기 때문에 악보는 그다음 호로 이월되었을 가능성이 있습니다. 『어린이』 전체로 보더라도 가사와 악보가 두 번 분재된 작품은 윤극영의 창작동요 「설날」이 유일합니다. 다소 이례적인 현상이었지요.

재미있는 것은, 편집되어 있는 두 지면의 모습입니다. 악보를 편집한 『어린이』 1924년 2월호의 편집 형태를 보면, 전호의 지형을 그대로 활용한 것을 볼 수 있습니다. 페이지 위쪽에 '22'라는 숫자까지 그대로 남아 있어 자못 재미있습니다. 3절 4절이 있던 자리에 악보를 새로 앉혀 편집한 것을 알 수 있습니다.

이러한 사정을 감안할 때 「설날」의 악보는 「고드름」과 함께 1924년 2월호에 실리게 되었지만, 「설날」이 「고드름」보다 한 달 앞서 발표된 창작동요라는 점은 명백히 증명된다고 할 수 있겠습니다. 앞으로 우리나라 최초의 창작동요의 서지는 이렇게 표시되어야 하겠습니다.

**윤극영 작사 · 작곡, 「설날」, 『어린이』 1~2월호, 1924.1~2.**

윤극영은 동요 「설날」을 시작으로 자신이 조직한 어린이 노래회 '따리아회'를 통해 동요곡을 실제 노래 콘텐츠로 구현해 보면서 동요의 예술적 성취를 적극적으로 펼쳐 나갑니다. 『어린이』는 윤극영의 굳건한 동무가 되어 주었습니다. 그리고 『어린이』는 우리나라 최초의 동요곡집 『반달』의 산실이 되었습니다. 『어린이』가 1920년대 우리나라 동요 황금기를 이끈 주역이었다는 평가는 결코 과장이 아닐 것입니다.

## 『어린이』에 실린 「형제별」은 어떻게 보아야 할까요?

그런데 최초의 창작동요 하면, 또 빠지지 않고 거론하게 되는 동요가 한 편 더 있습니다. 「형제별」입니다. 이 동요에 얽혀 있는 인물로는 방정환, 정순철, 일본 작곡가 나리타 타메조成田爲三 세 사람입니다.

「형제별」은 지금까지 논란의 와중에 있는 '핫' 동요악보입니다. 가사에 대해서는 방정환 창작설, 방정환 번안설로 크게 나뉘고 있고, 악보에 대해서는 정순철 작곡설, 나리타 타메조 작곡설로 나뉘고 있습니다. 문제는 현재 어느 것 한 가지도 시원하게 증명되지 못했다는 사실입니다. 특히 「형제별」은 윤극영의 「설날」 이전에 발표된 악보입니다. 단연 주목을 끌 수밖에 없습니다.

『어린이』1권8호에 실린 형제별          나비 악보

　『어린이』1923년 9월호에는 「형제별」 동요곡과 함께 김용희의 동요곡 「나비」가 한 편 더 실려 있습니다. 김용희의 동요 「나비」는 5절의 가사로, 아래의 악보에는 '인천읍내 중리 양정여학교'라고 그의 소속이 밝혀져 있습니다. '작곡'이라는 표시가 되어 있지 않으니 이 작품이 창작동요 악보라는 것을 확정할 도리는 없습니다. 양정여학교 교사로 추정되는 김용희 교사의 활동은 더 나타나지 않습니다.

　「형제별」 악보에는 '정순철'이라는 이름이 커다랗게 인쇄되어 있습니다. 얼핏 정순철 창작동요 악보로 오인될 수 있습니다. 그러나 이름 옆에 다음과 같은 글귀가 적혀 있습니다.


**"동요로 가장 곱고 예쁘고 보드라운 것으로 나는 이 노래를 제일 좋아합니다."**

언술적으로 이 문장은 자신의 곡을 소개한다기보다 다른 사람의 곡에 대한 감상을 서술하고 있는 것에 가깝습니다. 작곡자 표시가 되어 있지 않더라도 과연 이 「형제별」 동요곡을 정순철 작품으로 인정할 수 있을까, 이러한 자문을 던져 봅니다.

문제는 「형제별」이 『어린이』에 실리기 1년 전 개벽사 발행 『부인』 잡지에 처음 발표될 때 방정환이 직접 이 곡의 작곡자를 '나리타 타메조'라고 밝혀 놓았다는 점입니다.

부인 4호(1922.9.)에 실린 「형제별」 악보　　정순철의 첫 동요곡집 『갈닙피리』(1929)

이렇게 기록된 실물이 있는 까닭에 이 곡을 정순철 작곡이라고 주장하는 일이 불편해집니다. 또, 이런 생각도 듭니다. 만일 「형제별」이 정순철이 작곡한 동요곡이라면 왜 그의 첫 동요곡집인 『갈닙피리』(1929)에 실리지 않았을까?

정순철의 첫 동요곡집 『갈닙피리』의 면면을 살펴보니, 이 곡보집에 역시 10편의 동요곡이 실려 있습니다. 정순철의 『갈닙피리』 역시 『어린이』와 떼려야 뗄 수 없는 관계에 있습니다. 수록된 10편의 동요 가운데 7편이 『어린이』에 발표된 작품에 곡을 붙인 것이니까요.

「까치야 까치야」(『어린이』 1924.3. 김기진 작사, 정순철 작곡)

「길 잃은 까마귀」(이정호 작사, 정순철 작곡)

「여름비」(『어린이』 1926.7. 방정환 작사, 정순철 작곡)

「봄」(『어린이』 1929.5. 한정동 작사, 정순철 작곡)

「나뭇잎배」(『어린이』 1924.6. 방정환 작사, 정순철 작곡)

「늙은 잠자리」(『어린이』 1924.12. 방정환 작사, 정순철 작곡)

「물새」(『어린이』 1927.6. 허문일 작사, 정순철 작곡)

「헌모자」(『어린이』 1926.5. 황세광 작사, 정순철 작곡)

「갈닙피리」(동아일보 1925.4.8. 한정동 작사, 정순철 작곡)

「우리애기 행진곡-원아용」(윤석중 작사, 정순철 작곡)

「까치야 까치야」 한 곡만은 정순철이 1929년 『갈닙피리』를 내기 전에 『어린이』에 동요곡을 먼저 발표한 것입니다. 시기적으로 윤극영이 1924년 1월부터 2월까지, 「설날」·「고드름」을 잇따라 발표한 직후입니다. 이정호 작사 「길 잃은 까마귀」는 아직까지 그 발표 지면을 찾지 못했습니다. 『어린이』 8권 7호(1930.8.)에는 정순철의 제2동요집 『범나비』가 출판될 예정이라는 광고가 실리고 있습니다. 실제로 정순철의 두 번째 동요곡집이 출간되었는지는 알 수 없습니다.

「형제별」은 과연 최초의 창작동요일까? 「형제별」에 얽혀 있는 미스터리가 시원스럽게 풀릴 수 있으면 좋겠습니다. 현재 이 동요는 '방정환 동요' '정순철 동요'로 널리 회자되고 있기도 합니다. 실제 정순철은 '방정환 작요, 정순철 작곡'으로 「형제별」 레코드를 취입하기도 했다고 하니 점점 미궁 속입니다.

그러나 지금까지 확인한 것은 두 가지입니다. 지금까지 동요「형제별」은 『어린이』에 최초로 실린 것으로 알려져 있었으나, 실제로는 1년 전인 『부인』 잡지에 먼저 실렸다는 것입니다. 또 최초 기록 지면에 의하면, 동요「형제별」의 작곡가가 '정순철'로 알려진 것과 달리 '나리타 타메조'라는 것입니다. 이러한 기록은 어떤 사람도 아닌 '방정환' 자신이 직접 기술해서 남겨 놓았다는 점에서 그냥 지나칠 수 없다는 것이지요.


## 윤극영의 「설날」 노래 함께 불러보기

우리나라 '최초'의 창작동요가 무엇이냐, 하는 이 문제는 여러 사람의 입장과 관점에 따라 주장이 달라서 유감스럽습니다. 그러나 하나씩 하나씩 가지를 치고 제외해 나가는 방식으로 해 나가다 보니, 결국 남게 되는 것은 바로 윤극영이 1924년 1~2월호에 발표한 「설날」이었다는 것을 말해 둡니다. 지금 우리 시대, 윤극영의 「설날」을 우리나라의 최초 창작동요로 바로 세우는 일, 꼭 필요한 일이 아닐까 생각합니다.

그런 점에서 윤극영의 「설날」을 함께 불러보는 활동을 제안합니다.

◇ 4절까지 외워 동요 발표대회 해 보기

'까치 까치 설날은' 하고 시작하는 「설날」 동요를 4절까지 잘 알고 부를 줄 아는 이는 거의 없으리라 봅니다. 4절까지 모두 부르다 보면 설날을 맞이한 가족의 단란한 분위기를 느낄 수 있을 것입니다.

1절
까치까치설날은 어저께구요
우리우리설날은 오늘이래요
곱고고운댕기도 내가들이고
새로사온구두도 내가신어요

2절
우리언니저고리 노랑저고리
우리동생저고리 색동저고리
아버지어머니도 호사내시고
우리들의절받기 좋아하세요

3절
우리집뒤뜰에다 널을놓고서
상들이고잣까고 호도까면서
언니하고정답게 널-뛰기가
나는나는좋아요 참말좋아요

4절
무서웠던아버지 순해지고요
우지우지내동생 울지않아요
이집저집윷소리 널뛰는소리
나는나는설날이 참말좋아요

◇ 빙 둘러앉아 한 소절씩 돌아가며 불러보기

1~4절까지의 가사를 한 소절씩 돌아가며 불러보는 것도 재미있습니다. 만일 다음 소절을 부르던 사람이 가사를 잊어 노래가 끊어졌다 하면, '뽕 망치'로 벌칙 주는 놀이를 해 보세요. 한바탕 웃을 수 있습니다.

◇ 노래 속에 나오는 전통 놀이나 전통 식품 체험해 보기

동요에는 널뛰기, 윷놀이 같은 전통 놀이가 나옵니다. 또 잣까기, 호두까기 같은 전통 식품도 나옵니다. 댕기, 노랑저고리, 색동저고리와 같은 전통 의상도 나옵니다. 동요 「설날」에 나타난 우리나라 전통 문화에 대해 아는 대로 이야기 나눠보시는 것도 좋습니다.

어린이들이 부모님으로부터, 할머니 할아버지로부터 노래 속에 나오는 전통 놀이나 음식에 대한 이야기를 들어볼 수 있는 시간도 가져 보세요.

◇ 틱톡(TikTok)에 노래 영상 올려보기

그야말로 스마트폰 시대입니다. 스마트폰은 어린이들이 동요를 만날 수 있게 하는 연결고리가 될 수 있습니다. 동요 부르기도 형식에 얽매이지 말고 자기만의 스타일로 불러보세요. 랩 형식으로 풀어도

좋습니다. 노래와 춤이 어우러져도 좋습니다. 노래 부르는 짧은 영상을 찍어 틱톡에 올려보아도 좋습니다. 전 세계 동무들이 만나줄 것입니다.

## 더 들어가 보기: 『어린이』에 실린 동요 악보

『어린이』에 실려 있는 동요 악보 48편 가운데 이 글에서는 윤극영의 「설날」과 정순철의 「형제별」을 위주로 다루었습니다. 나머지 악보를 살펴보면 형식적으로 다양한 시도를 한 것도 있습니다. 유희 동요는 동요에 맞춰 율동을 할 수 있도록 몸동작을 자세히 소개한 것입니다. 옛 동요와 그 시대 어린이의 몸동작을 재현해 보아도 좋겠습니다. 합작 동요도 한 편 있습니다. 합작 동요는 소년 문사들 여러 명이 함께 작사를 한 작품을 작곡한 것입니다.

『어린이』 동요 악보를 두루 살펴보니 자랑스럽습니다. 외국곡에 의지하여 번안하거나 외국 동요 자체를 소개하기보다 우리 정서에 맞게 만들어진 우리의 창작동요곡이 대부분이었기 때문입니다. 방정환과 색동회, 그 당시의 어린이운동가들이 우리의 창작동요를 개척하기 위해 노력한 자취를 많이 배웠습니다.

덧붙여, 『어린이』에 수록된 전체 동요곡의 차림새를 소개합니다. 이 글을 읽은 많은 분들이 『어린이』에 실린 동요 악보를 활용해 보시면 좋겠습니다.

| 순번 | 작곡 | 작사 | 제목 | 권호 | 발행일 |
|---|---|---|---|---|---|
| 1 | 윤극영 | 윤극영 | 설날(악보) | 2권 1호 | 1924.1.3.~2.13. |
| 2 | 윤극영 | 유지영 | 고드름(악보) | 2권 2호 | 1924.2.13. |
| 3 | 윤극영 | 윤극영 | 반달(악보) | 2권 11호 | 1924.11.9. |
| 4 | 윤극영 | 박팔양 | 까막잡기(악보) | 2권 3호 | 1924.3.13. |
| 5 | 윤극영 | 윤형모 | 봄(악보) | 2권 5호 | 1924.5.11. |
| 6 | 윤극영 | 김려수 | 눈 오시는 아츰(악보) | 3권 1호 | 1925.1.1. |
| 7 | 윤극영 | 조광걸 | 눈(악보) | 3권 6호 | 1925.6.1. |
| 8 | 윤극영 | 윤극영 | 꾀꼬리(악보) | 3권 7호 | 1925.7.1. |
| 9 | 윤극영 | 한정동 | 두룸이(악보) | 3권 8호 | 1925.8.1. |
| 10 | 윤극영 | 김려수 (박팔양) | 눈(악보) | 4권 1호 | 1926.1.1. |
| 11 | 윤극영 | 서덕출 | 봄편지(악보) | 4권 4호 | 1926.10. |
| 12 | 윤극영 | 윤극영 | 옥토끼 노래(악보) | 5권 2호 | 1927.2.1. |
| 13 | 윤극영 | 윤극영 | 새떼(악보) | 5권 7호 | 1927.10.1. |
| 14 | 윤극영 | 윤석중 | 굽 떠러진 나막신(악보) | 7권 9호 | 1929.12.20. |
| 15 | 윤극영 | 윤석중 | 바다ㅅ가(악보) | 8권 7호 | 1930.8.20. |
| 16 | 윤극영 | 윤극영(역) | 연못속(애기붕어 노래 악보) | 11권 7호 | 1933.7.20. |
| 17 | 윤극영 | 윤석중 | 기러기 글씨(악보) | 12권 1호 | 1934.1.20. |
| 18 | 윤극영 | 윤석중 | 한 개 두 개 세 개(악보) | 12권 2호 | 1934.2.20. |
| 19 | 윤극영 | 윤석중 | 담모퉁이(악보) | 12권 3호 | 1934.3.20. |
| 20 | 윤극영 | 윤석중 | 바람(악보) | 124호 | 1948.6.5. |
| 21 | 윤극영 | 박영종 | 꼬마장갑(악보) | 127호 | 1948.10.5. |
| 22 | 윤극영 | 김순형 | 가을(악보) | 128호 | 1948.11.5. |
| 23 | 윤극영 | 박영종 | 눈과 당나귀(악보) | 129호 | 1948.12.5. |
| 24 | 정순철 | 김기진 | 까치야 까치야(악보) | 2권 3호 | 1924.3.13. |
| 25 | 정순철 | 방정환 | 늙은 잠자리(악보) | 7권 8호 | 1929.10.20. |
| 26 | 정순철 | 방정환 | 눈(악보) | 8권 7호 | 1930.8.20. |
| 27 | 정순철 | 정인섭 | 굴뚝쟁이(악보) | 10권 11호 | 1932.11.20. |
| 28 | 정순철 | 이구 | 시골까치(악보) | 10권 12호 | 1932.12.20. |
| 29 | 정순철 | 윤복진 | 옛이야기(악보) | 11권 2호 | 1933.2.20. |
| 30 | 정순철 | 이헌구 | 촛불 1,2(악보) | 11권 3호 | 1933.3.20. |
| 31 | 정순철 | 이원수 | 봄바람(악보) | 11권 3호 | 1933.3.20. |

| 순번 | 작곡 | 작사 | 제목 | 권호 | 발행일 |
|---|---|---|---|---|---|
| 32 | 정순철 | 작요자 미상 | 어미새(악보) | 11권 5호 | 1933.5.20. |
| 33 | 정순철 | 한정동 | 봄(악보) | 7권 4호 | 1929.5.11. |
| 34 | 박태준 | 윤복진 | 기럭이(악보) | 8권 7호 | 1930.8.20. |
| 35 | 박태준 | 서덕출, 신고송, 윤복진, 윤석중 | 슬픈밤(악보) | 9권 1호 | 1931.1.1. |
| 36 | 박태준 | 윤복진 | 빩앙조히 · 파랑조히(악보) 김영제유희 | 9권 2호 | 1931.2.20. |
| 37 | 홍난파 | 신고송 | 골목대장(악보) | 8권 7호 | 1930.8.20. |
| 38 | 홍난파 | 윤석중 | 꿀돼지(악보 어린이세상 수록) 김영제 유희 | 8권 8호 | 1930.9.20. |
| 39 | 홍난파 | 최옥란 | 햇빛은 쨍쨍(악보) | 11권 6호 | 1933.6.20. |
| 40 | 홍난파 | 주요한 | 꽃밭(악보) | 11권 7호 | 1933.7.20. |
| 41 | 독고선 | 윤석중 | 단풍닙(악보) | 7권 7호 | 1929.8.20. |
| 42 | 박민종 | 김광호 | 가랑잎(악보) | 123호 | 1948.5.5. |
| 43 | 정인섭 | 진장섭 | 천사의 노래(악보) | 4권 1호 | 1926.1.1. |
| 44 | 김용희 | 김용희 | 나븨(악보) | 1권 8호 | 1923.9.15. |
| 45 | · | 방정환 | 형제별(악보) | 1권 8호 | 1923.9.15. |
| 46 | · | 방정환 | 가을밤(악보) | 2권 9호 | 1924.9.6. |
| 47 | · | · | 우리집 꽃밧(악보) | 5권 6호 | 1927.7.1. |
| 48 | · | (김기전 방정환) | 어린이날 노래(악보) | 7권 4호 | 1929.5.11. |

## 참고한 자료

류덕제, 「엄필진의 『조선동요집』과 아동문학사적 의미」, 『어문학』 149호, 한국
어문학회, 2020.9.

장유정, 「근대전환기 윤극영의 창작 동요 연구: 한국 최초의 창작동요곡집 『반
달』을 중심으로」, 『구비문학연구』 35호, 한국구비문학회, 2012.

장유정, 「윤극영의 동요곡집 『반달』의 발굴과 소개」, 『근대서지』 5호, 근대서지
학회, 2012.

## 저자 소개

장정희 magowood@hanmail.net

저는요, 장정희예요. 1998년『아동문학평론』에 동화가, 2019년『자유문학』에 동시가 당선되어 등단했어요. 고려대학교 대학원에서 '방정환 문학 연구'로 박사학위를 받았습니다. 지금은 서울대학교 인문학연구원 책임연구원으로 재직하면서 사단법인 방정환연구소 소장의 소임을 맡아 최선을 다하고 있습니다. 낸 저서로는 장편동화집『마고의 숲 1, 2』, 동시집『고양이 입학식날』, 학술서『한국 근대 아동문학의 형상』등이 있습니다.

2014년 10월 16일, 방정환 원문 읽기를 처음 시작할 때 정말 설렜어요. 어떤 분이 10년을 두고 시작한다는 이 어려운 원문 읽기 공부에 찾아올까…. 그렇게 찾아오는 분은 틀림없이 '신령한 동무'일 것이라고 생각했어요. 방정환 원문 읽기는 참으로 신성한 읽기 시간이었어요. 우리는 방정환의 문학을 통해,『어린이』잡지를 통해, 100년 전 일제의 탄압 속에서 어린이 문화 예술을 일구어 갔던 어린이운동의 선구자들을 만났어요. 그들은 우리가 걸어가야 할 길을 소곤소곤 속삭여 주었어요. 지금도 그들은 늘 새롭고 놀라운 영감을 주며 우리를 인도해 줍니다.

『어린이』원문 읽기를 함께 한 동무들과 함께 이렇게 하나의 책을 엮게 되어 기쁘기 한량없습니다.

# 『어린이』에서 고른
# 24가지 이야기

김흥제

## 『어린이』에는 어떤 재미있는 이야기가 들어 있을까요?

『어린이』 원문 읽기에 참여해 『어린이』를 읽으면서 '참 재미있는 이야기가 많구나. 어린이들에게 들려주면 좋겠다.' 하는 생각을 하였습니다.

『어린이』에는 각 호마다 2개 이상의 이야기 자료가 들어 있습니다. 이야기 자료의 글 종류는 동화, 꽃 전설, 역사동화, 신동화, 전설동화, 신기한 이야기, 우스운 이야기, 재미있는 이야기, 우화, 미담, 조선동화, 이솝 우화, 외국 동화 등이며 동화로 분류된 것이 가장 많습니다.

그중 어린이들에게 들려주기 좋은 이야기를 뽑아보았습니다.

넷째 마당. 함께 해 보자

## 선정 기준

영인본 10권, 미공개 4권에 있는 약 800편이 넘는 이야기 자료 중 다음 기준에 맞추어 어린이에게 들려주기 좋은 이야기를 뽑았습니다.

1. 이야기가 재미있다.
2. 이야기 속에 교훈적인 면이 숨어 있다.
3. 어린이에게 자극적이지 않은 이야기로, 비슷한 이야기 중에서는 순한 내용을 택한다.
4. 약간의 재화를 거쳐 길이가 6~10분 정도로 이야기할 수 있다.
5. 이미 알고 있는 이야기지만 이야기의 전개가 새롭다.

60여 편의 이야기를 뽑아 다시 읽어가며 40편으로 줄이고 다시 다섯 분의 조언을 받아 24편을 뽑아보았습니다.

24편의 이야기 중 2편을 현재 맞춤법에 맞추어 입말로 이야기할 수 있게 이야기 자료로, 1편을 낭독극 자료로 수록했습니다.


## 이야기 들려주기의 효과적 전달

1. 이야기에 대해 충분히 이해하고, 밝은 표정으로 재미있게 들려줍니다.
2. 등장인물의 성격을 파악하여 이야기 흐름의 강약 완급 등을 조

절합니다.

3. 같은 말이나 상황이 반복되는 이야기는 순서를 잘 기억하여 반복의 묘미를 살립니다.

   (반복되는 부분은 청자가 함께 참여해도 흥미 있습니다.)

4. 의인화된 동물 이야기일 때 동물의 특성을 살려 표현합니다.

5. 이야기의 클라이맥스에 초점을 두고 이야기를 전개하여 강조합니다.

   (어떤 어조로 이야기하느냐에 따라 등장인물의 성격이 다르게 나타납니다.)

6. 이야기의 전체적인 흐름을 머리로 그리며 듣도록 합니다.


## 이야기 들려주기

**이야기 자료 1**

「호랑이 잡고 방아 잘 찧고」

– 박달성, 『어린이』 3권 1호, 1925.1.1.

옛날 함경도의 제일 산골인 '삼수'라는 곳에 김동지라는 사람이 살았어요. 험한 산 밑에 오막살이집을 짓고 감자나 도토리나 귀리 같은 것을 먹으며 어렵게 지냈어요.

그래도 아홉 살인 아들 미륵이와 다섯 살인 딸 간난이를 두고 오순도순 재미있게 살았어요.

이곳은 험한 산골이라 호랑이가 많아서 밤이면 꼼짝 못 하고 문을 닫아걸고 지냈어요.

해만 지면 앞산에서 "어흥! 어흥!" 하는 호랑이 우는 소리에 창문이 푸르르 푸르르 떨렸어요.

밤이 조금 깊으면 그 호랑이들은 인가 근처로 내려왔어요. 빙빙 돌아다니다가 송아지나 개나 돼지 같은 것을 물어 갔어요. 또 아이들이나 혹 어른들도 걸리기만 하면 물어 갔어요.

그래서 이 산골에 사는 사람들은 해만 지면 이웃에 가지도 못했어요. 문을 꽉꽉 닫고 또 빗장으로 사방을 뻗치고, 방 안에서만 웅크리고 지냈어요.

이래서 이곳 집들은 소 외양간과 방앗간과 또 뒷간 같은 너절한 것도 다 방안과 부엌과 연달아 지어져 있었어요.

하루는 이웃 일가 집에 제사가 있었어요. 김동지 내외는 그 제사에 안 갈 수가 없었어요.

그러나 호랑이도 무섭고, 또 사람도 많고 복잡해서 아들과 딸을 데리고 가지 못하게 되었어요.

"제사 집에 가서 떡과 고기와 맛난 음식을 많이 얻어 올 터이니 방문을 꽉꽉 닫아걸고 울지 말고 잠이나 자고 있어라."

"네, 떡 많이 갖다주세요."

김동지 내외는 저녁을 일찍이 지어 먹고 아들딸에게 일러주고 제사 집으로 갔어요.

아이들은 떡 얻어다 준다는 바람에 호랑이 올 줄도 모르고 저희끼리
떨어져 있었어요.

어린아이 둘은 부뚜막에 웅크리고 앉아 화롯불에 감자를 구워 먹으며
소곤거렸어요.
"어서 날이 밝으면 떡을 먹겠건만!"
"만약 호랑이가 오면 어떻게 하지? 에구, 무서워!"
이불 속으로 들락날락하면서 잠을 못 자고 있었어요.

한밤중에 집 뒤에서 '우르릉' 하는 소리가 나자 '휙~휙' 하는 소리가
연거푸 들리더니 창문이 풀풀 떨렸어요. 갑자기 벼락 치듯 "어~흥!" 소
리와 함께 창문의 창호지가 "픽!" 하고 찢어졌어요.
무섭고 영악한 호랑이가 분명히 왔어요. 아이들은 '으악' 소리도 못 내
고 쥐 숨듯이 이불 속으로 기어 들어가 벌벌 떨고만 있었어요.
두세 번이나 호랑이는 "어~흥! 어~흥!" 소리를 치며 발톱으로 창문
을 할퀴더니 하도 든든한 나무로 빗장을 쳐서 방 안에는 들어가지 못하
고 그냥 돌아갔어요.

호랑이가 간 지 한참 만에야 아이들은 숨을 '휴' 내쉬고 이불 속에서
나왔어요.
또 감자를 구워 먹으며 날이 새기만 기다렸어요.

먹으려다가 먹지 못하고 그냥 돌아선 호랑이는 아무리 생각해도 분해
서 다시 꾀를 내서 집으로 또 왔어요. 이번에는 이 흉측한 호랑이가 문으
로 들어가지 않고 지붕을 뚫고 천장으로 들어가기로 했어요. 단댓바람에
냉큼 뛰어 지붕 위에 올라앉아 발톱으로 지붕을 헐기 시작했어요. 한참

넷째 마당. 함께 해 보자

만에 발 하나쯤은 들어가게 구멍을 뚫어놓았어요.

"야, 거의거의 되어 간다. 요놈들! 좀 먹어보자! 어디 손이나 좀 넣어 휘저어볼까?"

흉측한 호랑이는 앞발을 넌지시 넣었어요.

아까부터 화로 곁에 모여 앉아 감자를 굽던 아이들은 천만뜻밖에 천장에서 흙덩이가 툭툭 떨어지는 것을 보았어요.

"요놈의 쥐들이 또 천장을 뚫는구나!"

정말 호랑이 발 같은 것이 쑥 내려오는 것을 보았어요.

"야, 쥐 발치고는 크기도 크다! 자, 저놈을 잡아보자!"

미력이가 외양간에 가서 칡으로 만든 쇠밧줄을 가져다가 올가미를 만들어 그 발목을 꿰었어요. 그리고 쇠밧줄 한편 끝을 방아 틀에 매어놓았어요.

뱃심 좋은 호랑이는 이런 줄은 모르고 발에 무엇이 스칫스칫하니까 다시 잡아당겼어요.

그러나 발이 천장을 나와야지요. 여러 수백 명이 잡아당기는 것같이 아주 꼼짝 못하게 끼었습니다.

"큰일 났다! 큰일 났다!"

영악한 호랑이는 성이 나서 낑낑거리며 당겼다 놓았다 하며 걱정을 하였어요.

"덜거덕 쿵! 덜거덕 쿵!"

호랑이가 발을 당겼다 놓았다 할 적마다 방아가 들렸다 놓았다 장단 맞춰 찧어졌어요.

"야, 이것 봐라. 방아가 제법 잘 찧어지는구나! 어머니 아버지 발로 찧는 방아보다 낫다! 에라, 귀리나 한 섬 찧자."

두 아이는 둘이서 비틀거리며 귀리 섬을 끌고 와 귀리를 퍼서 방앗간에 넣었어요. 밤새도록 이렇게 방아를 찧었어요. 호랑이는 그만 온 기운이 쑥 빠져 시무룩해 지붕에 자빠지고 밤새 찧은 방아는 귀리 한 섬이나 찧었어요.

이튿날 아침에 김동지 내외가 제사 집에서 떡과 고기를 많이 얻어 가지고 와 보니 이 지경이었어요. 한편 놀라고 한편으로는 기뻐서 아이들에게 입을 맞추어 주었어요.

그리고 호랑이는 산 채로 잡아서 그 고을 원님께 바쳤어요. 원님은 아이들에게 백 냥을 상금으로 주었어요. 김동지 내외는 이 돈을 늘려서 미력이는 장가 잘 들고, 간난이는 시집을 잘 가서 행복하게 잘 살았답니다.


● 이야기 듣고 내 생각 말해 보기


1. 해가 지면 호랑이나 짐승이 나타나는 산골에 산다면 어떤 기분일까요?
2. 여러분은 이렇게 호랑이 발이 천장에서 내려왔다면 어떻게 하겠어요?
3. 언니나 오빠 또는 동생과 같이 집을 본 적이 있나요? 그때 어떤 생각이 들었나요?
   무엇을 하며 지냈나요?

# 이야기 자료 2

## 「두꺼비 재판」

- 삼산인, 『어린이』 1권 5호, 1933.5.20.

옛날 서울 서문 밖 어떤 능에서 제사 때 쓰는 은그릇 여섯 개를 잃어버렸어요.

"큰일 났다." 그 능에 드나드는 일하는 사람마다. "어쩌나, 어쩌나" 걱정하였어요.

그중에도 능참봉은 자기에게 책임이 있는 일이라 걱정과 근심이 대단하여 병이 날 지경이었어요.

"암만해도 이 능에 드나드는 사람이 집어 간 것이지 온통 딴 사람이야 어떻게 집어 갔을 리가 있나."

생각은 누구나 마찬가지였으나 자기들 중에 누가 "내가 집어 갔습니다." 자백하는 사람은 도무지 없었어요. 나중에는 능에 드나드는 사람의 집을 모조리 뒤져 보았어요. 그래도 그릇은 나오지 않아서 이제는 도저히 찾아낼 도리가 없었어요.

하루는 앓아누웠던 참봉이 벌떡 일어나 어디인지 갔다가 다 저녁때에
야 돌아오더니 오는 길로 능 안에 드나드는 사람을 모두 불러 모았어요.

"무슨 일인가, 무슨 일인가?" 사람들이 눈이 둥글하여 모여 앉았어요.

"여보게들, 오늘 내가 성안에 갔다가 신통한 것을 얻어 가지고 왔네."

사람들은 점점 더 이상하게 생각했어요.

"다른 것이 아니라 산 두꺼비 한 마리를 가지고 왔는데, 이 두꺼비
는 몹시 영특한 두꺼비여서 죄진 사람을 보면 그 손가락을 꽉 문다네그
려…. 그래 내가 그것을 오늘 하루만 빌려달라고 하여 간신히 얻어 가지
고 왔으니 오늘 밤에 저녁 먹고 이 방으로 다 모이게. 그래서 이번 은그
릇을 집어 간 사람이 우리들 중에 있는지 없는지 시험해 보세. 그래야 우
리들 마음이 편하지 않겠나."

'저놈이 집어가지 않았을까?'

서로서로 의심하고 또 의심받고 지내던 판이라 마음이 찝찝한 판에 잘
되었다 생각하고 모두 두말없이 저녁 먹고 모이기로 했어요.

그날 밤 모두들 모여서 쭉 둘러앉았어요.

참봉이 방 안의 불을 끄고 컴컴한 방 한복판에 큰 물동이를 갖다 놓았어요.

"자아, 이 가운데 동이에 물을 부어놓았는데 이 동이 물속에 그 두꺼
비가 들어 있으니 차례차례 이 동이 물속에 손가락 하나씩 데밀기로 하
세. 물리지 않으면 좋고 물리는 사람이 있으면 그 사람이 집어 간 것이니
까…. 자, 내가 먼저 넣어보리다."

참봉이 먼저 자기 손가락을 물속에 넣었어요.

"자아, 내 다음 문선이 자네가 넣어보게."

"네, 넣었습니다."

"그럼, 다음 성팔이 자네 넣게."

"네, 넣었습니다. 물지 않습니다."

"그럼, 또 그다음 아무개."

이렇게 어두운 방 속에서 참봉이 이름을 부르는 대로 차례차례 손가락을 넣고 넣고 하여 죽 돌아가면서 모두 한 손가락을 물속에 잠그고 앉았어요. 모두들 가슴이 두근두근하였어요. 혹시 두꺼비란 놈이 까닭 없이 내 손가락을 물면 도적 누명을 쓰겠으니까 공연히 겁이 나서 두근두근하며 앉아 있었어요.

"모두들 넣었나? 안 넣은 사람 없나?"
"네, 모두 넣었습니다."
"그런데 '아얏' 소리가 나지 않으니 아무도 물리는 사람이 없는 모양일세그려…. 그럼, 우리들 중에서 집어 가지 않은 것은 분명하니 마음이 우선 시원하이."
"인제 그만 다 손을 빼고 불을 켜세."
명령을 내리니까 일제히 손가락을 빼고 한 사람이 등잔에 불을 켜놓았어요.

동이의 물은 그냥 물이 아니고 물감을 풀어놓은 파란 물이라 물에 넣었던 손가락 하나씩이 모두 새파랗게 물이 들었어요. 그런데 참봉이 눈치 빠르게 살펴보니까 그중에 단 한 사람이 아무 손가락도 파랗지 않은 사람이 있었어요. 참봉은 그 사람을 넌지시 꾹 찔러 다른 방으로 데리고 갔어요.

"자네가 물동이에 손을 넣지 않고 손가락에 침 칠만 하였네그려…. 인제는 더 속이지 말고 다른 사람들이 더 알게 되기 전에 넌지시 오늘 밤에 아무도 모르게 그릇을 가져오게."

그 사람이 하는 수 없이 자기가 집어다가 연못가 버드나무 밑 땅속에 감춘 것을 자백했어요. 그 사람이 두꺼비에게 물릴까 봐 겁이 나서 방 안이 어두운 것을 다행히 여기고 손을 물에 넣지 않고 입에다 넣어 침 칠만 하여 적시고 있었던 것이에요.

그러나 참봉은 미리 그러려니 하고 물에 파랑 물감을 풀고 불을 꺼서 어둡게 하였던 것이지요. 물론 동이 속에는 두꺼비는커녕 개구리 새끼도 없고 빈 동이인데 참봉이 부러 거짓말로 두꺼비가 있다고 속인 것이지요.

이렇게 묘하고 능청스러운 참봉의 계교로 도적을 알아내고 또 남들이 누가 도적하였던 것을 모르게 하고 그 은그릇만 잘 찾았답니다.


● 이야기 듣고 내 생각 말해 보기


1. 여러분이 참봉이라면 도적을 찾기 위해 어떻게 하겠어요?
2. 사람들은 두꺼비가 들어 있다는 물동이에 손을 넣을 때 어떤 기분이었을까요?
3. 혹시 내가 은그릇을 가져간 사람이라면 어떻게 할까요?


## 낭독극 해 보기


1. 낭독극은 이야기와 다르게 외우지 않고 이야기 대본을 보고 낭독합니다.
2. 맡은 배역의 성격을 파악하여 말하듯이 낭독합니다.
3. 지문을 읽을 때도 이야기의 흐름에 맞춰 감정을 넣어 낭독합니다.
4. 출연 인원은 3~5명으로 지문과 등장인물을 적절히 나누어 겸하여 맡습니다.

방정환의 동화 「4월 그믐날 밤」을 낭독하는 장면

## 낭독극 자료

「4월 그믐날 밤」

– 소파, 『어린이』 2권 5호, 1924.5.11.

사람들이 모두 잠자는 밤중이었습니다.

절간에서 밤에 치는 종소리도 그친 지 오래된 깊은 밤이었습니다.

깊은 하늘에 반짝이는 별밖에 아무 소리도 없는 고요-한 밤중이었습니다.

이렇게 밤이 깊은 때 잠자지 않고 마당에 나서 있기는 나 하나밖에 없는 것 같았습니다.

참말 내가 알기에는 나 하나밖에 자지 않는 사람이 없었습니다.

어두운 마당에 가만-히 앉아서 별들을 쳐다보고 있은즉 별을 볼수록 세상은 더욱 고요-하였습니다. 어디서인지 어린 아가의 숨소리보다도 가늘게 속살속살 하는 소리를 들었습니다.

누가 들어서는 큰일 날 듯한 가늘디가는 소리였습니다.

어디서 나는가 하고 나는 귀를 기울여 찾다가 내가 공연히 그랬는가 보다고 생각도 하였습니다. 그러나 그 속살거리는 작은 소리는 또 들렸습니다. 가만-히 들으니까 그것은 담 밑에 풀밭에서 나는 소리였습니다.

앉은뱅이꽃: "아이그. 인제 곧 새벽이 될 터인데 꿀떡을 이때까지 못
　　　　　만들었으니 어쩌나!"

걱정하는 것은 고-운 보랏빛 치마를 입은 조그만 조그만 앉은뱅이꽃
이었습니다.

진달래꽃: "에그, 꿀떡은 우리가 모두 만들어 놓았으니 염려 말아요.
　　　　　그런데 내일 새들이 오면 음악 할 자리는 어디다 정하우."

보라 옷을 입은 진달래꽃이 말했습니다.

노란 젖나무꽃: "음악 할 자리는 저 집 이층 위로 정하지 않았나베 잊
　　　　　　어 버렸나?"

노란 젖나무꽃이 말을 하고는 복사나무 가지를 쳐다보고 물었습니다.

노란 젖나무꽃: "에그, 여보. 왜 이때껏 새 옷도 안 입고 있소? 그 분홍
　　　　　　치마 얼른 입어요. 그리고 내일 거기서 새들이 음악 할

자리는 치워 놓았소?"

복사나무 가지: "치워 놓았어요. 인제 우리는 새 옷만 입으면 그만이라
오. 지금 분홍 치마를 다리는 중이에요. 그 아래에서는
모다 차려 놓았소?"

복사꽃은 몹시 기뻐하는 모양이었습니다.
보니까 거기는 진달래꽃, 개나리꽃, 없는 것이 없었습니다. 날만 밝으
면 좋은 세상이 온다고 그들은 모두 새 옷을 입고 큰 잔치의 준비를 바쁘
게 하는 중이었습니다.
할미꽃은 이슬로 술을 담그느라고 바쁜 모양이고 개나리는 무도장 둘
레에 황금색 휘장을 둘러치느라고 바쁜 모양이었습니다. 그리고 그중에
는 벌써 심부름을 다 하고 앉아서 날이 밝기를 바라는 아가 꽃들도 많은
모양이었습니다.

그때 "따르릉 따르릉" 조-그만 인력거 한 채가 등불을 켜 달고 손님을
태워가지고 왔습니다.
인력거꾼은 개구리였습니다. 인력거를 타고 온 손님은 참새 새끼였습
니다.

꽃들: "왜 이렇게 별안간에 왔니?"

꽃들이 놀라서 하던 일을 놓고 우르르 몰려왔습니다.

참새 새끼: "제비와 종달새는 모두 준비를 하고 기다리고 있는데, 꾀꼬
리가 목병이 나서 내일 독창을 못 하기 쉽대요."

꽃 1: "에그, 그래 어쩌게."

꽃 2: "꾀꼬리가 못 오면 어떻게 하나."

걱정들을 하다가 좋은 꿀을 한 그릇 담아서 약으로 먹어보라고 주어

보냈습니다,

참새 새끼는 꿀을 받아 가지고 다시 인력거를 타고 돌아갔습니다.

참새가 돌아간 후 얼마 안 있어서 이번에는 "따르릉 따르릉"불 켠 자

전거가 휘몰아 왔습니다. 자전거를 타고 온 것은 다리 긴 제비였습니다.

꽃 1: "어이구, 수고 많이 하였소."

꽃 2: "얼마나 애를 썼소."

꽃들은 일을 하는 채로 내다보면서 치사를 하였습니다.

제비는 오월이 오는 줄 모르고 잠자고 있는 꽃과 벌레를 돌아다니면서

깨워놓고 돌아온 것이었습니다. 그래 우선 애썼다고 이슬 술을 한 잔 얻

어먹고 좋-아하였습니다.

동넷집 불 끈 방 속에서 시계가 새로 두 점을 치는 소리가 들렸습니다.

나비: "나비들은 모두 무도복을 입고 기다리고 있는데 다른 준비가 모

다 어떻게 되었나요?"

나비 한 마리가 그것을 물으러 왔다가 갔습니다.

모-든 준비가 끝나고 날이 밝기를 기다리고 있을 뿐이었습니다.

하늘에 반짝이는 별들은 '내일은 날이 좋을 것이다'고 일러주는 것같

이 평화롭게 오월 초하루의 새 세상이 열리어 가는 것이었습니다.

오월 초하루

새벽 네 시쯤 되었습니다.

날이 채 밝기도 전에 벌써 종달새가 하늘에 높이 떠서 은방울을 흔들기 시작하였습니다.

꽃들이 그를 듣고 문을 딸깍 열고 빵긋 웃었습니다.

참새가 벌써 큰 북을 짊어지고 왔습니다.

제비들이 기다란 피리를 가지고 왔습니다.

주섬주섬 모두 모여들어서 다 각각 자리를 잡았습니다.

이층 아래층에서 꽃들이 손님을 맞아들이기에 바빴습니다.

아침 해 돋을 때가 되어 무도복을 갖든 입은 나비들이 떼를 지어 왔습니다.

그러니까 갑자기 더 판이 어울려졌습니다.

목이 아프다던 꾀꼬리도 노-란 새 옷을 입고 인력거를 타고 당도하였습니다.

꾀꼬리가 온 것을 보고 모두들 어떻게 기뻐하는지 몰랐습니다.

일 년 중에도 제일 선명한 햇볕이 이 즐거운 잔치 터를 비추기 시작하였습니다.

버들잎 잔디 풀은 물에 갓 씻어낸 것처럼 새파랗습니다.

오월 초하루! 거룩한 햇빛이 비치기 시작하는 것을 보고 복사나무 가지 위 꽃그늘에서 온갖 새들이 일제히 오월 노래를 부르기 시작했습니다.

그러니까 거기 맞춰서 나비들이 춤을 너울너울 추기 시작했습니다.

모든 것이 즐거움을 이기지 못하고 덩실덩실 춤을 추었습니다.

잔디 풀 버들잎까지 우쭐우쭐하였습니다.

즐거운 봄이었습니다. 좋은 놀이였습니다.

특별나게 햇볕 좋은 아침에 사람들은 모여들었습니다.

사람 1: "아이고, 복사꽃이 어느 틈에 저렇게 활짝 피었나?"

사람 2: "아이그, 이게 웬 나비들이야?"
사람 3: "인제, 아주 봄이 익었는걸!"

사람들은 다 같이 기쁜 낯으로 이야기하면서 보고들 있었습니다.
오월 초하루는 참말 새 세상이 열리는 첫날이었습니다.

더 들어가 보기: 『어린이』에서 고른 24가지 이야기 자료

| 차례 | 게재호 | 제목 | 글쓴이 | 글 종류 | 비고 |
|---|---|---|---|---|---|
| 1 | 1권 10호 | 어린이의 꾀 | 권영희 | | 지혜 |
| 2 | 1권 10호 | 류리 이야기 | 손진태 | 역사동화 | 용기 |
| 3 | 2권 1호 | 두더지의 혼인 | 소파 | 동화 | 자존감 |
| 4 | 2권 2호 | 선물 아닌 선물 | 소파 | 동화 | 지혜 |
| 5 | 2권 5호 | 사월 그믐날 밤 | 소파 | 동화 | 어린이날 |
| 6 | 3권 1호 | 호랑이 잡고 방아 잘 찧고 | 박달성 | 동화 | 용기 |
| 7 | 3권 6호 | 까치의 옷 | 몽중인 | 동화 | 협동 |
| 8 | 4권 1호 | 의협한 호랑이 | 고한승 | 동화 | 의리 |
| 9 | 4권 1호 | 호랑이 형님 | 몽중인 | 우스운 이야기 | 재치, 효성 |
| 10 | 4권 5호 | 망두석 재판 | 노직이 | 조선동화 | 지혜 |
| 11 | 4권 5호, 11권 5호 | 무서운 두껍이(두꺼비 재판) | 삼산인 | 조선동화 | 책임감 |
| 12 | 4권 9호 | 시골 쥐의 서울 구경 | 몽견초 | 동화 | 개척정신 |
| 13 | 4권 10호 | 사자와 토끼 | 고한승 | 지상동화대회 | 지혜 |
| 14 | 4권 10호 | 꿈꾸기 내기 | 정병기 | 지상동화대회 | 사려 |
| 15 | 5권 2호 | 근심 없는 사람 | 이성진 | 동화 | 낙천 |
| 16 | 5권 8호 | 이십 냥과 백 냥 | 진장섭 | 동화 | 정직 |
| 17 | 7권 3호 | 해와 달 이야기 | 연성흠 | 조선동화 | 유래담 |
| 18 | 7권 4호 | 쪼각쇠 이야기 | 김태오 | 동화 | 우애, 용기 |
| 19 | 8권 2호 | 세 가지 시험 | 김원주 | 재미있는 이야기 | 재치 |
| 20 | 9권 5호 | 조검의 효성 | 백파 | 사실미화 | 효성 |
| 21 | 9권 10호 | 씨 심는 까마귀 | 최경화 | 동화 | 보은 |
| 22 | 10권 2호 | 원숭이와 게 | 장성란 | 전래동화 | 약속, 욕심 |
| 23 | 12권 2호 | 꿩의 희생 | 임병철 | 조선전설 | 보은 |
| 24 | 12권 5호 | 이리와 달팽이 | 김남순 | 프랑스 동화 | 재치 |

## 저자 소개

김흥제 hjkim3977@hanmail.net

서울교육대학교를 졸업하고 서울에서 1969년부터 1999년까지 서울소의초등학교를 시작으로 북성, 충무, 영서, 동구로, 당곡, 숭례, 포의초등학교에서 어린이들을 가르쳤습니다. 서울독서교육연구회 책고리 이야기꾼으로 도서관에서 어린이들에게 옛이야기 들려주기 봉사를 하며, 한국국학진흥원의 아름다운 이야기할머니로 유치원, 어린이집 유아들에게 옛이야기를 통한 인성교육 활동을 10년간 했습니다.

70세에 동시 쓰기를 시작하여 신인문학상을 수상했으며, 첫 동시집 『네 이름 참 예쁘다』를 출간했습니다. 지금도 동시 쓰기를 꾸준히 하고 있으며, 기회 되는대로 『어린이』 원문 읽기를 하며 재미있게 읽었던 이야기들을 어린이들에게 전해 주려고 합니다.

# 아동극「효창공원」,
# 우리도 해 볼까?

손증상

## 다시 태어나는 효창공원

여러분은 효창공원에 가보셨나요? 얼마 전 TV 예능 프로그램에서 효창 황금발 축구대회를 개최했는데, 코로나19에도 불구하고 정말 많은 사람들이 축구경기를 보기 위해서 효창운동장에 모였습니다. 그런데 그 사람들을 보면서 그들 중 효창공원의 아픈 역사를 아는 사람은 얼마나 있을지 궁금했어요. 효창공원은 원래 정조의 큰아들 문효세자와 세자의 어머니 의빈 성씨 묘지가 있는 효창원이었습니다. 그러나 일제가 1921년에 효창원을 골프장으로 만들고 왕실의 묘를 강제 이장하면서 효창원은 효창공원으로 격하되었습니다. 이후 1946년 김구 선생이 윤봉길, 이봉창, 백정기 의사의 유해를 송환하여 효창공원에 안장하면서 효창공원은 재탄생하였지만, 효창운동장(1960),

반공투사기념탑(1969), 대한노인회관(1972) 등이 들어서면서 독립공원으로서의 위상은 흔들리게 되었습니다. 현재는 효창공원의 역사적 정체성을 되찾고자 '효창독립 100년 메모리얼 프로젝트'가 진행 중입니다.

사실 많은 아이들에게 효창공원의 역사는 와 닿지 않습니다. 역사는 재미없는 과목이기 때문이죠. 그런데 역사를 단지 암기하는 것이 아니라 그 시간과 공간 속으로 들어가서 역사적 인물을 만나거나 그 인물처럼 생각할 수 있다면, 역사에 대한 감각은 달라지지 않을까요? 이런 고민은 70년 전에도 있었습니다. 바로 복간『어린이』에 발표된 아동극 「효창공원」이라는 작품이 그런데요. 「효창공원」을 제대로 알기 위해서는 먼저 복간『어린이』를 충분히 이해해야 합니다. 그럼, 복간『어린이』를 만나볼까요?

## 해방 후, 『어린이』가 돌아왔다

1948년 5월 5일 어린이날에 맞춰『어린이』123호가 발행되었습니다. 1923년 3월 창간해 1935년 3월 122호를 마지막으로 폐간된『어린이』가 13년 만에 돌아온 것입니다. 편집인 고한승은 123호 권두언 「"어린이"를 다시 내면서」에서『어린이』

『어린이』124호 표지

넷째 마당. 함께 해 보자

는 "조선 소년 소녀의 정다운 동무요, 둘도 없는 좋은 책"이었지만, 방정환의 작고와 일제의 "압박과 곤란" 등으로 폐간되었다가 "해방" 과 함께 어린이의 동무가 되기 위해 복간되었음을 선언했습니다.

복간 『어린이』는 1948년 5월부터 1949년 12월까지 총15호(123~137호)가 발행되었습니다. 123호에서 시작한 복간 『어린이』는 편집 체제 및 꼭지 이름을 이전 『어린이』와 동일하게 사용하였을 뿐만 아니라, 방정환의 『어린이』 정신을 계승하겠다는 목표를 분명히 표명하였습니다.

복간 『어린이』를 이해하기 위해 눈여겨보아야 하는 글은 개벽사 사장 공탁이 발표한 글입니다.

> 어린이는 장차 자라서 어른이 되며 나라의 일꾼이 되는 것이므로 사회 개조의 모든 운동은 어린이 때부터 시작함이 근본이 됩니다. 그런데 이 운동을 잘하기 위해서는 두 가지 일을 하여야 할 줄 압니다. 첫째는 어른들이 어린이에 대한 태도를 고칠 일이요. 둘째는 어린이 자신이 자기 스스로에 대한 자존심을 가지는 일이외다. (중략)
> 어린이 운동은 결국 훌륭한 사람을 만들자는 운동입니다. 그런데 훌륭한 사회 환경을 만들지 않고 어린이들만 좋아지라 함은 하염없는 일입니다. 이 나라의 모든 사람들-성인이나 어린이나 누구를 물론하고-이 좋은 사람 되도록 높은 인격과 좋은 행동을 배우도록 부지런히 힘써야 할 것입니다.
> — 공탁, 「어린이날을 맞이하여」, 『어린이』 133호. 1949.5.

어린이가 자라서 어른이 되고 나라의 일꾼이 된다는 것은 보편적인 설명입니다. 그러나 어린이를 훌륭한 사람으로 만들면 훌륭한 사회를 만들 수 있기에 어린이 운동은 사회개조 사업의 일환이라는 공탁의 관점은 『어린이』만의 색깔이라 할 수 있습니다. '높은 인격과 좋은 행동을 하는 훌륭한 사람을 통해 사회를 개조하자'는 공탁의 주장은 방정환과 이돈화의 주장을 반복하고 있다는 점에서 상당히 중요합니다. 이와 관련한 글을 잠시 보겠습니다.

교훈담이나, 수양담은 학교에서 많이 듣는 고로, 여기서는 그냥 재미있게 읽고 놀자. 그러는 동안에, 저절로, 깨끗하고, 착한 마음이 자라가게 하자. 이렇게 생각하고 이 책을 꾸몄습니다.
– 「남은 잉크」, 『어린이』 1권 1호, 1923.3.

어떻게 하면 조선의 소년소녀가 다 같이 좋은 사람이 되어가게 할까! 실제의 소년운동을 힘써 일으키는 것도 그 때문이오. 온갖 괴로움을 참아가면서 『어린이』 잡지를 발행하여 노는 것도 오직 그것을 바라는 마음이 두꺼운 까닭입니다.
– 방정환, 「사랑하는 동모 어린이 독자 여러분께」,
『어린이』 3권 9호, 1925.9.

방정환은 창간호에서부터 조선의 소년 소녀가 『어린이』를 재미있게 읽고 놀다 보면 저절로 깨끗하고 착한 마음이 자라 "좋은 사람"이 될 수 있다고 강조했습니다. 방정환의 이런 생각은 어디에서 출발한 것일까요? 바로 천도교청년회 간부 이돈화의 '사람성性주의'입니다.

이돈화는 「신조선의 건설와 아동문제」(『개벽』, 1921.12)에서 사회개조 사업의 근본은 사람이고 사람의 근본은 아동이므로, 사회개조 사업은 아동에서 출발해야 한다고 보았습니다. 그러면서 사업의 초점을 아동의 "인권적 자유와 활기를 도와주어 완전한 인격의 사람 본위의 아동을 양성"하는 것에 두었고, 그들을 지도할 수 있는 기관을 만들 것을 요구했습니다. 이러한 맥락에서 방정환 역시 조선의 소년 소녀가 좋은 사람이 될 수 있도록 소년운동에 힘썼으며, 소년회를 만들고 『어린이』 잡지를 발행했던 것입니다. 우리는 이돈화와 방정환의 주장이 공탁에게도 이어지고 있음을 알 수 있습니다.

그렇다면 어떻게 어린이를 좋은 사람으로 만들어 좋은 사회를 만들 수 있을까요? 정답은 없지만 『어린이』 편집인과 필진들은 이 문제에 대해 늘 고심했고 아이들이 『어린이』를 재미있고 즐겁게 읽으면서 좋은 사람이 될 수 있기를 원했습니다. 그들은 『어린이』를 어떻게 하면 좀 더 재미있고 유익하게 만들 수 있을지 고민했으며, 『어린이』에 실린 동요·동시, 동화, 아동극, 역사소설, 소년소설 등 많은 작품에는 그 고민에 대한 작가 나름의 답이 담겨 있습니다. 「효창공원」은 1948년 정부 수립과 남북 분단이라는 상황 속에서 좋은 사회, 좋은 나라로 가는 길에 대한 저자 김소엽의 답안이라 하겠습니다.

# 「효창공원」, 김구 선생을 기억하다

「효창공원」은 1949년 6월 효창공원에서 윤봉길, 이봉창, 백정기 등 삼의사의 묘역을 청소하는 아이들을 김구 선생이 칭찬하면서 자기 책을 선물한다는 내용을 담고 있습니다. 막이 열리면 청파초등학교에 다니는 아이들 4~5명이 묘역을 청소하고 있습니다. 그런데 몇몇 아이들이 청소를 하다 말고 장난을 치자, 한 아이가 학교나 집에서 놀지 삼의사 앞에서 무슨 꼴이냐며 화를 냅니다. 모두들 잘못을 뉘우치고 다시 열심히 청소를 할 때, 노인이 등장합니다.

노인 너희들 3열사 선생에 대한 얘기를 들었니?

태식 네. 다들 알아요. 윤봉길, 이봉창, 백정기 세 선생님이 모두 우리나라를 위해 왜놈과 싸우시다 돌아가신 장하신 어른들이에요.

노인 오, 기특하다. 너들도 그 훌륭한 선생의 정신을 받들어 이담에 큰 사람이 되어야지. (세 아이들 골고루 쓰다듬어 준다.) (한동안 감개에 잠겨 말을 못 한다.)

노인 나도 너희들처럼 3열사 선생의 정신을 높이 아끼고 사랑하는 사람의 하나다. (다시 눈을 감고 말을 못 한다.)

아이들 (깜짝 놀라며 긴장한 얼굴로 노인을 쳐다본다.)

노인 3열사를 잊지 못한 나는 가끔 이렇게 혼자 여길 찾아오곤 한다. 그런데 오늘 너희들이 이렇게 애쓰는 걸 보니 기쁘기 한없다.

아이들 (잠자코 머리를 숙인 채 말씀을 듣는다.)

- 김소엽, 「효창공원」, 『어린이』 137호, 1949.12.

노인은 아이들에게 삼의사가 누구인지를 확인하면서 삼의사의 정신을 이어받을 것을 당부합니다. 효창공원에는 상하이 홍커우 공원에서 일왕의 생일 겸 전승축하식에 폭탄을 투척한 윤봉길, 도쿄에서 일왕을 폭사시키려다 미수에 그치고 일본군에 의해 사형당한 이봉창, 상하이에서 육삼정 의거를 준비하다가 실패해 옥중에서 순국한 백정기 등 삼의사의 유해가 안장되어 있습니다. 이런 효창공원을 아이들이 깨끗하게 청소한다는 것은 조선 독립을 위해 애쓴 선열들의 정신을 기리는 행동입니다. 작가는 남북 분단의 상황에서 나라를 사랑하고 나라를 위해 희생하는 마음이야말로 아이들에게 필요하다고 생각했던 것 같습니다.

노인과 아이들의 대화만으로 주제가 분명하게 드러나는데도, 작가는 노인의 '장광설'을 통해 주제를 다시 강조합니다.

> 노인 너희 가운데엔 집안이 넉넉지 못한 애도 더러 있을지 몰라. 점심때 점심은커녕 아침도 제대로 못 먹고 온 애가 있을지도 모르지, 그런 애가 없다면 다행이지만, 혹여 있더라도 조금도 부끄러울 건 없어. 나도 아주 가난한 집에 태어나 어렸을 때부터 고생을 하며 자랐다. 내가 오늘까지 이렇게 튼튼한 몸과 꿋꿋한 마음을 가지고 일을 해 온 것은 무엇보다 그 고생하고 자란 덕분인지 몰라. (창근과 종한의 머리를 쓰다듬으며) 내 어렸을 적 얘기를 하나 할까, 지금은 학교가 있지만 내 어렸을 적에는 학교 대신 서당이라는 게 있어, 나는 거길 다녔다. 다른 애들은 종이에다 글씨를 썼지만 나는 종이가 없어 종이 대신 땅바닥에다 썼다. … 또 남들은 연필을 가졌지만 난 그것이 없어. 연필 대신 손가락이나 나무작대기로 글씨라고

써보았다. 그리고 내가 이담에 커지면 누구나 종이와 연필로 글씨를 쓸 수 있는 좋은 나라를 세워보겠다고 생각했다. … 그래, 난 헐벗은 동포들을 만날 때마다 나의 소원을 아직 못 이루고 있는 걸 슬퍼하는 때가 많아. … 자- 그 얘긴 이만큼 하고… 너희들은 이 3열사 선생 분묘 앞에서 늘 크고 장한 뜻을 가지도록 마음을 닦아야 해. … 그래 이담에 이 3열사 선생에게 부끄럽지 않은 큰 인물이 되어야지. … 알겠지?

아이들 (씩씩하고 기운찬 목소리로) 네-.


　대화는 등장인물들 사이의 말의 교환 행위인데, 노인의 대사는 보편적인 대화 방식은 아닙니다. 대사에 장광설이 사용되면 인물의 대사와 행동의 통일성이 끊어져 관객의 관심을 장광설 자체에 유도하는 효과를 얻을 수 있습니다. 게다가 이 작품에서 노인은 삼의사의 유해를 봉환하여 독립운동가의 묘역을 조성한 김구 선생으로 설정되어 있어 효과가 배가됩니다. 효창공원 홈페이지에는 삼의사 묘역을 참배하는 김구 선생의 사진이 있는데, 김구 선생이 효창공원에서 만난 아이들에게 훈계를 하는 설정은 실제로 충분히 가능한 일이라 관객들의 몰입을 이끌었을 것입니다.

삼의사 묘역을 참배하는 김구

「효창공원」 삽화

게다가 1949년 6월이라는 시간 설정도 마치 김구 선생이 죽기 직전에 남긴 당부처럼 만들기 때문에, 노인의 장광설은 관객들에게도 김구 선생의 훈계처럼 들리게 하여 그 효과는 더욱 커집니다. 이와 같이 실존 인물을 활용한 장광설은 작가의 주장을 관객들에게 더욱 생생하게 전달하는 공연 기법이라 할 수 있겠습니다.

특히 「효창공원」은 복간 『어린이』가 김구 선생에게 남다른 애정을 보였다는 점과 연결 지어 생각할 필요가 있습니다. 1949년 10월호 『어린이』에는 김구 선생을 추모하는 글이 실렸습니다. 「김구 선생과 효자양」은 "우리들의 훌륭하신 애국자요. 지도자인 김구 선생"의 죽음을 알리는 것으로 시작하지만, 초점은 독립운동가 김구 선생이 아닌 효자의 할아버지 김구에 맞추어져 있습니다. 타국에서 아버지를 잃고 해방된 고국에 돌아왔지만 어머니는 미국으로 건너가고 효자에게는 할아버지뿐이었습니다. 그러나 김구 선생이 머무르는 경교장京橋莊은 공동생활을 하는 곳으로, 할아버지가 어린 손녀를 키우기에는 여러모로 불편하였습니다. 그래서 당시 성모병원 원장이 효자를 키우면서 일주일에 한 번씩 김구 선생에게 데리고 갔습니다.

> 일요일만 되면 그리운 할아버지를 찾아왔습니다. 자애에 넘치는 할아버지의 무릎에서 어리광을 하며 나라와 겨레들의 일로 걱정에 잠기신 할아버지를 위로해 드리는 것이었습니다. 할아버지께서도 아버지도 어머니도 없이 남의 집에서 자라나는 어린 효자양이 가엾어 못 견디었습니다. (중략)
>
> 상복을 입고 할아버지의 영여(인용자 주: 혼백을 옮기는 가마) 뒤를

따르는 효자양의 모습은 수많은 사람들의 가슴을 더욱 아프게 하였습니다.

그리하여 모든 사람은 싸움 없는 나라 슬픔 없는 나라. 마음과 마음이 통일된 나라를 하루바삐 세워서 김구 선생이 남기고 가신 뜻을 이룩해 드려야 하겠다고 굳게굳게 맹세하였습니다.

— 「김구 선생과 효자양」, 『어린이』 136호, 1949.10.

다른 일요일처럼 그날 아침에도 김구 선생은 효자를 기다리고 있었습니다. 그러나 그는 효자를 만나기도 전에 흉한의 총에 맞아 쓰러졌으며, 외롭고 가엾은 효자는 할아버지의 유해를 열흘 동안 지켰습니다. 김구 선생은 나라의 독립을 위해서 그리고 나라의 통일을 위해서 애쓴 애국자입니다. 그러나 그 역시 한 집안의 생계를 책임지는 가장이었으며 손녀를 보고 싶어 하는 할아버지였습니다. 김구 선생의 죽음에 국민 모두가 슬픔에 잠겼지만, 김구의 손녀만큼 슬플까요? 「김구 선생과 효자양」이 김구 선생의 죽음에 대한 슬픔을 통해 그의 뜻을 강조하였다면, 「효창공원」은 살아 있는 김구 선생의 당부를 통해 그의 뜻을 이어가고자 하였습니다.

지금까지 복간 『어린이』와 아동극 「효창공원」을 그 시대 속에서 읽고 의미를 찾아보았습니다. 지금부터는 「효창공원」을 '지금 여기' 아이들이 좀 더 재미있게 읽고 활용할 수 있는 방법을 소개해 보겠습니다.

# 「효창공원」으로 교육연극 하자

　교육연극은 연극놀이나 마임, 핫시팅, 즉흥극 등 연극적 표현기법들을 교육에 적용하는 방법론으로, 아동극 공연이라는 결과가 아니라 연극 기법을 활용하는 과정을 중요시합니다. 교육연극은 학습자들이 다양한 문제를 몸과 감각으로 체험하고 생각하고 토론하여 이를 새롭게 바라보도록 합니다.

　교육연극은 '들어가기-본 활동-마무리' 순서로 진행됩니다. '들어가기'는 아이들의 몰입을 이끌어내고 본 활동의 의미와 목표를 제시하는 단계로, 다양한 연극놀이가 실시됩니다. 들어가기가 잘 진행되어야 본 활동의 분위기가 살고 아이들의 참여도가 높아집니다. 여기서 중요한 것은 연극놀이가 본 활동과 연계성이 있어야 한다는 점과 놀이를 꼭 해야 하는 것은 아니라는 점입니다, 아이들을 본 활동에 몰입시키는 질문이나 영상 등을 활용하는 것도 좋습니다.

　'본 활동'의 종류와 형식은 학습 내용과 목표에 따라 다양해질 수 있습니다. 전문가의 망토, 핫시팅, 즉흥극, 정지 장면 등 다양한 연극적 기법들을 활용할 수 있는데, 그 기법 자체가 의미 있는 것이 아니라 그 기법을 통해 아이들이 무엇을 경험하고 생각하게 할 것인가가 더욱 중요합니다.

　'마무리'는 아이들이 이야기를 나누면서 활동을 정리하는 단계입니다. 만약 마무리 단계가 제대로 이루어지지 않는다면, 본 활동의 연극 활동은 놀이에 머무를 수 있습니다. 마무리에서는 충분한 시간을 확보하여 아이들이 주제에 대해 성찰하고 확대해서 생각할 수 있는 시간을 가질 필요가 있습니다.

「효창공원」을 교육연극으로 활용할 수 있는 하나의 수업 방안을 마련해 보았습니다. 이 수업에서는 삼의사와 김구 선생이 안장된 효창공원의 역사적 가치를 알고 독립운동가의 삶을 몸과 마음으로 느껴보는 것에 초점을 두었습니다.

## 「효창공원」 교육연극 수업 방안

### ◇ 들어가기 ◇

아이들이 몸과 마음을 열고 표현하기에 익숙해지도록 하는 연극놀이와 수업 주제에 관심을 가지도록 하는 활동을 함께 구성해 보았습니다.

● 단어를 몸으로 표현하기

동물과 사람의 직업, 행동, 사물, 감정 등이 적혀 있는 낱말카드 중 하나를 한 아이가 뽑아 마임으로 표현하고 다른 아이들이 맞히는 놀이입니다. 경험이 있는 아이들에게는 명언과 속담 등을 제공해도 좋습니다.

● 거울놀이

두 사람이 마주 선 채 한 사람의 동작을 다른 사람이 따라 하는 놀이입니다. 쉬운 동작에서부터 어려운 동작까지 다양한 움직임이 나오도록 합니다. 한 사람을 가운데 세워놓고 여러 명이 따라 하게 할 수도 있습니다.


● 발음하기 어려운 문장 읽기

이 수업에서는 김구 선생에 대한 아이들의 몰입을 끌어내기 위해 『백범일지』를 활용해 보는 것도 좋습니다. 『백범일지』의 한 대목을 아이들이 읽습니다. 김구 선생의 육성 연설을 아이들에게 들려준 후 김구 선생처럼 다시 읽도록 합니다.


◇ 본 활동 ◇


이제 본격적인 연극 활동으로 들어갑니다. 활동의 재료가 되는 「효창공원」을 모둠별로 읽습니다.

삼의사 묘역

삼의사 사진

● 효창공원 탐색하기

교수자는 효창공원이 어떤 공간인지 그리고 김구와 삼의사가 어떤 일을 하였는지 충분히 설명합니다. 코로나19로 효창공원 체험은 어렵겠지만, 효창공원 홈페이지에 있는 위의 사진 등을 활용하셔서 아이들의 관심을 유도할 수도 있습니다.


● 역사적 인물 되기

각 모둠별로 김구와 이봉창, 윤봉길, 백정기 중 한 인물을 선택하여 그 인물을 정지 장면으로 만들어 봅니다. 한 모둠씩 정지 장면을 보여줍니다. 교수자가 한 인물의 어깨에 손을 올리면, 그 인물은 즉흥 대사를 합니다. 이때 교수자는 인물들의 감정이나 행동의 의미, 아이들의 사고와 표현력을 심화시킬 수 있는 질문을 하는 것이 좋습니다. 예를 들어 아이가 도시락 폭탄을 던지는 윤봉길을 표현하고 있다면, 왜 폭탄을 던지려고 하는지 지금 기분은 어떤지 등을 물을 수 있습니다. 또한 아이들끼리 질문과 대답을 할 수 있도록 유도하기 위해 모둠별로 기자를 선정해 정지 장면으로 표현된 인물과 인터뷰를 진행해 볼 수도 있습니다.


● 역사 속으로 들어가기

교수자가 역사적 순간을 설정한 후 아이들이 그 순간에 있을 법한 인물을 표현합니다. 교수자는 그 인물들에게 적절한 질문을 합니다. 예를 들면, 히로히토 일본 천황의 패전 방송을 들려주면서 광복을 맞은 상황을 표현하도록 합니다. 최대한 다양한 인물이 나올 수 있도록 하기 위해, 독립운동가, 친일파와 경찰, 10대 아들이 군대에 끌려갔거나 딸이 위안부에 끌려간 부모, 조선에서 살고 있는 일본인, 해외에서 광복을 맞은 조선인 등 역할을 제시해 주는 것도 하나의 방법입니다. 광복을 맞이한 사람들의 다양한 반응을 통해 광복의 순간을 다각도로 이해해 볼 수 있습니다.

● 딜레마적 상황을 통해 인물 느껴보기

우리는 살아가면서 다양한 역할을 맡고 갈등을 겪고 선택의 순간에 직면합니다. 독립운동가들 역시 마찬가지입니다. 누군가의 아들이자 딸이었고, 누군가의 아버지이자 친구였습니다. 교수자가 미리 설정해 둔 갈등 상황에서 아이들에게 역할(독립운동가의 아내, 딸, 친구, 이웃 등)을 주어 대화를 나누도록 합니다. 예를 들어, 몇 달째 집세를 내지 못하고 쌀도 없다는 아내가 남편의 독립운동을 말리는 상황, 아픈 딸이 있는데 친구가 독립운동을 위해 상해로 함께 가자는 상황 등입니다. 2인 1조로 팀을 나눈 뒤 각자 역할을 맡아 상대를 설득하도록 합니다.

◇ 마무리 ◇

다양한 연극 활동을 통해 김구와 삼의사, 독립운동가들의 삶을 공감하고 이해했다면, 이를 '지금 여기' 우리의 삶과 연결해 사고를 확장할 필요가 있습니다.

● 역사적 사실 확인하기

모둠별로 조국의 독립과 민족정신을 지키기 위해 노력한 인물 및 단체를 찾아보는 시간을 갖습니다. 안중근/유관순/신채호/윤동주/이육사/조선어학회/신간회/의열단 등 교수자가 간단하게 알려주는 것도 좋습니다. 모둠별로 조국의 독립과 민족정신을 지키기 위해 단체를 만들어 어떤 활동을 할 수 있을지 생각해 봅니다.

● 독립운동가/친일파의 가족은 어떻게 살고 있을까?

우리는 독립운동가들 덕분에 지금의 대한민국이 있다고 말하지만 남겨진 그들의 가족에 대해서는 무관심합니다. 가장을 잃은 가난한 가정이 처한 삶의 문제는 누가 도와줄 수 있을까요? 독립운동가들의 노력을 떠올리면서 그들의 가족에게 편지를 써봅니다. 학년이 높으면 국가나 공공기관이 그들을 위해 할 수 있는 일까지 확장해 볼 수 있습니다.

● 살고 싶은 나라 상상하기

살고 싶은 나라는 어떤 나라인지 아이들이 이야기를 나누도록 합니다. 아마도 많은 아이들이 공부가 없는 나라, 게임을 하루 종일 할 수 있는 나라 등을 생각할 것입니다. 주제에서 벗어나 흥미 위주로 흐르지 않도록 하기 위해, 교수자는 독립운동가 후손의 입장에서, 외국인 노동자 입장에서, 탈북민 입장에서, 아이와 노인의 입장에서 어떤 나라를 원하는지 등 조금 더 구체적인 기준을 제시하는 것이 좋습니다.

## 아이들과 함께 하는 연극, 재미있게 읽고 놀자!

수업 시간에 자는 학생들이 더 많은 중고등학교 교실과 학력 편차가 심해 수업에 재미를 느끼지 못하는 학생들이 많은 초등학교 교실을 떠올려 보면, 학생들의 참여와 몰입을 이끌어내고 생각과 느낌을 자유롭게 표현하도록 하는 연극은 분명 하나의 대안이 될 수 있습니다.

이 글에서는 아동극 「효창공원」을 교육연극으로 할 수 있는 여러 활동을 구상해 보았는데요. 『어린이』에는 동요·동시, 동화, 소년소설, 아동극, 독자 글 등 정말 다양한 글이 있습니다. '지금 여기'의 아이들이 과거를 만날 수 있는 글도 있고 재미있는 글도 있고 공감할 수 있는 글도 있습니다. 장르와 소재가 다양한 만큼 교육연극으로 활용할 수 있는 방법도 끝이 없습니다.

약 100년 전, 방정환 선생님이 조선의 아이들이 『어린이』를 재미있게 읽고 놀기를 바란 것처럼, 우리도 『어린이』에 실린 작품을 한 편 선택하여 연극으로 놀아볼까요?

## 참고한 자료

『개벽』
『어린이』

손증상, 「1920-30년대 아동극 연구 - 『어린이』, 『신소년』, 『별나라』를 대상으로」, 경북대학교 대학원 박사학위논문, 2018.
신현숙, 『희곡의 구조』, 문학과지성사, 1990.

효창공원 홈페이지, https://www.hyochangpark.com/

## 작가 소개

손증상 son-calli@hanmail.net

저는 손증상입니다. 아동극에 관심을 가지고 공부한 지 10년이 좀 넘었습니다. 경북대학교 대학원에서 「1920-30년대 아동극 연구 -『어린이』,『신소년』,『별나라』를 대상으로」로 박사학위를 받았습니다. 아동극은 희곡과 아동문학 안에서도 가장 소외받는 분야라 할 수 있습니다. 가끔은 이 길이 세상에 어떤 의미가 있을까라는 생각을 했는데,『어린이』원문 읽기를 하면서 조금 달라졌습니다. 많은 사람들이『어린이』를 사랑했고 지금도 많은 사람들이 자기만의 방식으로 아동문학을 사랑하고 있었습니다. 저 역시 아동극을 더 사랑하게 되었습니다. 방정환 선생님도 동화극 「한네레의 죽음」을 무대에 올리고 『어린이』를 발행할 때, 어쩌면 막막하지 않으셨을까요? 100년이 지난 지금, 방정환 선생님의 뜻을 이어가는 많은 사람들이 있는 것처럼, 저의 아동극 공부도 언젠가는 세상에 스며들 수 있기를 오늘도 희망합니다.

넷째 마당. 함께 해 보자

# '이야기마당극'
# 「토끼의 재판」과 「노래주머니」

송영숙

## 두 편의 방정환 동화극을 만났어요!

이제부터 들려드릴 이야기는 방정환의 동화극 「노래주머니」와 「토끼의 재판」을 실제로 이야기마당극으로 공연해 본 경험과 노하우에 대한 내용입니다. 돌아보니, 방정환연구소에서 운영하는 『어린이』 원문 읽기에 참여한 시간은 6년이 거의 되는 것 같습니다. 방정환 선생이 피와 땀으로 만드신 『어린이』 잡지를 읽으면서, 방정환에 대해 잘 알지 못한 채로 우리나라 어린이운동의 선구자인 방정환 선생에 대해 가졌던 편견과 오해의 마음이 점점 감동과 존경으로 변해 갔습니다. 『어린이』를 읽으면 읽을수록 이런 생각은 더욱 커져 갔습니다. 『어린이』에 수록된 작품 한 편 한 편은 모두 그 시대의 어린이들과 호흡한 소중하고 값진 어린이 문화유산이라는 걸 깨닫게 되었지요.

그러면서 자연스럽게 지난 25년간 해왔던 독서교육운동과 책고리 공연 활동을 연계하여 방정환 선생이 쓴 동화극을 살리고 꽃피워 보겠다는 생각을 가지게 되었습니다.

'방정환의 동화극을 "이야기마당극"으로 꾸며 보면 어떨까?'

방정환의 동화극을 연극이라는 복합 예술의 형태로 만들어보자, 즉 마당극의 형태로 동화극을 들려주면서 아이들의 동요나 우리의 전통가락을 삽입해서 청중과 함께할 수 있는 공연 콘텐츠로 발전시켜 보자, 하는 것이 처음의 생각이었습니다. 이러한 경험이 하나의 사례가 되어 『어린이』의 많은 작품을 이야기마당극으로 공연할 수 있도록 밑거름이 되면 좋겠습니다.

먼저 『어린이』에 수록된 동화극(동극, 아동극) 46편을 헤아려 보았습니다. 초기에는 동화극이라는 명칭이었다가 아동극으로 바뀌기도 하고 농촌소년극, 방학 희가극, 방학 실연용 동화극 등 다양한 명칭으로 발표된 것을 알 수 있었지요. 1930년 개벽사 창사 10주년 기념호에는 '창작 동극'이라는 명칭으로 정인섭의 동극이 발표되기도 하였습니다. 해방 후 복간호에도 '동화극' '동극'이라는 명칭으로 네 편이 수록되었습니다.

오늘날에는 '동극' '어린이 연극' '아동극' 등으로 정착되는 추세인데, 『어린이』 잡지를 읽어보니, 공연하는 시기에 따라, 공연 내용의 성격에 따라, 청중의 연령에 따라, 또는 창작 여부에 따라 다양한 명칭이 사용된 것을 확인할 수 있었습니다.

그럼, 방정환의 동화극 「노래주머니」와 「토끼의 재판」을 이야기마당극으로 공연했던 이야기를 해보도록 하겠습니다.

## 책고리이야기회 '이야기꾼'의 참여와 협업

100년 전 잡지 속에 묻혀 있는 극본을, 보다 생생하게 살려내기 위해서는 공연을 전문으로 하는 전문 이야기꾼들의 참여가 필요했습니다. 사반세기를 '책고리운동'으로 활동해 온, 책고리 이야기꾼들의 경험을 접목시킨다면 방정환의 '이야기 정신'을 더 재미있게 살려낼 수 있을 것이라고 생각했지요. 이러한 기획 덕분에, 방정환의 동화극을 '이야기마당극' 콘텐츠로 바꾸어 공연하는 것도 성공하였지만, 『어린이』에 수록되었던 동화들의 재미있는 '이야기 들려주기'가 보태짐으로써 더욱 풍요로운 이야기마당극으로 발전할 수 있었습니다. 다시 말하면 '스토리 쇼케이스 story showcase'로 다양한 이야기의 형태를 보여주는 공연이 된 것이죠.

이야기마당극을 풍요롭고 즐거운 프로그램으로 만들기 위해 다음과 같이 책고리 이야기꾼들이 실행해 나갈 목표를 몇 가지 정해 보았습니다.

첫째, 『어린이』에 수록된 동화를 선정, 이야기로 들려주기
둘째, 방정환의 '만년샤쓰'나 '사월 그믐 밤'과 같은 명작 작품 낭독하기
셋째, 동화극(동극, 아동극)을 '이야기마당극'으로 공연하기

어찌 보면 소박하다고 할 수 있는 활동 내용이지만, 방정환의 작품

과 『어린이』에 수록된 작품을 위주로 공연한다는 가장 기본적인 원칙을 세웠습니다. 방정환 선생의 업적을 거창하게 나열하기보다 어린이들이 방정환의 뛰어난 작품을 정겹게 만나고 그 정신을 자연스럽게 배워나갈 수 있도록 하자는 취지였지요.

우선, 책고리 이야기꾼들은 『어린이』에 수록되었던 방정환의 동화극 「노래주머니」와 「토끼의 재판」을 공연하기로 결정했습니다. 『어린이』에 발표된 방정환의 동화극은 두 편입니다. 창간호에 실렸던 「노래주머니」는 1호(1923.3.20.)와 2호(1923.4.1.)에 분재되었고, 「토끼의 재판」은 1권 10호(1923.11.15.)에 수록되었습니다.

책고리 이야기꾼들은 20여 년간 여러 가지 형태의 이야기마당극을 공연해 왔지만, 특별히 방정환의 동화극을 전문으로 공연하기 위해 '책고리 이야기마당극단'을 결성하게 되었습니다.


## 방정환의 동화극을 '이야기마당극'으로 공연하다

한 편의 극본을 공연으로 완성하는 일은 그리 간단한 문제가 아니었지요. 공연을 위해 현대적으로 각색하는 일부터 그 역할에 맞는 배우의 연기 훈련, 무대의 설치와 소품 제작, 공연 장소의 대관까지…. 특히 책고리 이야기마당극 단원들은 전문 공연 배우가 아니라 독서교육운동을 통해 발전한 이야기꾼들로 구성되었기 때문에 해결해야 할 과제는 적지 않았지요.

이러한 조건 속에서 우리가 집중한 목표는 방정환 동화를 '이야기 들려주기'와 '이야기 낭독극'으로 잘 살려내고, 동화극은 이야기마당극으로 공연해 보자는 것이었고, 이러한 다양한 방법으로 방정환 작품의 공연 활동을 책고리의 특성으로 굳혀보고자 했습니다. 말하자면, 책고리 이야기꾼들이 가진 장점을 극대화하는 것이지요. '이야기'는 특히 '청중'과의 소통이 필수적인 요소인 만큼, 이러한 점을 잘 살려낼 수 있는 책고리 이야기꾼들이 '방정환 이야기마당극'을 성공적으로 해낼 수 있을 것이라고 믿었습니다.

특히 청중들과의 활발한 소통을 위해 우리나라 '마당극'의 전통과 가락을 이야기마당극 공연에 접목해 보았습니다. 공연이 이어지는 중에 북 장단을 통한 '전통가락'으로 흥을 돋우고, 함께 배우고 따라 부를 수 있는 '동요'를 삽입하는 방법으로 청중들과 소통을 꾀하여 더욱 친근하게 느낄 수 있도록 시도했지요. 작품의 원작과 주제를 훼손하지 않으면서 방정환의 어린이 존중 사상이라는 교육적 의미와 공연에 빠져들게 하는 예술적 재미를 함께 담아보려니, 여간 신경이 많이 가는 작업이 아닐 수 없었습니다.

우리가 해 본 일의 평가는 뒤로 치더라도, 찬찬히 그 계획과 준비 단계부터 이야기마당극을 공연하기까지의 과정을 이야기해 볼까 합니다.

## ■ 계획과 준비

① 기초 준비과정: 방정환 동화극 원문을 복사하여 낭독부터 시작합니다. 이때 중요한 것은『어린이』에 실려 있는 방정환 동화극 원문을 읽어보는 것입니다. 원문을 여러 번 읽으면서 방정환 선생이 지은 극본의 맛을 느껴보는 것이 좋습니다.

② 배역과 방정환 동화극의 맛을 살릴 방법과 현대의 어린이들이 잘 이해할 수 있는 공연이 되도록 의논합니다.

공연에 몇 명의 이야기꾼이 참여할 수 있나, 또는 꼭 참여해야 할 인원수는 몇 명이 되어야 할까를 고려하여 등장인물의 수를 늘리거나 줄입니다.(같은 공연이라 할지라도 참여할 공연자의 수를 고려하여 약간의 각본을 수정합니다. 아시아스토리텔링 축제에 참가하기로 했던「노래주머니」의 경우, 참가인원을 10명으로 제한하였기 때문에 도깨비의 수와 등장하는 어린이의 수를 대폭 줄여야 했지요.)

모여서 낭독하는 과정에서 목소리 등을 고려하여 맞는 적당한 배역을 정합니다.(공연에서 빠져서는 안 되는 인물과 인원을 줄이거나 늘릴 수 있는 인물을 고려하여 공연에 참가할 이야기꾼을 정하게 됩니다.)

이해를 쉽게 돕기 위해 대사를 조금씩 현대의 말로 수정합니다.

관중과 함께 부를 수 있는 동요를 어느 부분에 어떤 동요를 삽입할지 의논합니다.

등장인물들의 복장과 필요한 도구의 준비, 분장 등에 관하여 의논합니다.

③ 특별히 방정환의 「노래주머니」 끝에 덧붙여진 〈상연할 때에〉를 팁으로 활용합니다.

방정환 선생은 어린이들이 어느 장소에서나 쉽게 극을 꾸밀 수 있도록 동화극 끝에 상연하는 방법을 짧게 소개하고 있습니다. 지금 읽어도 참 정답고 재미있습니다. 방정환 선생이 표현한 문장 그대로 인용해 봅니다.

방정환의 「노래주머니」 상연할 때에

상연할 때에

▶ 혹쟁이 김과 박의 의복은 얼른 보아도 다르게 할 것. 다른 옷을 입히고 하나는 감투를 쓰고 하나는 갓을 쓰든지 하여 서로 다르게 해야 합니다.

▶ 혹은 마분지나 유지를 몇 겹 배접을 하여 둥글게 맨들어 얼굴같이 칠을 하고 가는 실 누른 실로 고리를 맨들어 귀에 걸고 또 뺨에 닿는 데는 풀칠을 하게 하십시오,

▶ 도깨비는 누런 빛이나 푸른 빛 상하 내의를 입고 그 위에 그냥 허리에 검은 띠를 띠고, 팔뚝과 다리도 검은 끈이나 헝겊으로 질끈질끈 동여매면 그만이요, 괴수는 그 위에 흑색 커다란 조끼를 하나 더 입으면 좋습니다.

도깨비 얼굴은 붉은 칠을 하고 머리 위에는 마분지로 뿔을 맨들어 달고 수건 같은 것으로 동여매면 됩니다. 그리고 눈가에 먹으로 테를 굵게 그리고 입도 크게 그려야 합니다. 그 중에 괴수는 구레나룻을 붙이면 좋습니다.

▶ 보물은 아무 것이나 보자기에 싸 가지면 됩니다.

▶ 노래는 곡조를 맨들어 이 다음 발표하겠습니다. 아직은 하기 쉬운 곡조에 맞춰서 하십시오.

▶ 누구든지 반드시 앞을 향하고 앉아야 됩니다. 그러지 않으면 말소리가 안 들립니다.

▶ 여자들끼리 해도 좋습니다. 더 우섭습니다.

▶ 내용만 잘 안 후에는 말은 조금씩 달라도 관계치 않습니다. 자유롭게 사실만 틀리지 않게 하십시오.

## ■ 극본 완성

「토끼의 재판」의 경우 호랑이와 토끼가 옥신각신 주고받는 말 재미가 아주 뛰어납니다. 토끼의 지혜와 호랑이의 어리숙한 모습이 주고받는 대화를 통해 잘 드러나기에, 우리 공연단은 최대한 원작에 가깝게 대화를 살려 공연하였습니다.

반면 「노래주머니」는 좀 더 우리의 형편에 맞게, 또 현대적으로 각색해 보자는 의견이 나왔습니다. 그래서 그 각색 과정을 일부 소개해 봅니다.

제목은 「또두락 노래주머니」로 한다.(도깨비의 방망이 소리를 앞에 넣으므로 도깨비 이야기라는 걸 암시)

공연에 참가하는 이야기꾼의 수가 열 명을 넘지 못했으므로 도깨비 수와 어린이의 인원수를 줄인다.(도깨비 3인, 어린이 2인 정도) 아이들과 함께 공연한다면 등장하는 아이들과 도깨비의 수를 형편에 따라 늘리면 된다.

2막에서 어린이들이 등장할 때 동요 '여름 냇가'를 삽입해, 어린이들이 신나게 부르면서 무대로 등장하게 한다.(2막 중간에 동요 '우리는 새싹이다'를 삽입하여 신나고 즐거움을 고조시키고, 관중들과 함께 어울리도록 유도한다.)

개작 「또두락 노래주머니」에서는 아이들과 박 서방이 숲속으로 김서방을 찾으러 와서 화해하는 장면을 덧붙인다.(김 서방은 아이들에게 사과하고 아이들도 김 서방 아저씨를 놀려서 미안하다고 말하도록 수정하여 교육적 의미를 살린다. 방정환의 원본에서는 김 서방이 혹 떼러 왔다가 혹을 하나 더 붙여 두 개가 된 것을 한탄하며 "부끄러워서 어쩌면 좋단 말이냐"라는 김 서방의 독백으로 끝난다.)

마지막 장면에서 어린이들에게 김 서방으로부터 사과를 듣게 하고, 어린이를 소중하게 여기겠다는 약속을 받아낸다.(등장인물들이 모두 나와서 함께 노래하며 관중석에도 함께 부르기를 유도하면서, 어울림의 장을 연출한다.)

이렇게 원작의 내용을 조금씩 각색하게 될 때는 청중의 연령과 상황을 고려하지 않을 수 없습니다. 그런데 이야기마당극은 어린이는 물론 그 가족이 함께 화합하는 '어울림의 장'으로 만들어 간다는 데 중요한 포인트가 있다고 할 수 있습니다.

■ **실제 공연하기**

① 이야기마당극 「토끼의 재판」

방정환 동화극을 이야기마당극으로 처음 공연한 것은 「토끼의 재판」입니다. 방정환의 동극 「토끼의 재판」은 우리에게 흔히 알려진 옛날이야기인 '토끼의 재판'과 약간의 차이가 있습니다. 방정환 선생은 「토끼의 재판」을 무대에서 꾸미기 위해 전래 이야기에서 '호랑이가 구덩이에 빠지는 장면'을 '커다란 상자에 갇히는 장면'으로 바꾸어 극본을 썼습니다.

실제로 공연을 해 보니 이러한 점은 방정환의 「토끼의 재판」 공연을 더욱 재미있게 만드는 요소가 되었습니다. 이야기마당극 「토끼의 재판」의 전체 진행 스토리는 다음과 같습니다.

- 막이 오르기 전, 중절모를 쓴 방정환의 모습을 한 해설자가 등장하여 방정환을 소개하면서 이야기는 시작됩니다. 이때 등장인물들은 노래와 율동으로 등장하면서 막이 오르게 되지요. 노래와 율동이 끝나면 사냥꾼 두 명이 낮잠 자고 있던 호랑이를 잡아 궤짝 안에 밀어 넣고, 목이 말라 우물을 찾아간 사이에 사건은 벌어집니다.
- 호랑이는 궤짝 안에서 탈출하려고 몸부림을 치는 중에 지나가던 나그네의 도움을 받아 궤짝에서 벗어나게 됩니다. 그러나 궤짝에서 꺼내주면 나그네를 잡아먹지 않겠다고 약속했던 호랑이는 궤짝에서 나오자마자 나그네를 잡아먹으려고 으르렁댑니다. 이들은 삼세판의 재판을 하기로 합니다.
- 나무와 행길은 인간의 못된 면을 말하면서 호랑이더러 사람을 잡아먹으라고 합니다. 마지막으로 토끼에게 재판을 부탁합니다. 꾀 많은 토끼는 일부러 말귀를 못 알아듣는 척 딴전을 피우면서 호랑이를 다시 궤짝 안으로 들어가게 합니다. 우리나라 옛날이야기에 자주 등장하는 호랑이와 토끼의 관계가 그대로 살아 있지 않습니까?
- 어떤 일이 일어났는지조차도 모르는 채 돌아온 사냥꾼들은 궤짝 주위가 어지러운 것에 고개를 갸웃거리면서 임금님께 진상할 호랑이가 들어 있는 궤짝을 끌고 가는 것으로 이야기는 끝이 납니다.
- 이야기가 끝난 뒤 또다시 방정환 모자를 쓴 해설자가 등장합니다. 해설자는 호랑이와 같이 은혜를 저버리면 오히려 화를 입게 된다고 하면서 우리는 은혜를 아는 사람인지 질문을 던지면서 막을 내립니다.

그러면 국립어린이청소년도서관과 순회공연, 그리고 오스트리아 비엔나한글학교에서 공연한 몇 장면을 사진으로 보여드리겠습니다.

　사진을 통해 공연단이 청중인 어린이들과 만나는 방식을 알 수 있습니다. 공연하는 장소에 가면 으레 관람석이 놓여 있기 마련입니다. 그러나 공연단은 나이가 적은 연령의 어린이들이 무대 가까이에 와서 앉을 수 있도록 유도하고 깔개를 마련하기도 하지요. 본 공연인 「토끼의 재판」의 막이 오르기 전에 방정환의 동화를 이야기로 들려주고, 어린이들을 무대로 모셔서 동요를 함께 부르거나 수수께끼 등의 게임을 하면서 관심을 유도하기도 합니다.

　② 이야기마당극 「노래주머니」
　「노래주머니」는 2020년도의 새 공연물로 준비하려고 했으나 전 지구적 팬데믹 코로나19로 충분한 연습도 하지 못한 채 무산되었다가 2021년에 다시 시도하게 되었습니다. 싱가포르에서 열리는 아시아스토리텔러연합회(FEAST, Federation of Asia Storytellers) 스토리텔링 페스티벌에 방정환의 「노래주머니」를 이야기마당극 동영상으로 만들어 참가하게 된 것이지요. 처음 시도한 이 공연은 현장 무대가 아닌 영상으로 만들어 보냈습니다. 「노래주머니」 동영상 공연은 2021

년 10월 22일 저녁 6시에 참가 회원국 앞에서 펼쳐졌습니다.

그런데 비대면으로 연습을 하다 보니 연습이 충분하지 못했습니다. 배우들의 대화와 무대 동선도 원활치 못했고, 인터넷의 끊김과 버벅거림으로 연습이 매끄럽지 못했습니다. 가장 중요한 문제는 대면이 아니었기에 서로 마주 보면서 연기할 때처럼 감정 이입이 제대로 이루어지지 않았다는 것입니다.

이렇게 연습 부족인 상태로 동영상 촬영을 위해 6월 중순에 섬진강 도깨비마을로 떠났습니다. 역시 대면 연습 부족으로 촬영 중에 NG가 자꾸 발생해서 몹시 힘이 들었고 시간이 많이 소요되었습니다. 잦은 NG로 영상이 짧게 짧게 촬영되어 편집하는데 고생을 많이 했습니다.

그러나 「노래주머니」를 김성범 선생이 촌장으로 있는 섬진강 도깨비마을로 찾아가서 촬영한 것은 탁월한 선택이었습니다. 「노래주머니」가 바로 도깨비들의 이야기였기 때문이죠. 공연 동영상 앞부분에는 사진과 영문 자막으로 도깨비마을을 간단히 소개하기도 했습니다.

「노래주머니」는 모두가 잘 아는 이야기이기에 공연단은 청중들에게 또 다른 재미를 주기 위해 어떻게 연출할 것인가, 어떻게 연기할 것인가를 많이 고민하였습니다.

전남 곡성 섬진강 도깨비마을에서 촬영한 「또두락 노래주머니」의 현장 사진을 보겠습니다.

　도깨비마을의 공연장을 활용하여 동영상을 촬영했습니다. 혹부리 할아버지와 장난기 어린 도깨비 캐릭터를 걸개그림으로 장식하고 그 옆에는 도깨비마을의 도깨비 인형을 세웠습니다. 비대면으로만 연습을 하고 촬영은 실제의 무대에서 진행하는 방식이었기에, 고생한 노력에 비해 만족스러운 동영상 공연이 되지 못해서 늘 아쉬운 마음입니다. 코로나가 종식되고 연습부터 공연까지 서로 소통할 수 있는 대면공간의 무대에서 실행해 본다면, 준비한 대로 멋진 공연이 될 것이라고 기대해 봅니다.

## 방정환 이야기마당극의 뒷이야기

돌아보면 참 성공적인 협업이었다는 생각이 듭니다. 방정환연구소에서는 기획 총괄, 국립어린이청소년도서관에서는 공연 공간 후원과 홈페이지를 통한 프로그램 소개를 맡았고, 책고리 이야기마당극 공연단은 공연에 집중하여 완성도를 높일 수 있었으니, 서로 시너지효과를 얻을 수 있었습니다.

벌써 5년 전인 2017년 8월 18일이었군요. 그때의 공연 타이틀은 〈가족이 함께 즐기는 방정환 이야기마당〉이었습니다. 이 첫 공연은 감히 성공적이었다고 말할 수 있습니다. 이를 시작으로 경북도립 안동도서관(2017년 9월), 안성시립 중앙도서관(2017년 12월), 인천미추홀도서관(2018년 5월)에서 공연 요청이 와서 순회공연을 다니게 되었으니 말입니다.

놀라운 기적은, 방정환 이야기마당극 「토끼의 재판」이 비행기를 타고 해외 공연까지 갔다는 것입니다. 2018년도 IBBY 총회 때 그리스에서 펼친 아테네한글학교 국제어린이예술교류행사 이후 '방정환 세계에 알리기' 프로젝트의 일환으로, 오스

*잊을 수 없는 장면: 오스트리아 비엔나한글학교에서 「토끼의 재판」 공연을 마치고 한인 동포들과 함께 촬영

트리아 비엔나한글학교에서 역사적인 방정환 동화극 공연을 펼치게 된 것입니다.

2019년 11월 9일! 마침 우리의 공연 일자는 방정환 탄생 120주년을 맞이하는 날이었습니다. 그때의 감격은 지금도 잊을 수 없습니다. 유럽 3개국 방정환문학기행팀인 한국 아동문학가 33명이 로맨틱가도를 따라 독일의 남쪽으로 내려오면서 로텐부르크, 퓌센의 노이슈반슈타인성(백조의 성)을 거쳐, 오스트리아 잘츠부르크에 저녁 늦게 도착하는 동안, 한국에서 출국한 책고리 이야기마당극 공연단이 때맞춰 오스트리아 비엔나에서 합류, 실로 큰 국제적 어린이문화예술 행사단이 꾸려지게 되었던 것입니다.

공연을 다 마치고 책고리 공연단과 한국 아동문학 작가들은 같은 장소인 한인문화회관 갤러리에서 기증 저서를 모아 〈방정환 탄생 기념 한국 아동문학 작가전 120〉을 열었습니다. 전시 도서는 모두 한글학교에 기증하였습니다. 한글학교에서는 그날 수업을 모두 '한국 아동문학가'와 함께 하였는데, 이것은 한글학교에서 처음 있는 일이라며 〈재외동포신문〉에서 크게 보도가 되었습니다.

방정환의 이야기, 방정환의 동화 낭독, 방정환 동화극 공연은 매력이 있는 방정환 공연 콘텐츠입니다. 방정환 선생이 손수 짠 『어린이』 잡지를 읽어보고 간단하게는 학교에서나 어린이들이 모둠 연극으로 장면 장면 꾸며보아도 좋을 듯합니다.

방정환의 동화극을 이야기마당극으로 차려본 경험으로 몇 가지의 팁을 드립니다.

- 극본을 재구성하고 배역을 정해 함께 소리 내어 읽어보세요.
- 의상과 무대장치도 직접 참여하는 사람들의 손으로 만들어보세요.(모두가 하나가 되니 준비과정부터 즐겁게 됩니다.)
- 무대배경은 걸개그림을 활용해 보세요. 무대 장치를 준비하고 보관하는 어려움을 덜 수 있습니다.
- 중요한 무대장치는 가볍고 쉽게 운반할 수 있으면서 견고하게 만듭니다.(예를 들어, 「토끼의 재판」에서 호랑이를 가두는 궤짝은 접어서 보관할 수 있는 종이상자로 만들어 이용했습니다.)
- 즐거운 이야기마당극 예술 활동에 어린이들을 참여시키세요. 협업해 가는 과정을 통해 어린이들은 교과서를 통해 배울 수 없는 큰 배움을 얻게 됩니다.

끝으로, 방정환의 동화극이 상업적으로 공연하는 것 이상으로, 즐겁고 재미있는 어린이 문화 예술 활동으로 지역 곳곳에서 재미있게 발전되었으면 하는 바람을 전합니다.


## 더 들어가 보기: 『어린이』에 실린 여러 동극 자료

마지막으로 『어린이』에 실려 있는 다양한 모습의 동극 작품을 참고해 보셔요.

| 구분 | 제목(저자) | 수록된 권호 |
|---|---|---|
| 동화극 | 노래주머니(소파) | 1권 1~2호. 1923.3.~4. |
| 동화극 | 톡끼의 재판(소파) | 1권 10호. 1923.11. |
| 동화극 | 멘아리(김운정) | 2권 3호. 1924.3. |
| 동화극 | 장님과 코끼리(마해송) | 3권 5호. 1925.5. |
| 소년극 | 둑겁이의 배(마해송) | 3권 8호. 1925.8. |
| 동화극 | 백설공주(정인섭) | 4권 1~2호. 1926.1.~2. |
| 동화극 | 백로의 사(死)(정인섭) | 4권 5호. 1926.5. |
| 야외동화극 | 어머니의 선물(정인섭) | 4권 8호. 1926.9. |
| 동화극 | 꾀바른 톡끼(신고송) | 5권 2호. 1927.2. |
| 소년대화극 | 방학여행(청화생) | 5권 6호. 1927.7. |
| 아동극 | 황금왕(정인섭) | 6권 1호. 1928.1. |
| 방학희가극 | 음악선생(경화) | 6권 4호. 1928.7. |
| 동화극 | 달 속의 토끼(경화) | 7권 4호. 1929.5. |
| 동화극 | 세 가지 대답(박승진) | 7권 9호. 1929. 12. |
| 창작동극 | 쳉기통(정인섭) | 8권 6호. 1930.7. |
| 아동극 | 양의 노래(최경화) | 9권 1호. 1931.1. |
| 아동극 | 일남(김영팔) | 9권 5호. 1931.6. |
| 아동극 | 원숭이의 재판(최윤수) | 10권 6호. 1932.6. |
| 농촌소년극 | 도야지(계윤집) | 10권 8호. 1932.8. |
| 동극 | 가난뱅이 왕자(3막, 이무영) | 11권 8~11호. 1933.8.~11. |
| 동극 | 만년필과 하모니카(정우해) | 12권 6호. 1934.6. |
| 동화극 | 말하는 미륵님(고한승) | 123호. 1948.5. |
| 동극 | 꾀꼬리가 울면은(방기환) | 131호. 1949.3. |
| 지나아동극 | 음악회(김동섭) | 1권 8호. 1923.9. |
| 아동극 | 똑갓치 똑갓치(미상) | 2권 1호. 1924.1. |
| 동화극 | 시골 쥐 서울 쥐(김운정) | 3권 3호. 1925.3. |
| 동화극 | 부자의 심리(김철호) | 3권 6호. 1925.6. |
| 동화극 | 끝없는 옛말(김일석) | 3권 9호. 1925.9. |
| 동화극 | 솔나무(정인섭) | 4권 3호. 1926.3. |
| 동화극 | 잠자는 미인(정인섭) | 4권 7호. 1926.7. |
| 동화극 | 여호의 목숨(정인섭) | 5권 1호. 1927.1. |
| 동화극 | 마음의 안경(정인섭) | 5권 5호. 1927.5. |
| 대화극 | 도적과 현인(연호당) | 5권 8호. 1927.12. |

| 구분 | 제목(저자) | 수록된 권호 |
|---|---|---|
| 아동극 | 엉터리 조각가(미소) | 6권 2호. 1928.3. |
| 소년대화 | 딴청 잘 하는 당손이(경화) | 7권 1호. 1929.1. |
| 방학실연용 동화극 | 거짓말 왕자와 정말 왕자(경화) | 7권 5호. 1929.6. |
| 아동극 | 사자와 호랑이(연성흠) | 8권 5호. 1930.5. |
| 아동극 | 모기와 거미(경화) | 8권 10호. 1930.12. |
| 아동극 | 한식날(박승진) | 9권 3호. 1931.3. |
| 농촌소년극 | 겁내지 마라(한백곤) | 10권 5호. 1932.5. |
| 아동극 | 개구리와 배암(최경화) | 10권 7호. 1932.7. |
| 동극 | 바보의 성공(정인섭) | 11권 7호. 1933.7. |
| 동화극 | 집으로 가자(모기윤) | 11권 12호. 1933.12. |
| 아동극 | 세 가지 대답(박한규) | 13권 1호. 1935.3. |
| 동극 | 세 발 자전거(김진수) | 130호. 1949.2. |
| 동극 | 효창공원(김소엽) | 137호. 1949.12. |

넷째 마당. 함께 해 보자

## 참고한 자료

김경희 · 박종진 · 서희경 · 이혜영 · 장정희 · 오영식, 『『어린이』 총목차 1923~
    1949』, 소명출판, 2015.
손증상, 「1920-30년대 아동극 연구 -『어린이』, 『신소년』, 『별나라』를 대상으
    로」, 경북대학교 대학원 박사학위논문, 2018.

## 저자 소개

송영숙 chekgori@hotmail.com

『어린이』를 읽는 동안 소파 방정환을 새롭게 알게 되고 감동과 놀라움의 연속이었답니다.

『어린이』와 소파 방정환 선생을 전 세계의 어린이들에게 널리 알리고 싶어요.

1996년에 서울독서교육연구회를 설립했고, 그 후 책고리 캠페인을 통해 독서 및 독서교육, 도서관운동을 해왔어요.

2004년에는 "아름다운 이야기할머니" 캠페인을 시작했고요.

2017년에 「아동문학평론」을 통해 동시 시인으로 등단, 세 권의 동시집을 출간했답니다.

(동시집: 『다윤이 연필 될래요!』 / 『다예의 핑크돼지』 / 『재봉틀 책상』)

도서관할머니, 이야기할머니, 동시할머니로 불러주세요.

남은 잉크

○ 100년 전 『어린이』 잡지를 우리는 어쩌면 그토록 재미있게 읽을 수 있었을까요? 지금 돌이켜 생각하니 가슴이 먹먹해집니다. 다시 창간호부터 읽을 때가 돌아올까요? 알 수 없는 일입니다. 까마득한 옛일만 같습니다. 『어린이』를 완독하고 우리가 받은 놀라움과 기쁨, 감동의 한 귀퉁이를 모아 정성스럽게 기념 저서를 펴내니, 이제 정신을 차리고 마음껏 기뻐해도 될 것 같습니다. 『어린이』가 우리 역사에 전해지고 남겨진 것이 자랑스럽습니다. 『어린이』에 실린 글자 하나하나에까지 정다운 손길을 어루만져 주고 싶습니다. 영원한 어린이 마음의 보석, 『어린이』!

– 장정희

○ 『어린이』를 읽기 위해 만났던 첫 모임의 어색한 분위기가 기억이 납니다. 서로 자기 소개를 하고, 무엇을 할지 고민했습니다. 원문을 읽으면서 하나둘씩 새로운 일들이 펼쳐졌습니다. 이제 『어린이』를 읽고 난 소감을 쓰고, 다시 새로운 자료를 찾아 떠나게 됩니다. 만나고 헤어지는 일들의 반복 속에서 처음의 그 마음을 기억하면서 원문 속으로 들어가고자 합니다. 여러분도 한 번 참여해 보실래요?

- 김경희

○ 드디어 『어린이를 기다리는 동무에게』 이 한 권을 전해드릴 수 있게 되었습니다. 우리는 2014년 어느 날, 원문 읽기를 시작했습니다. 본문을 하나하나 낭독하는 읽기라니, 세상에 이보다 느리고 비효율적인 공부가 있을까요. 그래도 습관처럼 일주일에 한번씩 모여 『어린이』를 읽었습니다. 한 걸음 한 걸음 걸어온 발걸음이 세월로 쌓여 어느새 산봉우리에 이르렀습니다. 시원한 바람을 맞으며 돌아보는 길에는 많은 굴곡이 있었습니다. 눈에 보이지 않아도 한겹 한겹 변화가 거듭되면서 이렇게 가는 길도 있다는 걸 알게 되었지요. 『어린이』는 많은 발견과 즐거움, 기쁨과 슬픔이 꽉꽉 들어찬 보물상자 같습니다. 이 책에 담긴 것은 그 가운데 극히 일부분입니다. 보다 많은 이들이 『어린이』의 가치를 발견하고 함께 나누는 즐거움을 느낄 수 있게 되기를 바랍니다.

- 박종진

○ 우리는 2014년 10월부터 삽과 곡괭이로 땅을 파다가 드디어 2021년 8월 물이 솟아나는 샘을 얻게 되었습니다. 이 우물을 얻기까지 여러 시련이 있었지만, 중도에 포기하지 않았고 끝까지 연장을 손에서 놓지 않았습니다. 아홉 길 언저리에서 멈추거나 주저하지도 않고 마지막 한 길마저 파내어 결국 샘물을 얻었으니 마땅히 둥실둥실 춤추며 기뻐할 수밖에요. 이 물을 얻기까지 쉬지 않고 함께 곡괭이질을 해 온 우리 모두에게 힘찬 박수를 보냅니다! 우리가 얻은 이 『어린이』의 우물에서 마르지 않는 맑은 샘물이 계속 솟아날 수 있기를 간절히 바랍니다.

– 권애영

○ 〈셋째 마당〉인 〈서로서로 존경하는 마음으로〉를 준비하면서 서로의 글을 함께 읽으며 그 정신을 몸소 실천했습니다. 이런 노력으로 서희경님은 〈공장으로 간 어린이〉, 정선혜님은 〈방정환 창작동화의 비밀코드〉, 박형주님은 〈해방공간에서 만난 톰아저씨 이야기〉. 저 이정아는 〈지상토론회: 봄이 좋은가 가을이 좋은가〉를 잘 엮었습니다. 1923년에 출간된 『어린이』는 이전의 '소년'이라는 용어와는 다른 새로운 '어린이'라는 용어를 씀으로써 어린이의 권리에 관한 새로운 방향을 제시하였습니다. 여러분은 〈셋째 마당〉을 읽으면서 '어린이 인권의 성장'이라는 세계어린이운동사의 한 흐름을 찾을 수 있을 것입니다.

– 이정아

○ 코로나19로 비대면 생활이 확대되면서 컴퓨터 화면으로 누군가를 만나는 일이 점차 익숙해졌습니다. 아동문학 연구자들과 교육자들, 아동문학을 사랑하는 사람들은 컴퓨터와 스마트폰으로 언제 어디서든지 소통할 수 있게 되었으며, 비대면 만남은 새로운 세계였습니다. 아마 『어린이』 독자들도 '독자담화실'에서 전국의 아이들과 소식을 주고받을 때, 이런 기분이지 않았을까 싶습니다.

그런데 아무리 기술이 발달해 가상공간에서 사람들을 만나더라도 직접 만나 이야기하고 함께 공부할 때의 감정과는 달랐습니다. 그 어느 때보다도 함께하는 즐거움이 그리웠습니다. 이제 생활 거리두기가 완화되고 조금씩 일상으로 돌아가고 있는 지금, '함께 해 보자'는 지금 여기 아이들이 『어린이』에 더 즐겁고 재미있게 다가갈 수 있는 길이라 생각합니다. 100년 전의 아이들이 그랬던 것처럼, 아이들과 같이 노래 부르고, 같이 이야기를 읽고, 같이 연극을 하면서 『어린이』를 느껴봅시다.

– 손증상

# 어린이를 기다리는 동무에게

초판인쇄  2022년 05월 01일
초판발행  2022년 05월 01일

지은이  사단법인 방정환연구소
펴낸이  채종준
펴낸곳  한국학술정보(주)
주  소  경기도 파주시 회동길 230(문발동)
전  화  031-908-3181(대표)
팩  스  031-908-3189
홈페이지  http://ebook.kstudy.com
E-mail  출판사업부 publish@kstudy.com
출판신고  2003년 9월 25일 제406-2003-000012호

ISBN    979-11-6801-451-0  03300

이담북스는 한국학술정보(주)의 출판브랜드입니다.
저작권법에 의해 한국 내에서 보호를 받는 저작물이므로 무단 전재와 복제를 금지하며, 이 책의 내용의
전부 또는 일부를 이용하려면 반드시 한국학술정보(주)와 저작권자의 서면 동의를 받아야 합니다.